절대긍정의
신학적 기초

절대긍정 시리즈 **2**

삼위일체 하나님과 절대긍정 신학 개론

절대긍정의
신학적 기초

이영훈 지음

The Theological
Foundation of
Absolute Positivity

교회성장연구소

Contents

The Theological
Foundation of
Absolute Positivity

Part **2** 절대긍정과 하나님의 주권

Chapter 04 하나님의 주권: 절대긍정의 신학적 기반   65

1. 하나님의 주권의 특징
2. 하나님의 주권은 기독교 신학의 토대
3. 하나님의 절대주권에 대한 신앙

Chapter 05 절대주권과 절대긍정의 세 가지 차원   71

1. 창조: 절대주권과 절대긍정의 현실적 차원
2. 통치: 절대주권과 절대긍정의 행위적 차원
3. 구원: 절대주권과 절대긍정의 궁극적 차원

Chapter 06 성경 속 하나님의 절대주권   93

1. 하나님 주권의 신비
2. 하나님 주권에 대한 다윗의 고백
3. 잠언에 나타난 하나님의 절대주권
4. 하나님 주권에 대한 바울의 고백

Part 3 절대긍정과 하나님의 말씀

Part **4** 절대긍정과
예수 그리스도의 십자가

Part 5 절대긍정과 오중복음

Part 6 절대긍정과 성령론

Part **7** 절대긍정과 교회론

부록

The Theological
Foundation of
Absolute Positivity

기독교 신앙과 신학의 가장 중요한 출발점은 하나님은 '절대긍정의 좋으신 하나님'이라는 사실입니다. 좋으신 하나님은 만물과 인간을 창조하시고 "보시기에 심히 좋았더라"창 1:31고 말씀하시며 세상과 인간에 대해 긍정하셨습니다.

또 하나님은 피조물인 인간이 교만과 불순종으로 죄를 짓고 타락하였음에도 불구하고 예수 그리스도의 십자가를 통하여 절대절망에 빠진 인간에 대해 절대긍정과 절대희망의 사랑과 은혜를 나타내셨습니다. 예수님의 십자가를 통해 나타난 좋으신 하나님의 절대주권과 절대사랑, 그리고 이에 대한 절대적인 믿음은 절대긍정의 신앙과 신학의 가장 중요한 기초가 된다고 볼 수 있습니다.

저는 『절대긍정의 기적』교회성장연구소, 2023이라는 책에서 우리의 인생과 신앙에서 긍정지수PQ, Positivity Quotient가 아주 중요하다는 점을 제시했습니다. 긍정지수PQ가 높을수록 삶과 신앙의 행복도와 성취도가 높기 때문입니다. 그런데 절대긍정의 영성과 긍정지수를 높이도록 훈련하려면 절대긍정에 대한 신학적 이해가 필요합니다. 그래서 이번에 절대긍정의 신학에 대한 개론서를 펴내게 되었습니다. 이 책은 절대긍정의 신학을 모두 2권으로 나누어 조직신학적 체계와 실천신학적 체계로 다루었습니다.

제1권에서는 절대긍정 신학적 기초를 신론, 기독론, 성령론, 교회론과 연결하여 다루었습니다. 제2권에서는 절대긍정 신학적 실제를 절대긍정의 믿음과 예배, 절대긍정의 기도, 절대긍정의 적용과 훈련, 그리고 절대긍정의 하나님 나라 사역으로 나누어 소개하였습니다. 각 파트마다 10개의 절대긍정 신학지수TQ, Theology Quotient 체크 리스트를 실어, 모두 140개의 체크 리스트를 통하여 절대긍정 신학지수TQ를 측정하도록 하였습니다. 올바른 신학적 기초는 올바른 교회 사역과 목회와 신앙의 발전에 좋은 등불밝은 빛이 될 수 있습니다.

이 책과 더불어 『절대긍정 신학 수업』이라는 교재도 출판했습니다. 주제별로 신학 내용을 요약했고, 성경공부와 묵상 및 적용을 담은 교재입니다. 교회의 소그룹 훈련이나 신학교 등에서 사용하면 효과적일 것입니다. 이 책들을 통해 절대긍정의 신학과 영성으로 무장하여 여러분의 신앙과 사역이 더 업그레이드가 되시길 소망합니다. 이제 저와 함께 절대긍정 신학 여행journey을 출발할 준비가 되셨습니까?

여의도순복음교회 담임목사
이 영 훈

너희를 향한 나의 생각을 내가 아나니
평안이요 재앙이 아니니라
너희에게 미래와 희망을 주는 것이니라

예레미야 29장 11절

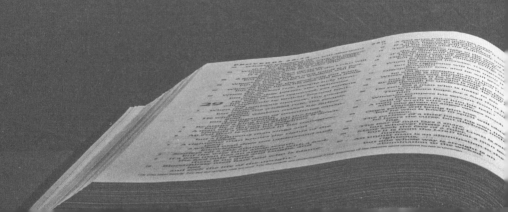

Part

1

―

절대긍정과
좋으신 하나님

―

Intro

기독교 신앙은 언제나 좋으신 하나님에 대한 믿음에서 출발한다.[1] 하나님은 죄와 절망 가운데 있는 우리를 구원하기 위해서 독생자 예수 그리스도를 보내 십자가에 달려 죽게 하시므로 구원의 문을 열어 주신 좋으신 하나님이시다. 우리가 구원받은 이후에도 영혼이 잘됨 같이 범사가 잘되며 강건하게 되는 풍성한 은혜를 주시는 좋으신 하나님이시다.

또 때를 따라 돕는 은혜를 주시며 병들었을 때 고쳐 주시고 우리가 문제를 만날 때 그것을 이길 수 있도록 힘과 용기를 불어넣어 주시는 좋으신 하나님이시다. 하나님은 세상에 의존하지 않으시기 때문에, 그분의 선하심 역시 어떤 경우에도 위협받지 않는다.[2] 하나님은 절대자이시기에 우리를 향한 그분의 사랑 역시 절대적이다롬 8:31-39. 좋으신 하나님의 절대적인 사랑을 신뢰하는 절대적인 믿음, 이것이 절대긍정의 신앙과 신학의 가장 중요한 기초가 된다.

여기에서는 좋으신 하나님의 모습이 하나님의 창조와 구원, 은혜의 선물에 어떻게 나타나는지 살펴보려고 한다.

---

1 이영훈, 『절대긍정의 기적』 (서울: 교회성장연구소, 2023), 39.
2 마이클 호튼, 『개혁주의 조직신학』, 이용중 역 (서울: 부흥과개혁사, 2014), 269.

좋으신 하나님의
창조

성경은 총 66권구약성경 39권, 신약성경 27권으로 구성되어 있다. 성경은 1,189개의 장과 31,102개의 절로 이루어져 있는데, 첫 구절은 이렇게 시작한다.

"태초에 하나님이 천지를 창조하시니라"_창세기 1:1

이 말씀은 하나님이 만물의 창조주이심을 선포하고 있다. 만약 이 사실을 믿을 수 있다면, 성경에 있는 그 어떤 것도 믿지 못할 것이 없다. 하나님의 창조는 하나님의 성령과 말씀 사역의 합작품이었다.

"땅이 혼돈하고 공허하며 흑암이 깊음 위에 있고 하나님의 영은 수면

위에 운행하시니라 하나님이 이르시되 빛이 있으라 하시니 빛이 있었고"_창세기 1:2-3

첫 번째 창조물은 바로 빛이었는데, 이 빛은 태양이 창조되기 전의 근원적 빛이었다. 어두움과 혼돈 가운데 있는 이 세계에 하나님은 근원적인 빛과 희망을 창조하셨다. 이 빛은 신약에서 죄와 절망 가운데 있는 이 세상에 구원의 빛으로 오신 예수 그리스도를 상징한다.

하나님은 빛, 궁창, 땅과 바다, 채소와 나무, 해와 달과 별, 새와 물고기, 땅의 짐승과 가축을 종류대로 만드셨다창 1:3-25. 좋으신 하나님은 인간을 위해 이 모든 세상을 창조하셨는데, 창세기는 창조의 하루를 "저녁이 되고 아침이 되니"창 1:5라고 표현하고 있다. 이것은 기독교가 아침의 종교, 긍정의 종교, 희망의 종교라는 것을 보여 주는 것이다. 하나님은 이들을 창조할 때마다 "보시기에 좋았더라"창 1:4, 10, 12, 18, 21, 25고 말씀하셨다. 그리고 마지막으로 인간을 창조하신 후에는 이렇게 말씀하셨다.

"하나님이 지으신 그 모든 것을 보시니 보시기에 심히 좋았더라"
_창세기 1:31

이는 이 세상과 인간에 대한 하나님의 절대긍정의 모습을 보여 준다. 하나님은 자신이 만드신 세상을 보고 기뻐하셨고, 좋아하셨으며, 사랑하셨다. 그러면 하나님의 만물과 인간 창조에 담긴 의미는 무엇일까?

1. 만물의 창조:
하나님의 선하신 뜻을 따라 창조

창세기의 창조 기사를 통해 우리는 다음의 사실을 알 수 있다.

첫째, 하나님의 창조는 '무無로부터의 창조'이다. 하나님의 창조 행위를 묘사하는 히브리어 동사 '바라ארָא'는 '아무것도 없는, 절대 무로부터의 창조'를 의미한다. 이렇듯 하나님의 창조물은 인간이 만들어낸 결과물과는 본질적으로 다르다.

하나님의 창조를 묘사하는 또 다른 히브리어 '야짜르יָצַר'는 진흙으로 그릇을 빚는 토기장이의 행위를 묘사할 때 사용되는 동사이다. 이는 하나님이 인간을 창조할 때 토기장이가 그릇을 빚듯이 의지와 계획을 따라 실행하셨음을 강조한다.

둘째, 하나님과 인간 및 세계 사이의 관계를 보여 준다. 인간은 하나님의 피조물이며 모든 피조물 가운데 정점의 지위를 가진다.

셋째, 창조 기사는 인간 창조와 구원의 전인적인holistic 조화와 질서를 강조한다. 영혼과 육체, 인간과 자연, 남자와 여자, 하늘과 땅은 분리와 대립이 아닌 구별과 조화의 관계에 있다는 것이다.

넷째, 창조 기사는 인간과 세계가 하나님의 영광을 위해 창조되었음을 보여 준다. 그러므로 존귀와 영광은 오직 하나님께 속한 것으로 구원의 주체는 오직 하나님 한 분이시다. 창조 기사는 성경이 말하는 전인구원의 의미가 무엇인지 잘 보여 준다. 즉 그것은 하나님과의 관계에서, 자신과의 관계에서, 이웃 및 피조물과의 관계에서 온전한 자유와 축복을 누리는 인간 존재의 회복을 내포하고 있는 것이다.[3]

2. 인간의 창조:
하나님의 형상대로 창조하시고 복주심

1) 하나님의 형상을 따라 창조하심
하나님은 만물을 창조하신 후에 마지막으로 사람을 창조하셨다.

"여호와야훼 하나님이 땅의 흙으로 사람을 지으시고 생기를 그 코에 불어넣으시니 사람이 생령이 되니라"_창세기 2:7

창조는 인간이 영적 존재임을 규정하는 중요한 단서이다. 모든 피조물 중 오직 인간만이 '하나님의 형상Imago Dei'으로 창조되었다. 하나님은 흙으로 인간을 빚으셨으나, 다른 동물과는 달리 코에 생기를 불어넣으심으로 인간을 특별한 존재로 지으셨다창 2:7, 19. 여기서 '흙'으로 번역된 히브리어 '아파르עֲפַר'는 직역하면 '먼지'를 의미한다. 다시 말

---

3   국제신학연구원, 『순복음 신학 개론』 (서울: 서울말씀사, 2002), 96-98.

해 먼지와 티끌과도 같은 존재에 호흡을 의미하는 '니쉬마ִשׁ ְ מָה נ'가 임하자 살아 있는 존재를 의미하는 '네페쉬 하야living soul'가 된 것이다. 이것은 아무것도 아닌 존재였던 인간에게 하나님의 호흡이 임하자 생명이 임하게 된 역사적 사건이다. 여기서 '니쉬마'는 나중에 히브리어 '루아흐ַ רוּח'와 동일시된다. 다시 말해 인간은 '먼지'와 '하나님의 영'이 결합된 존재라 할 수 있다.

삼위일체 하나님은 인간 창조의 방법과 목적, 그리고 타락에 대한 예상과 완전한 구속 등의 계획을 미리 의논하셨다.

"우리의 형상을 따라 우리의 모양대로 우리가 사람을 만들고"_창세기 1:26

인간은 하나님의 형상대로 창조되었기에 모든 피조물 가운데 창조의 면류관이요 최고의 걸작품이 되었다. 인간이 하나님의 형상으로 창조되었다는 것은 그에게 특별한 사명이 부여되었다는 의미이다. '형상'은 히브리어 '첼렘ם ֶ לֶצ'으로 고대 근동 국가에서 '왕'을 의미하는 단어였다 고대 통치자들은 자신의 형상을 피지배국에 세워둠으로써 군중들에게 왕의 위엄을 나타내고자 하였다. 모든 영토에 동시에 존재할 수 없는 물리적 한계를 극복하기 위해 통치자는, 곳곳에 자신의 형상을 세움으로써 그 주권을 드러냈다.

인간이 왕이신 하나님의 형상이라는 것은 다시 말하면 그가 '하나님의 대리자'임을 의미한다. 그리고 모든 사람은 하나님 앞에 모두 동등하고 존귀한 존재로 지음 받았음을 의미한다. 왕의 형상대로 지음받았다는 것은 그가 본질상 왕과 같은 존재는 아니지만, 왕이신 하나님을 닮아 하나님과 교제를 나눌 수 있는 영적 존재라는 의미다. 더나아가 하나님의 대리자로서 이 땅에 하나님의 뜻을 실현하는 특별한 존재로 창조되었음을 내포한다. 본래 티끌과도 같은 존재인 인간에게 하나님의 영을 주셔서, 하나님의 뜻을 이 땅에 실현하는 대리자로 세우신 하나님은 찬송 받기에 합당한 좋으신 하나님이다.[4]

2) 복을 주시고 사명을 주심

"하나님이 그들에게 복을 주시며 하나님이 그들에게 이르시되 생육하고 번성하여 땅에 충만하라, 땅을 정복하라, 바다의 물고기와 하늘의 새와 땅에 움직이는 모든 생물을 다스리라 하시니라"_창세기 1:28

---

4 우리는 성경이 증언하는 창조 기사에서 성경 저자가 인간 창조 사역의 위대함을 특별히 강조하고 있음을 확인할 수 있다. 하나님이 지으신 모든 세계가 하나님 보시기에 좋았다(창 1:4, 12, 18, 21, 25). 여기서 '좋았다'로 번역된 '토브(בוֹט)'는 '완전하다'라는 의미를 담고 있다. 다시 말해 하나님께서 처음 지으신 세상은 그 자체로 흠 없이 완전한 세상이었다. 하지만 성경은 인간을 창조하신 후 "하나님이 지으신 그 모든 것을 보시니 보시기에 심히 좋았더라"(창 1:31)고 강조하여 말한다. 즉, 하나님께서 인간을 다른 피조물과는 달리 특별한 존재로 창조하였음을 거듭 강조하는 것이다. 이처럼 절대긍정의 하나님께서는 본래 인간을 완전하게 창조하셨음을 우리는 창조 기사를 통하여 알 수 있다. 하나님의 선하신 목적과 계획은 하나님의 형상인 인간의 창조에서 절정을 이룬다.

하나님은 인간을 향해 생육하고 번성하여 땅에 충만할 것과 땅을 정복하고 바다의 고기와 공중의 새와 땅 위에서 살아 움직이는 모든 생물을 다스릴 것을 명하셨다. 하나님께서 인간을 그의 형상으로 지으셨다는 것은 세계와 자연에 대한 인간의 통치가 착취와 억압을 통한 것이 아니라, 하나님의 대행자로서 관리자manager 혹은 청지기steward가 되어 피조물을 잘 돌보고 자연을 가꾸는 것이어야 함을 의미한다. 태초의 인간은 하나님께 받은 능력과 권세를 사용하여 모든 생물에게 이름을 지어 주고 그들을 다스렸다.

> "여호와야훼 하나님이 흙으로 각종 들짐승과 공중의 각종 새를 지으시고 아담이 무엇이라고 부르나 보시려고 그것들을 그에게로 이끌어 가시니 아담이 각 생물을 부르는 것이 곧 그 이름이 되었더라"
> _창세기 2:19

하늘의 새나 땅의 기는 짐승이나 물속에 있는 물고기가 아담을 존중하며 따랐다. 이는 하나님께서 인간에게 주신 지혜와 통치의 능력이 얼마나 큰가를 잘 보여 준다.

인간은 하나님을 떠나 살 수 없는 존재인 동시에 그를 둘러싼 환경을 떠나 살 수 없는 존재이기도 하다. 인간은 또 자연계의 다른 존재들과 마찬가지로 하나님의 피조물이지만, 창조의 정점에서 다른 존재들을 다스리는 하나님의 대행자이기도 하다. 그러므로 하나님이 인간에게 주신 복은 하나님과의 관계뿐만 아니라 환경과 생태계에 대한 관계가 올바르게 정립될 때에 비로소 온전해진다. 하나님의 청지기로서 절대자 하나님께 순종하며 그분이 지으신 세상을 사랑할 때, 인간은 비로소 참된 복을 누릴 수 있게 되는 것이다.

3) 인간의 범죄와 타락

"여호와야훼 하나님이 그 사람에게 명하여 이르시되 동산 각종 나무의 열매는 네가 임의로 먹되 선악을 알게 하는 나무의 열매는 먹지 말라 네가 먹는 날에는 반드시 죽으리라 하시니라"_창세기 2:16-17

하나님은 인간의 삶에 필요한 모든 것을 지으신 후에야 인간을 지으셨다. 그리고 인간이 창조된 후 맞이한 첫날은 안식일이었다. 아담은 완전한 안식의 장소인 에덴동산에서, 하나님과 더불어 안식을 누리는 것으로 삶의 첫날을 시작했다창 2:2-3. 인간은 하나님이 지으신 에덴동산에서 죽음과 고통, 질병과 무관한 존재로 살아가게 되었다. 하나님은 그에게 영원한 생명과 육체적인 강건함을 누리게 하셨다. 인간은 죽음이나 질병과 상관없는 존재로서, 영원히 하나님과 교제하며 완전한 평안을 누릴 수 있었다. 다만, 하나님은 인간에게 선악을 알게 하는 나무의 열매를 금하시면서 "네가 먹는 날에는 반드시 죽으리라"창 2:17라고 말씀하셨다.

그러나 아담은 하나님의 명령에 불순종하였다. 선과 악을 알게 하는 나무의 열매를 따 먹음으로 스스로 하나님과 같이 되고자 한 것이다. 이 범죄로 인해 하나님의 형상으로서 인간이 누리던 특별한 지위는 박탈되고, 아담과 하와는 에덴동산에서 추방되었다. 이로써 영원한 생명 대신 죽음과 고통의 형벌이 인류에게 찾아온 것이다. 하나님 안에서 누리던 권리는 상실되고 모든 인간은 죄의 영향 아래 놓이게 된 것이다. 이렇듯 본래 지음 받은 형상을 잃어버리고, 복을 상실한 인간에게 어떠한 희망이 있겠는가?

그러나 성경은 좋으신 하나님이 절대절망에 빠진 인간을 위해 절대 희망의 계획을 마련하셨음을 증언하고 있다.

3. 좋으신 하나님의 속성: 절대긍정의 하나님

창조주 하나님의 본성과 속성은 무엇일까? '하나님의 본성essence'이란 하나님을 하나님 되게 하는 '독특한 하나님의 본질'이고, '하나님의 속성attributes'이란 하나님의 본성의 일부로 '우리에게 알려진 하나님의 특징'을 말한다. 우리 스스로 하나님의 본성을 잘 이해할 수 있으리라 생각해서는 곤란하다. 단지 우리는 하나님께서 자신을 친히 계시한 만큼만 알 수 있을 뿐이다. 영산 조용기 목사는 다음과 같이 말한다.

우리가 하나님의 품성 혹은 속성을 안다는 것은 결코 쉬운 일이 아닙니다. 그것은 마치 조그마한 그릇으로 대양의 바닷물을 담아보려는 것과 같습니다.[5]

이제 우리는 겸손한 마음으로 인간을 향해 자신을 드러낸 좋으신 하나님의 대표적인 속성에 대해 살펴보려고 한다.

1) 거룩하신 하나님

히브리어로 '거룩'은 '카도쉬ש רֹדֹק'인데, '구별', '분리'라는 의미이다. 그러므로 하나님께서 거룩하신 분이란 사실은 그분이 모든 피조물과 다르며, 피조물과 하나님 사이에 결코 넘어설 수 없는 큰 간극이 있음을 의미한다. 하나님을 위해 구별된 사람이나 기물 역시 거룩하다. 하나님께서는 이스라엘 백성들을 거룩하게 구별하여 그의 백성으로 삼으셨고출 19:6; 신 7:6, 14:2, 성막과 성전에 거하심으로 그곳을 거룩하게 하셨다출 29:42; 왕상 9:3.

결국 '거룩'이란 세상의 악에 접촉되지 않은 '순결한 하나님의 속성'을 의미함을 알 수 있다합 1:13; 욥 34:12. 더 나아가 성경은 '하나님께서 거룩하심 같이 그의 백성 역시 거룩해야 함'을 명한다레 19:2.[6] 하나님은 그가 택하신 백성들이 세상에 살면서도 세상과는 구별된 순결한 백

5   조용기, 『순복음의 진리(上)』, (서울: 서울서적, 1979), 82.

성으로 남기를 원하신다.

> "그러므로 형제들아 내가 하나님의 모든 자비하심으로 너희를 권하노니 너희 몸을 하나님이 기뻐하시는 거룩한 산 제물로 드리라 이는 너희가 드릴 영적 예배니라 너희는 이 세대를 본받지 말고 오직 마음을 새롭게 함으로 변화를 받아 하나님의 선하시고 기뻐하시고 온전하신 뜻이 무엇인지 분별하도록 하라"_로마서 12:1-2

따라서 '거룩'은 우리가 평생 추구해야 할 좋으신 하나님의 속성일 뿐 아니라, 반드시 이루어야 할 신앙의 최종 목표이다.

2) 의로우신 하나님

성경에서 말하는 '의'는 '언약에 충실함'을 의미한다. 하나님은 그분의 백성들과 언약을 맺으셨고, 그 언약에 근거하여 백성들을 지키고 보호하는 의무를 지시며, 백성에겐 그 은혜에 감사한 마음으로 율법에 새겨진 하나님의 뜻을 따라야 하는 책임이 주어졌다. 하나님이 의

---

6 거룩하지 못한 자로서 하나님을 만난 자는 그 거룩함에 압도되어 다만 자신이 죄인임을 고백하게 된다. 선지자 이사야는 하나님을 뵙자마자 "화로다 나여 망하게 되었도다 나는 입술이 부정한 사람이요 입술이 부정한 백성 중에 거하면서 만군의 여호와(야훼)이신 왕을 뵈었음이로다"(사 6:5)라고 탄식하였으며, 베드로도 예수님을 처음 만났을 때 그분의 거룩함에 압도되어 "주여 나를 떠나소서 나는 죄인입니다"(눅 5:8)라고 고백하였다. 예수님의 십자가 은혜(보혈의 공로)로 말미암아, 하나님께 나아갈 수 있게 된 이 시대의 교회 역시 거룩함에 예외일 수 없다 (히 10:19; 엡 4:23-24).

로우시다는 말은 하나님이 성실하고 신실하시다는 것시 7:17, 22:31, 111:3, 약속의 말씀을 지키신다는 것시 11:7; 사 45:19, 그리고 당신의 백성에게 구원을 베푸시는 분이라는 의미이다삿 5:11; 사 41:10, 45:8, 51:6. 이러한 증거는 백성들에게 주신 율법에서 잘 드러난다.

　문제는 사람이 하나님의 율법을 지킬 수 없다는 데 있다. 따라서 언약에 충실하지 못한 백성들은 율법에 드러난 하나님의 '의'에 따른 심판을 면할 수 없다. 그런데 신약시대에 이르러 '하나님의 의'는 '구원의 의'로 나타났다.[7] 예수 그리스도께서는 인간이 지켜낼 수 없었던 모든 율법의 요구를 성취하셨으며, 끝내 십자가에서 하나님 공의의 잔을 받고 죽으심으로 인간을 구원하고자 하는 하나님의 뜻을 이루셨다. 이렇듯 독생자외아들의 죽음을 통해서 백성들과 맺은 언약을 지켜낸 좋으신 하나님의 성품을 우리는 성경을 통해 발견할 수 있다.[8]

7　조용기, 『순복음의 진리(上)』, 87.

8　독생자 예수 그리스도를 희생하면서까지 언약을 지키시는 하나님의 의로운 속성은 하나님의 신실하심(faithfulness)과도 연결된다. 하나님은 자신이 하신 모든 약속을 지키신다. "하나님은 사람이 아니시니 거짓말을 하지 않으시고 인생이 아니시니 후회가 없으시도다 어찌 그 말씀하신 바를 행하지 않으시며 하신 말씀을 실행하지 않으시랴"(민 23:19) 하나님께서는 자신이 말씀하신 것을 항상 성취하는 분이다. 아브라함에게 아들을 주시겠다고 한 약속은 당장은 아니었지만, 25년 후에 정확히 성취되었다. 결국, 그 씨로 온 인류를 구원할 메시아 예수님을 이 땅에 보내심으로 믿음으로 의롭다 여김을 받는 하나님의 백성과 나라를 건설하신 것이다. 신실하신 하나님께서는 반드시 언약을 지키시는 분이다.

3) 인애의 하나님

'인애'란 하나님이 사랑하는 사람들의 행복을 위한 '하나님의 돌보심'을 의미한다. 우리를 향한 하나님의 사랑은 우리의 조건이나 행위에 근거하지 않는다. 그것은 오직 하나님의 선행적 사랑에만 근거한다. 이 사실에 대해 바울은 다음과 같이 확신한다. "우리가 아직 죄인되었을 때에 그리스도께서 우리를 위하여 죽으심으로 하나님께서 우리에 대한 자기의 사랑을 확증하셨느니라"롬 5:8[9] 그러나 하나님의 인애는 자신의 백성들에게만 국한되지 않는다. 하나님의 인애, 즉 하나님의 돌보심은 모든 피조 세계에 미친다.

시편 저자는 다음과 같이 말한다. "손을 펴사 모든 생물의 소원을 만족하게 하시나니"시 145:16 예수님도 하나님께서 공중의 새를 먹이시고 들의 백합화도 입히신다고 가르치셨다마 6:26, 28. 하나님의 인애는 하나님이 사랑하시어 창조하신 모든 피조물에 미친다마 5:45. 비록 피조물이 그것을 인식하지 못한다 할지라도, 그 사랑의 속성에 힘입지 않고 살아갈 수 있는 존재는 세상에 없는 것이다.

---

9 구약성경의 증언도 이와 다르지 않다. 모세는 신명기에서 하나님이 이스라엘을 택하시고 기뻐하신 것은 그들이 다른 민족보다 뛰어나서가 아니며, 하나님의 사랑 때문임을 분명히 밝힌다. "여호와(야훼)께서 너희를 기뻐하시고 너희를 택하심은 너희가 다른 민족보다 수효가 많은 연고가 아니라 너희는 모든 민족 중에 가장 적으니라 여호와(야훼)께서 다만 너희를 사랑하심을 인하여 또는 너희 열조에게 하신 맹세를 지키려 하심을 인하여 자기의 권능의 손으로 너희를 인도하시여 내시되"(신 7:7-8) 이스라엘의 하나님 여호와(야훼)는 사랑의 대상을 택하셔서 언약을 맺으시고 백성으로 삼으시고 그들의 삶을 인도하신 좋으신 하나님이다.

4) 은혜의 하나님

'은혜'는 받을 자격 없는 자에게 주어지는 '하나님의 특별한 은총'이다. 출애굽기 34장 6절에서 하나님은 "여호와야훼께서 그의 앞으로 지나시며 선포하시되 여호와야훼라 여호와야훼라 자비롭고 은혜롭고 노하기를 더디하고 인자와 진실이 많은 하나님이라"고 하시며 자신의 선하심을 직접 선포하셨다. 하나님의 은혜는 그의 아들 예수 그리스도 안에서 백성들을 구원하시려는 하나님의 행위에서 절정을 이룬다.

바울은 다음과 같이 말한다. "이는 그리스도 안에서 우리에게 자비하심으로써 그 은혜의 지극히 풍성함을 오는 여러 세대에 나타내려 하심이라 너희는 그 은혜에 의하여 믿음으로 말미암아 구원을 받았으니 이것은 너희에게서 난 것이 아니요 하나님의 선물이라"엡 2:7-8 다시 말해 받을 자격이 없는 자를 구원하시는 것이 곧 하나님의 선물이요 은혜다.

5) 자비의 하나님

하나님의 자비는 좋으신 하나님의 속성으로, 자기 백성들을 향한 하나님의 동정과 연민의 마음을 가리킨다. 시편 저자는 "아버지가 자식을 긍휼히 여김 같이 여호와야훼께서 자기를 경외하는 자를 긍휼히 여기시나니"시 103:13라고 말하였다신 5:10; 시 57:10, 86:5 등 참조.

또 하나님의 자비는 애굽에서 종살이하던 이스라엘 백성들을 향한 하나님의 마음에서도 잘 나타난다. 하나님은 그들의 부르짖음을 들으셨고 그들의 고통을 아셨다출 3:7. 이 마음은 육체적 질병으로 고통 당하는 사람들이 예수께로 나아왔을 때 주님이 느끼셨던 연민에서도 잘 나타난다막 1:41. 하나님께서는 당신의 백성들을 불쌍히 여기시는 좋으신 하나님이다. 하나님의 긍휼의 성품은 우리가 언제든 하나님께 나아갈 수 있게 만드는 확실한 근거가 된다.

6) 오래 참으시는 하나님

성경은 오래 참으시는 하나님의 속성에 대해 증언한다시 86:15; 롬 2:4, 9:22; 벧전 3:20; 벧후 3:15. 이스라엘 백성들은 끊임없이 우상을 만들어 섬겼으며, 이방 사람들의 문화와 종교를 따라감으로 하나님께 반역하였다. 그러나 하나님은 그런 백성들을 그때마다 바로 심판하지 않으시고, 그들에 대해 오래 참으셨다. 그들이 회개할 때까지 기다리신 것이다. 사도 베드로는 노아의 홍수 때에도 하나님께서 복종하지 않는 사람들에 대해 오래 참으셨음을 밝힌다벧전 3:20. 또 주님의 재림이 당장 일어나지 않는 이유에 대해 하나님께서 오래 참으사 아무도 멸망하지 아니하고 다 회개에 이르기를 원하시기 때문이라고 증언한다벧후 3:9. 하나님의 오래 참으심은 모두가 죄에서 돌이켜 회개하고 구원에 이르기를 간절히 바라는 하나님의 사랑 때문이다.

이제 우리가 믿는 하나님에 대해 올바른 이해를 해야 한다. 우리를 창조하신 하나님은 우리의 아버지가 되시는 좋으신 하나님이시다. 때로 엄하게 꾸짖기도 하시고, 죄에서 끝내 돌이키지 않으면 하나님의 엄중한 심판 앞에 서는 것을 피할 수 없지만, 그분은 우리에 대해 오래 참으시고, 인내하시는 자비로우신 은혜의 하나님임을 우리는 반드시 기억해야 할 것이다. 우리를 거룩하게 하시고, 우리를 향한 인자와 자비를 멈추지 않는 좋으신 하나님이라는 믿음은, 우리의 삶을 절대절망에서 절대희망으로 뒤바꿔 놓으며, 자신의 환경과 이 세계를 향한 절대절망에서 벗어나 절대긍정의 믿음으로 우리를 나아가게 만든다.

좋으신 하나님의
구원

좋으신 하나님의 사랑은 반역한 인류를 유기遺棄하지 않고 그들을 구원救援할 계획을 세우시기에 이른다. 한 사람을 택하시고, 그로부터 한 민족을 이루게 하시고, 그 민족을 통해 온 인류를 구원할 메시아를 예정하신 것이다.

이번 챕터에서는 좋으신 하나님께서 당신의 신실한 구원의 계획을 그가 택하신 사람들을 통해 어떻게 성취해 가셨는지 살펴보려고 한다.

1. 하나님의 선택:
언약을 맺으시는 좋으신 하나님

"여호와께서 아브람에게 이르시되 너는 너의 고향과 친척과 아버지
의 집을 떠나 내가 네게 보여 줄 땅으로 가라 내가 너로 큰 민족을 이루
고 네게 복을 주어 네 이름을 창대하게 하리니 너는 복이 될지라 너를
축복하는 자에게는 내가 복을 내리고 너를 저주하는 자에게는 내가 저
주하리니 땅의 모든 족속이 너로 말미암아 복을 얻을 것이라 하신지라"
_창세기 12:1-3

좋으신 하나님은 아담 한 사람의 죄로 인해 죽을 수밖에 없는 운명
에 처한 모든 인간을 구원하실 것을 결정하시고, 아브람을 선택하셨
다. 이는 아브람의 행위가 선하거나 그에게 특별한 장점이 있기 때문
이 아니었다롬 4:2. 아브람을 부르신 것은 그를 복의 근원으로 삼아 모
든 민족을 축복하겠다는 하나님의 주권적 선택이었다. 하나님께서는
아브람에게 '고향을 떠나라' 명령하시며 '땅'과 '후손'에 대한 약속을
하셨다. 그를 통해 한 민족을 이루시고, 그 민족을 제사장 국가로 세
워 온 세상을 구원하길 원하신 것이다.

하나님의 약속은 반드시 성취된다. 인간의 연약함이나 거듭되는
그들의 반역에도 불구하고, 신실하신 하나님께서는 그 약속을 변함
없이 지켜 가시기 때문이다. 아브라함은 믿음의 조상이었지만, 그

역시 인간적인 실수가 많은 사람이었음을 우리는 기억할 필요가 있다. 그러나 우리는 좋으신 하나님께서 그분의 선한 목적을 이루기 위해 아브라함의 삶을 어떻게 이끌어 가셨는지, 또 그와 어떻게 언약을 맺으시고 성취해 가셨는지 아브라함의 일생을 통해 확인할 수 있다.[10]

2. 하나님의 돌봄:
언약을 기억하시는 좋으신 하나님

"여호와야훼께서 이르시되 내가 애굽에 있는 내 백성의 고통을 분명히 보고 그들이 그들의 감독자로 말미암아 부르짖음을 듣고 그 근심을 알고"_출애굽기 3:7

요셉이 애굽에 총리로 있을 때, 야곱과 그의 자녀들이 애굽으로 이주하였다. 이후 430년이라는 시간이 흘렀고출 12:40, 요셉을 알지 못하는 새 왕이 일어나 애굽을 다스렸다출 1:8. 이스라엘을 선대한 왕조가

---

10 비록 그의 당대에서 언약의 성취는 경험하지 못하였지만, 아브라함은 자신이 경험한 하나님을 신뢰하였으며, 그의 믿음은 그의 자손들에게까지 계승되었다. 그리고 하나님의 때에 그 약속이 성취되었음을 성경을 통하여 우리는 확인할 수 있다. 그의 믿음은 좋으신 하나님을 경험한 데서 생겨난 믿음이었다. 인생의 여러 위기와 인간적인 실수 가운데서도 하나님의 선하신 손길이 그의 삶을 주관하였기에 언약은 세대를 걸쳐 계승될 수 있었던 것이다.

저물고 새로운 왕조가 출현한 것이다.[11] 새로 바뀐 통치자 바로는 요셉과 그의 동족 이스라엘 후손들을 학대하였고, 그로 인한 백성들의 울부짖음과 고통은 하나님께 상달되었다.

바로의 압제 가운데 백성들의 고통과 한숨은 깊어졌지만 하나님의 때는 무르익어 갔다.[12] 430년의 시간이 흐르는 동안 이스라엘 백성은 하나의 큰 민족을 이루었다. 하나님이 아브라함과 했던 약속 중 '후손'에 대한 약속이 성취된 것이다. 이제 그들은 '땅'에 대한 약속의 성취를 목전에 두고 있었다. 세대와 세대를 거듭하며, 사람들은 고통 가운데서 그들의 조상 아브라함과 하나님 사이의 언약을 잊었지만, 하나님은 한순간도 그 약속을 잊지 않으셨다. 다만 하나님의 때가 찰 때까지 기다리고 있으셨다. 하나님은 하나님의 때에, 하나님의 방법으로, 자신의 약속을 성취하실 분명한 계획을 갖고 계셨다. 때가 이르매 완악한 바로와 애굽을 심판할 것을 결정하시고, 열 가지 재앙을

---

11 존 브라이트(John Bright)에 따르면 요셉이 총리가 된 시기에 애굽을 다스리던 민족은 힉소스 족속이었는데, 이들은 셈족 계열의 민족이다. 따라서 히브리인이었던 요셉을 중용하는데 용이하였을 것이다. 역사적 고증에 따르면, 출애굽기에서 증언하는 '요셉을 알지 못하는 새로운 왕'은 주전 1305~1290년에 이집트를 통치했던 세토스(Sethos) 1세였을 것이다. 어찌되었든 애굽의 상황이 셈족 계열이 아닌 애굽 계열의 왕조로 바뀌었다는 역사적 사실은 성서의 증언을 더 견고하게 만든다. 존 브라이트, 『이스라엘의 역사』, 엄성옥 역 (서울: 은성, 2015), 139-235.

12 여기서 성경 저자는 특별히 하나님께서 '보고, 듣고, 아신다'는 사실을 강조한다. 하나님께서는 백성들의 아픔에 깊이 공감하고 계셨다. 여기서 '알다'로 번역된 히브리어는 '야다(יד)'인데, 부부간의 성관계를 나타낼 때도 사용하는 단어이다. 즉, 인격적이며 친밀한 깊은 앎을 나타낼 때 사용되는 단어인 것이다. 여기서 더 나아가 '경험으로부터 오는 인식'을 의미하기도 한다. 이것은 단순한 지식적 앎의 차원을 넘어 분명한 체험으로 아는 것이다. 다시 말해 맛보고, 만지고, 느끼는 등 오감의 활동을 통한 직접 경험을 통해 얻어지는 지식인 것이다. 즉, 이스라엘의 하나님은 백성들의 아픔에 깊이 공감하는 좋으신 하나님이다.

통해 하나님의 주권을 만천하에 드러내셨다. 이때 행하신 '장자들에게 내려진 죽음의 재앙'은 하나님 구원의 절정을 보여 준다.

> "여호와얘께서 애굽 사람들에게 재앙을 내리려고 지나가실 때에 문 인방과 좌우 문설주의 피를 보시면 여호와얘께서 그 문을 넘으시고 멸하는 자에게 너희 집에 들어가서 너희를 치지 못하게 하실 것임이니라"_출애굽기 12:23

하나님께서는 애굽 바로의 장자로부터 가축들의 처음 난 것에 이르기까지 재앙을 내리실 것을 결정하셨다. 그러나 여기에는 하나님의 은혜가 숨어 있다. 누구든지 문 인방과 좌우 문설주에 피를 바르면 저주와 죽음의 사자가 그 문을 넘어가지 못하는 것이었다. 이것은 일차적으로 하나님의 백성인 이스라엘을 향한 하나님의 은혜였다. 그러나 여기서 중요한 것은 하나님을 경외하여 인방과 좌우 문설주에 어린 양의 피를 바른 이방인들 역시 재앙을 면할 수 있었다는 사실이다. 이렇듯 하나님은 차별 없이 은혜를 베푸신다. 이방인이든 이스라엘 백성이든 누구든 하나님을 경외하며 말씀에 순종하는 자들은 하나님의 구원을 경험할 수 있다. 당신께 가까이 나아오는 모든 자를 구원하시려는 하나님의 사랑과 구원의 의지는 예수 그리스도 안에서 온전히 성취된다.

> "성경에 이르되 누구든지 그를 믿는 자는 부끄러움을 당하지 아니하리

라 하니 유대인이나 헬라인이나 차별이 없음이라 한 분이신 주께서 모든 사람의 주가 되사 그를 부르는 모든 사람에게 부요하시도다"_로마서 10:11-12

문 인방과 문설주에 어린 양의 피를 바른 집 안의 모든 사람은 예외 없이 죽음이 넘어갔다. 이는 어린 양이신 예수 그리스도의 피로 적셔진 사람은 누구나 차별 없이 구원받게 될 것이란 하나님의 영원한 약속을 상징한다. 그러나 마음이 강퍅하여 하나님의 명령을 따르지 않았던 바로와 그의 나라는 하나님의 심판을 피할 수 없었듯이, 좋으신 하나님의 구원을 거부하는 사람은 하나님의 진노를 면할 수 없게 된다. 마침내 이스라엘은 430년의 종살이에서 해방되어 하나님이 그들의 조상 아브라함에게 약속하신 가나안 땅으로 향하게 되었다출 12:51. 하나님께서 아브라함과 맺었던 언약 중 '땅'의 성취를 향해 비로소 나아가게 된 것이다.

3. 하나님의 신실하심: 언약을 성취하시는 좋으신 하나님

1) 백성들과 언약을 맺으시는 하나님

이스라엘을 애굽에서 건지신 하나님은 자신의 백성이 시내산에 이르렀을 때 그들과 언약을 맺으신다. 모세에게만 나타나 말씀하시던 하나님께서 백성들에게 직접 나타나셨을 때, 백성들이 느낀 감정은 경외 그 자체였다.

> "셋째 날 아침에 우레와 번개와 빽빽한 구름이 산 위에 있고 나팔 소리
> 가 매우 크게 들리니 진중에 있는 모든 백성이 다 떨더라 모세가 하나님
> 을 맞으려고 백성을 거느리고 진에서 나오매 그들이 산기슭에 서 있는
> 데 시내산에 연기가 자욱하니 여호와야훼께서 불 가운데서 거기 강림하
> 심이라 그 연기가 옹기 가마 연기 같이 떠오르고 온 산이 크게 진동하
> 며"_출애굽기 19:16-18

하나님은 백성들과 언약을 맺으신다. 이 언약은 당시 고대 근동의 여러 봉신계약과는 달리 여호와야훼께서 그들의 하나님이 되시어 백성들을 지켜주시고, 끝까지 보호해 주시겠다는 약속을 특징으로 한다. 하나님의 백성들에게는 자신들의 왕 되시는 여호와야훼를 경외하며, 그분의 계명을 지킬 것이 요구되었다. 우리가 잘 알고 있는 '십계명'으로 출발한 이 계명은 이웃 간의 관계, 제사법, 정결법 등 삶 전반의 영역으로 점차 확대된다출 19:1~민 10:10. 나중에는 '한 분이신 여호와야훼 하나님을 사랑하라'는 명령에까지 이른다신 6:4-5.

고대 근동 사회에서 백성들을 사랑하고, 그들에게 사랑을 계명으로 요구하는 군주나 신은 존재하지 않았다. 그런데 이스라엘의 하나님 여호와야훼는 자기의 백성을 사랑의 대상으로 여기어 그들을 구원

하셨다. 그러한 하나님의 사랑 앞에서 그분의 참 백성이라면 하나님에게 동일한 사랑으로 응답해야 마땅한 것이다. 따라서 이때 주신 율법의 내용은 강압과 폭력이 아닌 서로 간의 신뢰와 사랑에 기초한다. 사랑하기 때문에 자신의 백성에게 율법을 주신 것이고, 백성들 역시 하나님을 사랑해서 그 율법을 지켜내길 기대하신 것이다. 좋으신 하나님의 사랑에 동일한 사랑으로 화답하길 기대하는 언약의 내용이 여호와야훼 신앙의 특징이다.

율법의 내용은 '하지 말라'와 '하라'는 두 가지 형태로 구분되어 있는데, 언약 준수 여부에 따라 각각 '저주'와 '복'이 약속 되어 있다. 하나님의 신실한 성품에 비추어 볼 때, 이 약속은 확실한 것이었다. 일종의 행위화복行爲禍福에 관한 약속을 다룬 율법의 내용은 당시 고대 근동의 법전들과 형식면에서는 크게 차이를 보이지 않는다.

그러나 여기에는 한 가지 분명한 특징이 있다. 하나님은 백성들을 벌주기 위해 율법을 주신 것이 아니라, 하나님 백성으로서 그것을 지키며 살아갈 때 당신이 그들에게 주실 복을 제시하기 위한 것이었다.

그뿐만 아니라 하나님의 언약에서 끊어지지 않고, 그들이 영원한 언약의 백성으로 살 수 있는 길을 제시하신 것이었다. 한편 율법은 이스라엘의 하나님 여호와야훼께서 거룩한 것처럼 그의 백성들도 거룩할 것을 요구한다레 19:2. 따라서 오직 거룩한 백성만이 하나님의 거룩한 유업에 참여할 수 있게 된다.

결국 율법에는 근본적으로 하나님의 사랑의 성품이 담겨 있어, 언약 백성으로서 마땅히 지켜야 할 거룩한 삶의 규정, 더 나아가 당신의 백성들이 정한 규례에 따라 하나님을 예배할 때 만나주시겠다는 약속이 담겨 있다. 누구든지 율법을 지켰을 때 하나님의 백성으로 보호받으며, 하나님의 돌보심을 누릴 수 있다. 이것이 바로 하나님의 백성들이 언제나 절대긍정의 희망 안에서 살아갈 수 있는 이유이다.

2) 예수 그리스도 안에서 성취된 언약

우리가 알고 있는 율법은 613가지로 알려져 있는데, 이 중 '하지 말라'는 명령이 365가지, '하라'는 명령이 248가지이다. 각각의 명령에는 분명한 의미가 있으며, 하나님께서 명령하신 내용은 누구도 함부로 변개變改할 수 없다. 그러나 이스라엘의 역사상 그 율법이 온전히 지켜졌던 시기는 단 한 번도 없었다.

그렇다면 하나님은 왜 지키지 못할 율법을 백성들에게 주셨을까? 여기에는 어떠한 하나님의 의도가 담겨 있는가?

사도 바울에 따르면 율법은 '초등교사'와도 같다갈 3:24. 율법은 그것을 지켜낼 수 없는 백성들이 스스로 한계를 깨닫고, 좋으신 하나님의 아들 '예수 그리스도'께로 나아오도록 인도한다.

신약성경의 가르침에 따르면 누구도 율법을 온전히 지킬 수 없다. 율법 없이 범죄한 자는 또한 율법 없이 망하고, 율법 안에서 죄짓는 사람은 율법대로 심판을 받는다롬 2:12. 결국, 모든 인류는 율법의 저주를 받아 영원히 죽을 수밖에 없는 존재이다. 인간의 죄성으로 말미암아 생명과 진리의 율법을 지킬 수 없게 만드는 것이다롬 7:13.

그러므로 우리에게는 예수 그리스도가 반드시 필요하다. 예수 그리스도께서는 모든 율법을 다 지키셨을 뿐 아니라, 십자가 안에서 온전히 성취하셨다. 예수님을 구주로 믿는 사람이라면, 더 이상 율법의 저주와 아무런 상관이 없다. 죄 없으신 예수님께서 친히 온 인류를 대신하여 율법의 저주를 받아 십자가에서 피 흘려 죽으셨기 때문이다. 그분의 죽으심으로 율법 대신 '생명의 성령의 법'을 따라 하나님의 뜻을 성취하는 새 시대가 열린 것이다.

지금까지 좋으신 하나님의 사랑이 죄로 인해 영원히 죽을 수밖에 없는 인류를 어떻게 구원하셨는지 살펴보았다. 한 사람을 선택하시고, 민족을 이루게 하시며, 언약을 맺으시고 언약을 성취하신 예수 그리스도를 이 땅에 보내셨다. 누구든지 예수님을 믿으면 하나님의 언약 백성이 되고 절대희망과 절대긍정의 인생을 살아가는 자들이 되는 것이다.

Chapter

03

좋으신 하나님의
선물

　좋으신 하나님은 그분의 형상과 모양대로 인간을 창조하시고, 인간과 더불어 세상을 경영하기를 원하셨다. 그러나 인간은 하나님의 명령을 거역하였다. 그 결과 자기에게 주어진 영광의 형상을 잃어버리고, 어떤 희망이나 가능성도 없는 절대절망의 존재로 전락하고 말았다.

　하지만 하나님은 그런 인간을 포기하지 않으셨다. 아브라함과 그의 자손 이스라엘을 통해 온 세계를 구원하기로 결정하신 하나님은 율법의 언약을 맺어 그 일을 행하셨다. 그러나 인간은 또 실패하고 말았다. 하나님의 법을 준행하며 그분의 거룩한 백성으로 사는 대신, 이방신과 우상을 섬기며 하나님을 저버린 것이다.

　이번에도 절대긍정의 하나님은 결코 포기하지 않으셨다. 독생자를 보내 하나님의 법을 성취하시고, 아들을 믿는 모든 사람에게 새 생명을 허락하신 것이다. 그리고 하나님의 말씀인 성경뿐 아니라 보혜사 성령님을 보내주셨다.

1. 성자 예수님을 보내신 좋으신 하나님

절대긍정의 좋으신 하나님의 선물은 바로 예수 그리스도이시다. 하나님은 세상을 사랑하시되 자신의 독생자를 주시기까지 사랑하시는 좋으신 하나님이다.

> "하나님이 세상을 이처럼 사랑하사 독생자를 주셨으니 이는 그를 믿는 자마다 멸망하지 않고 영생을 얻게 하려 하심이라"_요한복음 3:16

좋으신 하나님 신앙은 인간을 사랑하시고 은혜와 복을 주기 원하시는 하나님의 사랑에 기초한다. 좋으신 하나님의 사랑은 독생자 예수 그리스도를 대속물로 내어주심으로 저주 받고 죽어야 마땅했던 인간을 구원하실 정도로 크고 위대한 것이었다. 하나님은 예수 그리스도가 십자가에서 가혹한 고통과 처절한 치욕을 경험하게 될 것을 아셨지만, 스스로 구원할 능력이 없는 인간을 그대로 방치하거나 유기할 수 없으셨다.

예수 그리스도의 십자가에 나타난 좋으신 하나님의 성품은 성경 여러 곳에 기록되어 있다요 3:16; 엡 2:4-5, 요일 3:1, 4:9-10. 예수 그리스도의 존재와 사역을 통해 나타난 하나님의 사랑과 자비, 그리고 그 은혜의 풍성하심에 대하여 팀 켈러Timothy J. Keller 목사는 다음과 같이 말한다.

신약성경은 예수님을 '육신을 입고 오신 하나님'이라고 가르친다. 그분 안에는 신성의 모든 충만이 육체로 거하신다골 2:9. 그리스도는 하나님이셨지만 고난을 받으셨다. 인간의 절대적 연약함을 경험하셨으며, '심한 통곡과 눈물'히 5:7이 가득한 삶을 사셨다. 거절과 배신, 가난과 학대, 낙심과 좌절, 사랑하는 이의 죽음과 고통, 그리고 죽음을 누구보다도 절실하게 경험하셨다. … 예수님은 십자가에서, 인간이 감당할 수 있는 최악의 고통조차 넘어서셨다. 지식과 권세만 비할 데 없이 뛰어나셨던 것이 아니라 몸소 겪으신 고난과 고통 역시 인간으로서는 흉내조차 낼 수 없을 만큼 가혹했다. 이 땅에서의 인연도 그러하다면 영원 전부터 이어진 아버지 하나님의 사랑을 잃은 예수님의 심정이 어떠했을지는 상상조차 할 수 있겠는가? 예수님은 십자가에서 "나의 하나님, 나의 하나님, 어찌하여 나를 버리셨습니까"라고 부르짖으셨다. 주님은 철저한 단절, 그 자체를 경험하신 것이다. 여기에서 우리는 지극히 강한 분을 만난다. 인류를 너무도 사랑하신 나머지 자신의 힘을 버리고 약함과 어둠 속에 뛰어드신 하나님이 바로 그분이다. 하나님은 우리를 너무나 사랑해서 그분의 더없이 큰 영광, 다시 말해 모든 영광을 기꺼

이 벗어 버리셨다.[13]

이스라엘 백성들도 자신들을 구원할 메시아를 기다리고 있었다. 로마의 압제에서 자유를 주고, 가난에서 해방해 줄 그리스도를 기대했다. 오늘날에도 사람들은 구원자를 애타게 찾고 있다. 절대절망에서 건져 절대희망을 가져다줄 정치적, 경제적 메시아를 갈망하고 있다. 하지만 성경은 인간의 제도나 정치 논리, 정책으로는 결코 평화를 누릴 수 없음을 말한다. 절대절망에 빠진 인간은 오직 예수 그리스도를 통해서만 절대희망의 축복을 누릴 수 있는 것이다.

"아들을 낳으리니 이름을 예수라 하라 이는 그가 자기 백성을 그들의 죄에서 구원할 자이심이라 하니라"_마태복음 1:21

예수 그리스도의 탄생은 절대절망에 빠진 인간을 구원하기 위한 구원 사역의 시작이었다. 예수님은 어둔 세상에 빛을 전하기 위해 성육신하셨다. 갈등과 반목으로 가득한 세상에 평화를 선포하기 위해 하늘의 보좌를 떠나 누추한 마구간에 몸을 누이셨다. 그가 하늘에서 땅으로, 하나님에서 사람으로, 하늘의 영광에서 저주의 십자가로 낮아지신 것은 수많은 생명을 살리기 위함이었다. 높아지려는 교만과 불순종의 마음 때문에 죄와 분열과 갈등이 가득한 이 세상에 오신 예

---

13   팀 켈러, 『팀 켈러, 고통에 답하다』, 최종훈 역 (서울: 두란노, 2018), 190-191.

수님은 스스로 낮아지심으로써 하늘과 땅, 하나님과 사람 사이에 화평의 다리를 놓으셨다. 그분은 세리와 죄인의 친구가 되시고, 병든 자를 고치시며, 배고픈 자를 배불리 먹이심으로 이 땅에 현존하는 하나님의 나라를 선포하셨다.

1) 공생애: 이 땅에서 하나님의 뜻을 이루신 좋으신 예수님

"예수께서 모든 도시와 마을에 두루 다니사 그들의 회당에서 가르치시며 천국 복음을 전파하시며 모든 병과 모든 약한 것을 고치시니라"_마태복음 9:35

인류의 조상 아담과 하와가 죄짓고 타락한 이후, 인간은 세 가지 형벌에 빠진 절대절망의 존재가 되었다. 하나님의 명령에 불순종함으로 인간에게 찾아온 영의 죽음, 환경의 저주, 육신의 질병은 누구도 해결할 수 없는, 인류에게는 절대절망 그 자체였다. 이 땅에서 행하신 예수 그리스도의 공적 사역은 절대절망에 빠진 인간을 구원하길 원하시는 좋으신 하나님 아버지의 마음을 잘 보여 준다.

(1) 말씀을 가르치심

예수님은 말씀을 가르치는 일에 힘쓰셨다. 예수님은 수많은 무리 앞에서 말씀을 가르치시고, 제자들을 따로 가르치기도 하셨다. 예수님은 태초부터 계신 말씀이신 것이다요 1:1. 그분은 하나님의 본체로서

빌 2:6, 하나님의 존재와 사역을 온전히 계시하실 뿐만 아니라 온전한 순종으로 친히 율법을 완성하셨다.

예수님이 사역하던 당시 이스라엘 사람들은 유대 지도자들에게 율법과 전통을 배웠다. 그런데 유대 지도자들의 가르침에는 율법의 정신은 사라지고 겉치레만 남았다. 다시 말해 "마음을 다하며 목숨을 다하며 힘을 다하며 뜻을 다하여 주 너의 하나님을 사랑하고 또한 네 이웃을 네 자신 같이 사랑하라"눅 10:27고 말씀하신 율법의 정신은 사라지고, 각종 규율만 남아 사람들을 얽어매고 있었다.[14] 이에 예수님은 진정한 율법의 정신을 가르치셨다. 하나님 아버지께 드리는 진정한 예배, 참된 순종은 겉으로 보이는 행위가 아니라, 그 안에 담긴 사랑의 마음에 있음을 알려주신 것이다마 5:20-48, 12:1-12, 22:37-40.

(2) 복음을 전파하심

예수님께서는 이 땅에 오셔서 천국이 가까이 왔음을 선포하셨다. 복음서에 따르면 예수님께서 선포하신 천국 복음은 '회개'와 '하나님 나라'였다.

---

14 복음서는 율법에 대한 당시 종교지도자들의 몰이해(沒理解)를 꼬집어 말한다. 안식일 논쟁, 고르반 논쟁 등은 당시 율법이 본래 하나님의 의도를 벗어나 백성들을 옥죄는 수단으로 잘못 사용되고 있음을 여실히 보여 준다(마 12:1-21; 막 7:9-13; 눅 13:10-17; 요 9:16 등의 구절 참조). 이에 예수님께서는 그들의 말하는 바는 행하고 지키되 그들이 하는 행위는 본받지 말라"(마 23:3)고 말씀하신다. 당시 종교지도자들은 율법의 문자적 준수와 더불어, 형식주의와 위선에 사로잡혀 율법의 본질인 사랑과 정의 그리고 믿음을 져버렸다.

"이 때부터 예수께서 비로소 전파하여 이르시되 회개하라 천국이 가까이 왔느니라 하시더라"_마태복음 4:17

누구든지 예수 그리스도를 통해 열린 구원의 길을 거부하지 않으며, 회개하고, 주를 영접하여 믿는다면 영원한 생명을 얻게 될 것이다요 14:6. 예수님께서는 무리들 앞에서 복음을 전파하기도 하였지만, 한 영혼에게만 복음을 전하기도 하셨다.

요한복음 3장이 증언하는 니고데모, 4장이 증언하는 사마리아 여인의 기사 등은 예수님께서 어떻게 한 영혼을 만나 복음을 전하시고, 구원하였는지를 잘 보여 준다. 예수님은 복음을 전파하실 때 그 대상을 차별하지 않으셨다. 복음을 거부하는 서기관들과 바리새인들에게도 강한 책망은 하셨지만 복음도 함께 전파하셨다. 새 시대와 새 언약 아래서 하나님의 아들이신 예수님을 믿는 방법 외에는 구원에 이르는 길이 없기 때문이다.

"예수께서 이르시되 내가 곧 길이요 진리요 생명이니 나로 말미암지 않고는 아버지께로 올 자가 없느니라"_요한복음 14:6

세상의 명예나 권세, 지식이나 의로운 행위, 그 어떤 것도 우리에게 구원을 가져다 줄 수 없다. 절대절망에 빠진 인간은 결코 스스로 구원에 이를 수 없다. 성경은 오직 예수 그리스도만이 우리의 구원이시며 우리의 절대희망 되심을 분명히 말한다.

"오직 이것을 기록함은 너희로 예수께서 하나님의 아들 그리스도이심
을 믿게 하려 함이요 또 너희로 믿고 그 이름을 힘입어 생명을 얻게 하
려 함이니라"_요한복음 20:31

(3) 병든 자를 고치심

예수님의 공생애 가운데 3분의 2는 병을 고치시는 사역이었다. 성
경은 많은 병자가 예수님께 몰려왔고 병든 자들을 고치셨다고 증언
한다. 예수님께 나아온 사람들은 마음의 병도, 육신의 병도 치료되고
건강한 몸이 되어 돌아갔다. 예수님께서는 자신을 찾아온 수많은 병
자를 불쌍히 여겨 고쳐 주셨다.

"저물매 사람들이 귀신 들린 자를 많이 데리고 예수께 오거늘 예수께서
말씀으로 귀신들을 쫓아 내시고 병든 자들을 다 고치시니 이는 선지자
이사야를 통하여 하신 말씀에 우리의 연약한 것을 친히 담당하시고 병
을 짊어지셨도다 함을 이루려 하심이더라"_마태복음 8:16-17

치료는 천국 복음의 기초이다. 주님은 열두 제자와 칠십 인의 제자
들에게 복음증거와 함께 귀신을 쫓아내고 병을 고칠 것을 명령하셨
다. 이는 그리스도 복음의 실체요 천국의 표적이 치료에 있음을 분명
히 보여 주는 것이다.

2) 십자가와 부활: 절대절망을 이기신 하나님의 아들 예수님

예수님의 사역은 십자가와 부활 사건에서 절정을 이룬다. 예수님을 통해 이루고자 하셨던 하나님의 뜻은 결국 예수님의 죽음을 통해 온 인류를 구원하는 것이었다. 누구든지 자신의 죄를 대신해 십자가에 달려 죽으신 하나님의 독생자 예수 그리스도를 믿기만 하면 영원한 생명을 얻으며, 하나님 나라의 기업을 물려받을 상속자가 되는 것이다. 이것은 하나님께서 아브라함과 약속하셨던 구원 언약의 성취이다창 13:16, 15:5.

> "그러나 이제 그리스도께서 죽은 자 가운데서 다시 살아나사 잠자는 자들의 첫 열매가 되셨도다"_고린도전서 15:20

예수님께서 단지 죽기만 하셨다면 그것은 단순히 한 의인의 억울한 죽음에 그쳤을 것이다. 그러나 예수님은 죄와 사망의 권세를 이기고 다시 살아나심으로 모든 절망에 빠진 자들에게 구원의 절대소망이 되셨다. 누구든지 죄와 사망의 권세를 이기고 다시 사신 주 예수 그리스도를 구주로 믿으면 영원한 생명을 얻게 될 것이다.

그러므로 예수님의 죽음과 부활은 그분을 믿는 모든 사람에게 절대긍정의 이유가 된다. 아담의 범죄로 말미암은 죽음과 질병, 가난과 저주는 절대절망의 상징이었다. 그러나 절대절망의 자리인 그 십자가에 예수님께서 달려 죽으시고 부활하심으로 죽음 대신 생명이, 질병 대신 치료가, 저주 대신 축복이 우리에게 임하였다. 그러므로 십자가는 절대희망의 상징이며, 예수 그리스도를 구주로 믿고 고백하는 모든 신앙은 절대긍정의 신앙이 될 수밖에 없다.

2. 보혜사 성령님을 보내신 좋으신 하나님

좋으신 하나님 신앙은 하나님께서 예수 그리스도의 대속을 통해 인간들에게 전인적 구원의 길을 열어 주셨음을 믿고 고백하는 것이다. 십자가 대속 사건은 인간의 영적 문제뿐 아니라 생활과 환경의 문제, 그리고 질병의 문제까지 모두 해결했다. 그리하여 좋으신 하나님의 은혜는 내세의 구원뿐 아니라 지금 여기에서 누리는 형통한 삶으로 확장된다.

그러나 부활하신 예수님은 지금 이곳에 우리와 함께 계시지는 않는다. 그렇기에 예수님은 승천하시기 전 제자들에게, 하나님 아버지께 요청하셔서 우리에게 보혜사 성령을 보내주실 것이라 약속하셨다 14:16. 보혜사 성령님은 절대긍정의 하나님이 이 시대에 주신 최고의 선물이다.

"내가 아버지께 구하겠으니 그가 또 다른 보혜사를 너희에게 주사 영원토록 너희와 함께 있게 하리니"_요한복음 14:16

'보혜사'를 의미하는 헬라어 '파라클레토스παράκλητος'는 '옆에서 도와주는 사람', 즉 '대변자', '변호인' 등을 가리키는 말이다. 예수님이 우리를 보살펴 주시고, 이끌어 주시고, 도와주신 것처럼 성령님도 우리에게 오셔서 그와 같은 일을 해 주실 것이라는 말씀이다. 여기서 중요한 사실은 성령님은 '또 다른' 보혜사라는 사실이다.

'다르다'라는 표현은 헬라어로 두 가지가 있다. '알로스ἄλλος'와 '헤테로스ἕτερος'인데, '헤테로스'가 이질적인 것이라면, '알로스'는 본질상 똑같은데 다른 것을 의미한다. 예컨대 같은 재질의 종이가 두 장이 있을 때, 원래 종이와 똑같은 또 하나의 종이를 가리킬 때 '알로스'를 쓰는 것이다.[15] 요한복음 14장 16절의 '또 다른'은 헬라어로 '알로스'를 번역한 것이다.

다시 말해 성령님은 예수님과 다르지 않은 보혜사이다. 첫 번째 보혜사이신 예수님께서 제자들과 함께 하셨던 것처럼, 성령님은 예수님이 하늘로 올라가신 이후에 예수님의 요청에 따라 하나님께서 보내신 두 번째 보혜사이시다. 비록 예수님이 성도들과 물리적으로 한 공간에 계시지 않지만, 성령을 통하여 여전히 함께 계시는 것이다. 오히려 두 번째 보혜사이신 성령님은 공간의 제약을 받지 않으시기에, 예수님이 승천하시고 성령께서 오신 것은 우리 성도들이나 교회에 큰 유익이 된다.

성령님은 예수님이 하신 사역을 지금도 똑같이 하신다. 예수 그리스도를 알게 하시며 우리를 구원으로 인도하는 하나님이시다요 15:26.

---

15 이영훈, 『오직 성령으로』 (서울: 교회성장연구소, 2022), 39.

또한 진리를 깨닫게 하시고, 우리와 늘 함께하셔서 복음을 증거하게 하시며, 병든 자를 고치시고, 기적을 행하기도 하신다. 예수 믿는 그 순간부터 우리 마음에 임하셔서 한평생 우리를 떠나지 아니하시고, 우리를 도와주시는 것이다.

> "그는 진리의 영이라 세상은 능히 그를 받지 못하나니 이는 그를 보지도 못하고 알지도 못함이라 그러나 너희는 그를 아나니 그는 너희와 함께 거하심이요 또 너희 속에 계시겠음이라"_요한복음 14:17

예수님을 이 땅 가운데 보내셨던 절대긍정의 하나님은 이 시대에도 여전히 성령을 통해 우리와 함께하심으로 희망을 주신다. 성령님은 우리의 눈물을 닦아주시고, 힘과 용기를 주시고, 우리를 위해 기도해 주신다롬 8:26. 또 예수님을 닮게 하시고 성령의 은사와 능력을 주어 교회와 세상을 섬기게 하며 승리하게 하신다. 성령님은 교회를 통해 이 땅에 하나님의 나라를 이루어 가시며, 하나님을 떠난 이 시대에 절대희망의 빛으로 함께해 주신다.

3. 성경 말씀을 주신 좋으신 하나님

좋으신 하나님의 선물은 바로 하나님의 계시가 담긴 '성경책'이다.

'계시'란 어떤 것을 드러냄으로써 그것이 알려지도록 하는 것이다. 헬라어로 '아포칼립토ἀποκαλύπτω'인데 '드러내다'라는 뜻을 담고 있다. 이는 오직 종교적 실재를 알리는 신학적 의미로만 사용된다.

기독교는 계시의 종교이다. 하나님께서 자신을 스스로 계시하지 않으셨다면, 하나님을 알 수 있는 사람은 아무도 없을 것이다. 다시 말해 천지 만물을 창조하신 하나님이 자신이 어떤 분이신지 스스로 백성에게 드러내신 데서 기독교의 신앙과 믿음은 시작된다. 좋으신 하나님은 숨어 있지 않으시며, 당신을 찾는 모든 자에게 자신을 나타내신다잠 8:17. 하나님의 계시는 분명 이스라엘 역사 속에서, 또 예수 그리스도의 인격 가운데에도 나타난다. 그리고 그 계시는 성령의 조명 안에서, 성경을 통해서 지금도 우리에게 분명하게 드러난다.

"나를 사랑하는 자들이 나의 사랑을 입으며 나를 간절히 찾는 자가 나를 만날 것이니라"_잠언 8:17

1) 일반계시와 특별계시
하나님이 우리에게 자신을 알려주는 계시에는 두 가지 방식이 있다. '일반계시'와 '특별계시'이다.

'일반계시'는 '하나님의 창조와 피조물을 통해 당신을 드러내시는 방법'이다롬 1:20. 이 세상은 하나님의 창조물이기 때문에 결국 세상 어디에든 하나님의 숨결이 녹아 있다. 일반계시는 자연, 역사, 인간의 본성 등에서 발견될 수 있다. 종교심이 깊은 사람일수록 보이는 이 세상 너머의 존재에 대한 열망을 갖기도 하지만, 인간이 타락하였기에 일반계시만으로는 하나님을 올바르게 알 수 없는 한계 가운데 놓이게 되었다.[16]

'특별계시'는 '하나님의 구속사역에 근거한 계시'이다. 다시 말해 특정한 시대, 특정한 사람을 구원하시는 하나님의 역사를 드러내는 것이다. 기독교를 제외한 모든 종교가 인간이 절대자를 찾아가는 것이라면, 기독교는 특별하게도 창조주이신 하나님이 직접 피조물인 사람을 찾아오신다. 더욱이 하나님은 '특별계시'를 통해 '특별한 방법'으로 찾아오셔서 자신을 알리신다. 하나님께서는 특별계시를 보존하고 전달하기 위해 수많은 인간 저자에게 영감을 주셔서 성경을 기록하게 하셨으며, 이를 통해 당신의 존재와 뜻을 드러내셨다. 그러므로 기독교 신앙은 '성경'을 '기록된 하나님의 계시'로 받아들인다.

특별계시의 정점은 '예수 그리스도'이다. 특별계시가 담긴 성경은 예수 그리스도를 증거하는 책이기 때문이다. 성령의 조명 아래 성경을 묵상할 때 우리는 예수 그리스도를 알게 되고 비로소 좋으신 하나

---

16 사도행전 17장에서 증언하는 아테네의 광경은 그 시민들이 얼마나 깊은 종교심이 있었는지를 보여 준다. 그러나 그들의 종교심은 결국 하나님을 아는 지식에까지 발전할 수 없었다. 창조주 하나님을 아는 지식을 일깨워 줄 사람이 없었기 때문이다. 결국 바울은 그들 마음에 분명 존재하지만, 잘못된 형태로 발전하였던 종교심에 호소한다(행 17:22).

님의 은혜를 체험할 수 있다.

2) 성경이 하나님의 계시라는 증거

성경이 하나님의 계시라는 첫 번째 증거는 성경 예언의 성취에 있
다. 성경의 말씀은 예언자들이 하나님으로부터 초자연적 지혜를 받
아 기록하고 선포한 것이다. 특별히 성경은 예수 그리스도를 중심으
로 기록되었다. '구약'은 '오실 예수 그리스도', '신약'은 구약 예언의
성취로 '이 땅에 오신 예수 그리스도'에 대해 증언한다.[17] 다른 시대에
살며 서로 잘 알지 못하던 저자들에 의해 기록된 성경이 '예수 그리스
도와 하나님 나라'에 대한 예언과 성취라는 주제를 가지고 유기적으
로 연결되어 있다는 사실은, 성경이 하나님의 계시로 쓰여졌다는 확
실한 방증이다.

두 번째 증거는 다양성 가운데의 통일성이다. 성경은 총 66권으로
40여 명의 저자목자, 왕, 농부, 의사, 학자 등가 B.C. 1500년경부터 A.D. 100년
까지 약 1,600년 간 히브리어, 아람어, 헬라어로 기록하였음에도 하
나의 통일된 주제를 가진다. 성경은 다양한 배경과 목소리와 문체 등

---

17 이를테면 예수의 출생지(미 5:2; 눅 2:1-7), 세례(침례) 요한의 준비(사 40:3; 말 4:5; 마 3:1-3, 11:11-
14), 유다에게 배신을 당함(시 41:9; 요 13:18; 눅 22:47-48), 죄인들과 함께 처형당함(사 53:9, 12; 눅
23:33), 뼈를 꺾지 아니함(시 34:20; 요 19:31-37), 부자에 의해 매장됨(사 53:9, 12), 그의 부활이 예
언됨(시 16:10; 마 28:1-6) 등이다. 이 외에도 약 1천여 개의 예언들이 기록되어 있다. 성경의 예언
은 정확한 장소와 사건들을 구체적으로 이야기하며 더 놀라운 일은 그 예언들이 항상 성취되
었다는 사실이다.

에도 불구하고 좋으신 하나님의 사랑과 구원, 곧 예수 그리스도의 복음을 선포하는 것으로 일관되어 있다.

세 번째 증거는 성경 사본의 정확성이다. 성경에서 가장 오래된 기록은 B.C. 1400년 모세가 기록한 모세오경이며, 가장 나중에 기록된 책은 A.D. 90년경에 기록된 요한계시록이다. 그런데 성경의 '원본 original'은 모두 분실되었기에 '사본copy'에 의존하고 있다. 신약성경 사본의 수는 2만 개 이상이며, 사본의 오차는 0.5% 이내로 평균 200글자 당 하나의 꼴로 '다름'이 발견된다. 그러나 이러한 오차가 발견된다 하더라도 그것은 기독교의 핵심 교리의 내용을 변경시킬 수 없는 정도의 오차다. 그러므로 우리가 소유한 성경은 하나님의 말씀으로써 정확함을 알 수 있다.

좋으신 하나님은 인간 저자들에게 영감을 주고 성경을 기록하게 하심으로 인간의 언어로 당신의 뜻을 계시하였다. 일반계시가 창조 세계 곳곳에 녹아 있는 하나님의 숨결과 같다면, 특별계시는 당신의 백성을 구원하시기 위한 하나님의 사랑 그 자체라 할 수 있다. 오랜 기간에 걸쳐 기록된 신·구약성경은 인간과 세계를 향한 하나님의 뜻과 사랑을 계시하기 위해 기록되었으며, 구원이라는 하나님의 약속이 예수 그리스도 안에서 어떻게 성취되었는지를 명확히 보여 준다. 절대긍정의 신앙은 좋으신 하나님의 말씀이 기록된 계시로 성경을 주셨다고 믿는다. 성경을 하나님의 말씀으로 받아들이고 순종할 때 하나님의 역사는 지금도 우리의 삶 속에서 일어나게 될 것이다.

절대긍정의 신학은 좋으신 하나님 신앙에서부터 시작된다. 절대적으로 선하신 하나님의 모습은 우주 만물과 인간을 창조하신 하나님의 사랑에서 출발하여 독생자 예수 그리스도를 십자가에 내어놓으신 십자가의 구원으로 입증된다. 그리고 예수 그리스도의 영이신 성령 하나님과 예수 그리스도에 대해 기록한 성경을 통해 지금 우리에게 나타난다. 영산 조용기 목사는 이런 좋으신 하나님을 직접 체험함으로써 두려움이 아니라 사랑에 기반을 둔 기독교를 확신하게 되었고 다음과 같이 고백했다.

열아홉 살 때까지 나는 독실한 불교신자였다. 내가 절에 갔을 때마다 나는 항상 그 불상들에게 두려움을 느꼈다. 부처에게 나를 벌하지 말 것을 구했다. 불교와 나의 관계는 두려움에 뿌리를 두고 있었고 의식주의와 책임에 기초를 두고 있었다. 나의 종교심은 사랑이 아니라 두려움에서 태어났다. 내가 기독교인이 되었을 때, 예수 그리스도는 나의 영혼을 구원했을 뿐만 아니라 나의 폐결핵을 치료하셨으며 죽음의 자리에서 나를 일으키셨다. 그리고 내가 성령으로 세례침례를 받았을 때, 하나님의 사랑은 내 영혼에 강물처럼 흐르기 시작했다. 내가 기독교인으로서 경험한 가장 위대한 일은 하나님의 사랑과 하나님의 선하심이었다.[18]

18   조용기, 『희망목회 45년』 (서울: 교회성장연구소, 2004), 184.

이렇게 좋으신 하나님 신앙은 가부장제의 아버지같이 감히 다가갈 수 없는 위엄 있고 두려운 하나님이 아닌, 성령의 은혜로 언제나 다가갈 수 있는 따뜻하고 사랑이 많으신 하나님의 모습을 제시해 준다.[19] 절대절망에 빠진 인간과 세상을 향한 하나님의 절대적인 사랑은 하나님 최고의 선물이신 성자 예수님, 성령 하나님, 그리고 성경 말씀을 통해 우리에게 나타난다. 좋으신 하나님을 절대적으로 신뢰하는 절대긍정의 믿음을 소유할 때, 영혼이 잘됨 같이 범사가 잘되며 생명을 얻되 풍성히 얻는 놀라운 은혜와 축복의 삶을 영위할 수 있을 것이다.

---

19 이영훈, "영산 조용기 목사의 '좋으신 하나님 신앙'이 한국 교회에 미친 영향", 『영산신학저널』 Vol. 7 (2006), 84.

The Theological
Foundation of
Absolute Positivity

만물이 주에게서 나오고
주로 말미암고 주에게로 돌아감이라
그에게 영광이 세세에 있을지어다 아멘

로마서 11장 36절

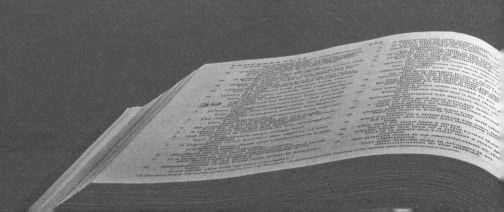

Part

2

—

절대긍정과
하나님의 주권

—

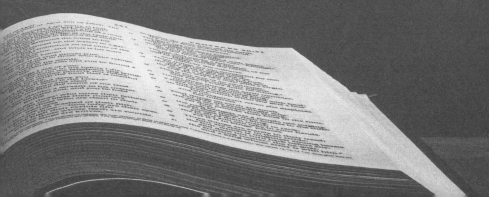

Intro

지금까지 기독교 신학은 긍정성보다는 부정성에 더 초점을 두고 발전
해 왔다. 그 결과 기독교는 '기쁨의 종교'라기보다는 '슬픔의 종교', '해방
과 자유의 종교'라기보다는 '율법과 고행의 종교', '감사와 용서의 종교'
라기보다 '도덕과 윤리의 종교'가 되는 측면도 있었다. 이것이 좋으신
하나님보다는 심판하시는 무서운 하나님의 모습을 우리 신앙에 더 각
인시킨 이유이기도 하다. 그래서 앞으로 우리는 긍정의 신앙과 신학을
회복하는 것에 더욱 집중할 필요가 있다.

우리는 앞에서 절대긍정의 신학적 시작이 바로 좋으신 하나님에 있음
을 살펴보았다. 만약 우리가 믿는 하나님이 좋으신 하나님이라면 그분
의 절대주권을 인정하고 받아들이는 것은 매우 중요하다. 따라서 절대
긍정의 신학은 하나님 절대주권의 신학에 기반을 두어야 한다.

하나님의 주권: 절대긍정의 신학적 기반

절대긍정의 신학은 이 땅에서의 물질적 복이나 세속적인 성취, 육체적 건강과 안녕만을 추구하는 번영신학과는 다르다. 무조건 세상과 자신을 긍정하고 감사하면 더 잘살고 건강할 수 있다는 신학이 아니다.

절대긍정의 신학은 고난이 없는 기쁨이 아니라 고난을 넘어서는 기쁨, 절망이 없는 희망이 아니라 절망 가운데서도 위로부터 오는 희망, 십자가 없는 부활이 아니라 십자가를 극복하고 오는 부활을 말하는 신학이다.[20]

---

20 김도훈, "긍정심리학과 신학의 대화에 기초한 긍정신학의 시론적 연구", 『한국조직신학논총』 Vol. 49 (2017), 31.

기독교의 진리는 이 세상을 긍정의 눈으로 바라본다. 세상에 대한 긍정의 시각은 세상에 대한 하나님의 긍정에서 비롯된다. 기독교 신앙인이 가장 먼저 알아야 할 것은 하나님이 절대긍정의 하나님이라는 사실이다. 좋으신 하나님에 대한 믿음이 있어야 인간과 세상에 대한 긍정적 시각도 함께 열린다. 성경에서 하나님의 긍정은 만물과 사람을 창조하시고 다스리시고 보호하시며 축복하시고 구원하시는 행위로 나타난다.

1. 하나님의 주권의 특징

하나님의 모든 창조, 통치, 구원의 행위는 전적으로 '하나님의 절대주권' 아래 있다.

하나님의 주권은 이 세상 만물의 궁극적 주인이 하나님 자신임을 나타낸다. 즉 만물의 소유가 하나님께 있으며 만물의 생성과 소멸의 모든 과정이 그분의 손안에 있다. 인간 역사의 모든 흐름도 하나님의 의지 속에 있다. 피조물인 이 세상은 스스로 자신의 운명을 결정할 수 없다. 피조물인 인간도 스스로 자신의 운명을 다스릴 수 없다.

모든 것이 하나님으로부터 시작되고, 하나님으로 말미암아 진행되어 하나님에 의하여 종결된다.

"이는 만물이 주에게서 나오고 주로 말미암고 주에게로 돌아감이라 그에게 영광이 세세에 있을지어다 아멘"_로마서 11:36

하나님이 시작이자 끝이며, 알파이자 오메가이며, 창조이자 종말이다.

2. 하나님의 주권은 기독교 신학의 토대

"땅의 모든 끝이여 내게로 돌이켜 구원을 받으라 나는 하나님이라 다른 이가 없느니라"_이사야 45:22

하나님의 절대주권은 기독교 신학의 가장 중요한 근거다. 아더 핑크Arthur W. Pink는 "하나님의 주권 교리는 역사를 푸는 열쇠이자 하나님의 뜻의 예보자이며, 성경의 기초이자 기독교 신학의 토대가 된다"라고 역설했다.[21] 그는 하나님의 주권이란 하나님의 위대하심이요, 하나님의 왕권이자 하나님의 신성이라고 고백한 후, 다음과 같이 설명한다.

하나님이 주권자라는 말은 하나님이 하나님이라는 선언이다. 하나님

---

21 아더 핑크, 『하나님의 주권』, 전의우 역 (서울: 요단, 2008), 22.

이 주권자라는 말은 그분이 지존자이며 "하늘의 군대에게든지 땅의 사람에게든지 그는 자기 뜻대로 행하시나니 그의 손을 금하든지 혹시 이르기를 네가 무엇을 하느냐고 할 자가 아무도 없도다"단 4:35라는 선언이다. 하나님이 주권자라는 말은, 그분은 전능하며 하늘과 땅의 모든 권세의 주인이라는 선포이다. 아무도 하나님의 계획을 좌절시키지 못하고, 그분의 목적을 막지 못하며, 그분의 뜻을 거스르지 못한다시 115:3. 하나님이 주권자라는 말은 그분이 '모든 나라의 주재시 22:28, Governor, 통치자'이시며, 자신의 선한 뜻을 따라 나라를 세우고, 제국을 무너뜨리며, 왕조의 길을 정하신다는 공포다. 하나님이 주권자라는 말은 그분이 '유일하신 주권자이시며 만왕의 왕이시며 만주의 주'딤전 6:15라는 외침이다. 이것이 성경이 말하는 하나님의 진짜 모습이다.[22]

"나라는 여호와야훼의 것이요 여호와야훼는 모든 나라의 주재심이로다"
_시편 22:28

"기약이 이르면 하나님이 그의 나타나심을 보이시리니 하나님은 복되시고 유일하신 주권자이시며 만왕의 왕이시며 만주의 주시요"_디모데전서 6:15

하나님은 선한 일의 배후에서도, 또한 악한 일의 배후에서도 일하

---

22 위의 책, 23.

시며 선한 역사를 이루어 가신다. 이집트의 바로 왕이 사내아이들을 다 죽일 때도 하나님은 모세를 살게 하셨다출 1~2장. 그리고 그를 통해 이스라엘을 위한 구원의 역사를 진행하셨다. 죄 없으신 예수님께서 십자가에 못 박혀 죽은 것은 역사상 가장 악한 일로 보일 수 있다. 유대인들과 로마 총독 빌라도가 힘과 마음을 합하여 하나님의 아들을 십자가에 죽임으로 최악의 상황을 만들어 버렸기 때문이다.

그러나 하나님의 섭리 안에서 이것은 선한 일이 되었다. 그 사건으로 온 인류가 예수님을 통해 믿음으로 구원받고, 영생의 복을 누리게 되었기 때문이다. 이처럼 마귀는 최악을 만든다고 할지라도 좋으신 하나님은 그것을 최선으로 만드시는 절대주권의 하나님이시다.[23] 절대긍정의 신학의 토대는 바로 좋으신 하나님의 절대주권을 인정하는 데 있다.

3. 하나님의 절대주권에 대한 신앙

하나님의 절대주권 신앙은 좋으신 하나님을 절대적이고, 불가항력적이며, 영원하시고, 무한하신 분이라 믿는 것이다. 하나님의 주권에 대한 믿음은 우주를 다스릴 권리가 오직 그분에게만 있음을 인정하는 것이다.

---

23 이영훈, 『절대긍정의 기적』, 44-45.

진흙으로 무엇을 빚을지는 오직 토기장이에게만 속한 권리인 것처럼, 모든 우주 만물 주권이 오직 하나님께만 있음을 인정하는 것이다. 토기장이는 흙덩이로 귀히 쓸 그릇도 만들고 천히 쓸 그릇도 만들 수 있다.

> "토기장이가 진흙 한 덩이로 하나는 귀히 쓸 그릇을, 하나는 천히 쓸 그릇을 만들 권한이 없느냐"_로마서 9:21

어떠한 그릇도 자신을 만든 토기장이에게 왜 그렇게 만들었느냐고 따지거나 항의할 수 없다. 토기장이 또한 자신이 왜 그렇게 만들었는지 그릇에게 설명할 의무가 없다. 그것은 토기장이의 자유로운 생각과 선택, 행위에 따른 것이다. 전적으로 토기장이의 고유한 주권이다.

그러므로 절대주권에 대한 신앙은 절대적인 하나님의 통치와 섭리에 대한 절대순종으로 나타난다.

절대주권과 절대긍정의
세 가지 차원

하나님의 절대주권이 성경 속에서는 어떻게 나타나고 있을까? 하나님은 자신의 절대주권을 역사 속에서 어떻게 인간에게 계시하시는 가? 하나님의 절대주권은 크게 세 가지 행위로 나타난다.

첫째, 하나님의 창조 행위다. 하나님은 자신의 자유로운 의지의 행위로 천지와 만물을 창조하심으로써 인간과 세상을 향한 자신의 주권을 드러내셨다. 하나님의 창조는 하나님의 권능, 하나님의 권세, 하나님의 능력을 펼쳐 보이신 행위로 이를 통해 만물과 인간에 대한 자신의 의지를 현실화하셨다. 이것은 만세 전에 우리를 택하시고 계획하셨던 하나님의 주권이 만물에 드러난 최초의 행위다.

둘째, 하나님의 통치 행위다. 하나님은 인간과 세상을 붙드시고, 인도하시고, 보호하심으로써 그분의 주권을 보이신다. 하나님은 만물을 창조하신 후 저 멀리 초월의 자리에 앉아서 보고 계시는 분이 아니다. 하나님은 자신이 창조하신 만물과 함께하셔서 하나님의 뜻에 따라 잘 보존되고 관리되도록 개입하시고 다스리신다.

셋째, 하나님의 구원 행위다. 하나님은 죄지은 인간, 타락한 세상에 대한 구원의 역사를 행하심으로써 그분의 절대주권을 나타내신다. 인간은 스스로 구원할 수 없는 한계를 가진 존재임을 아시는 하나님은 전적인 주권으로 인간을 구원하신다. 하나님의 아들을 인간 세상에 보내시기까지 하심으로써 자신의 주권적 구원을 성취하신다.

그럼 이제 하나님의 절대긍정의 세 가지 차원인 창조, 통치, 구원에 대해 살펴보자.

1. 창조:
절대주권과 절대긍정의 현실적 차원

하나님의 창조는 절대긍정의 하나님의 주권을 보여 주는 하나님의 첫 번째 행위다. 하나님의 창조는 전적으로 하나님의 자유로운 행동이자, 독립적이고 자기 충족적인 행위다. 조직신학자 루이스 벌코프Louis Berkhof는 하나님의 창조를 다음과 같이 정의한다.

> 엄격한 의미에서 창조는 하나님이 자신의 주권적인 의지에 의하여 자신의 영광을 위해, 태초에 모든 가시적이고 불가시적인 우주를, 이미 있는 재료를 사용하지 않고 생기게 하시고, 그리하여 자신과 구별되면서도 언제나 자신에게 늘 의존하는 실체가 되게 하신 하나님의 자유로운 행동이다.[24]

그러면 하나님의 창조의 특징과 방식, 범위와 목적은 무엇일까?

1) 창조의 특징

하나님의 창조의 특징은 무엇인가? 하나님은 세상을 무에서 창조하셨다. 라틴어 '엑스 니힐로ex nihilo'는 '무로부터out of nothing'라는 뜻으로, 하나님께서 세상을 창조하시기 전 하나님 자신을 제외하고는 그어떤 것도 존재하지 않았다는 말이다.

창세기 1장 1절 "태초에 하나님이 천지를 창조하시니라"에서 천지는 전 우주를 의미한다. 성경의 첫 구절인 이 말씀은 창조의 때, 창조의 주체, 창조의 대상을 정확하게 밝히고 있다. 특히 창조의 주체인 하나님이 가장 강조된다. 그리고 창조의 대상인 천지를 말함으로써,

---

24 루이스 벌코프, 『벌코프 조직신학』, 이상원·권수경 역 (서울: 크리스천다이제스트, 2017), 333.

하나님과 천지의 관계가 자연스럽게 설정되고 있다. 즉, 하나님은 천지창조를 통해 하나님과 만물이 창조주와 피조물이라는 관계를 맺었음을 밝히고 있다. 하나님은 우주 만물의 주권자이시다.

2) 창조의 방식

하나님은 우주를 무엇으로 창조하셨는가? 시편 저자는 "여호와야훼의 말씀으로 하늘이 지음이 되었으며 그 만상을 그의 입 기운으로 이루었도다 … 그가 말씀하시매 이루어졌으며 명령하시매 견고히 섰도다"시 33:6, 9라고 선포한다.

히브리서 역시 이 세상이 하나님의 말씀으로 창조되었다고 말한다. "믿음으로 모든 세계가 하나님의 말씀으로 지어진 줄을 우리가 아나니 보이는 것은 나타난 것으로 말미암아 된 것이 아니니라"히 11:3

말씀으로 창조했다는 것은 그 말씀의 주체자인 하나님의 권세와 권능이 얼마나 큰가를 잘 보여 준다. 이른바, 권세, 권위, 능력이 있는 사람은 일을 손이나 발로 하지 않고 입에서 나오는 언어로 한다. 그런 자들의 말 한마디면 세상이 움직인다.

그러나 권세, 권위, 능력이 없는 사람의 말로는 아무것도 할 수 없다. 주인으로서 권세가 없기 때문이다. 그러므로 하나님이 말씀으로 세상을 창조했다는 것은 하나님이 우주 만물의 주권자이심을 보여 주는 것이다.

3) 창조의 범위

하나님의 창조는 단순히 눈에 보이는 자연 만물이나 인간만을 대상으로 하지 않는다. 바울은 하나님의 창조 범위가 '보이는 세계'와 '보이지 않는 세계' 모두를 포함하고 있다고 말한다.

> "만물이 그에게서 창조되되 하늘과 땅에서 보이는 것들과 보이지 않는
> 것들과 혹은 왕권들이나 주권들이나 통치자들이나 권세들이나 만물이
> 다 그로 말미암고 그를 위하여 창조되었고"_골로새서 1:16

하나님은 영의 세계, 천사의 세계, 사탄의 세계, 의식과 무의식의 세계에 이르기까지 보이지 않는 모든 영역을 창조하신 분이다. 하나님은 우리의 깊은 생각까지도 아시고, 우리의 심령과 영혼이 어떠함을 다 감찰하신다. 모든 피조물의 주권자이시기 때문이다.

4) 창조의 이유

하나님은 자신의 영광을 위해 그분의 백성을 창조하셨다.

> "내 이름으로 불려지는 모든 자 곧 내가 내 영광을 위하여 창조한 자를
> 오게 하라 그를 내가 지었고 그를 내가 만들었느니라"_이사야 43:7

하나님이 이 목적을 위해 창조한 대상은 인간만이 아니다. 이 세상에 존재하는 모든 만물은 하나님의 영광을 위해 창조되었다. 하늘의

별, 태양, 달, 심지어 무생물조차 하나님의 위대함을 드러내기 위해 존재한다.

"하늘이 하나님의 영광을 선포하고 궁창이 그의 손으로 하신 일을 나타내는도다. 낮은 낮에게 말하고 밤은 밤에게 지식을 전하니"_시편 19:1-2

요한계시록 4장도 영광 받기에 합당하신 분이 바로 하나님이라는 사실을 분명히 밝힌다.

"우리 주 하나님이여 영광과 존귀와 권능을 받으시는 것이 합당하오니 주께서 만물을 지으신지라 만물이 주의 뜻대로 있었고 또 지으심을 받았나이다 하더라"_요한계시록 4:11

5) 창조에 대한 하나님의 절대긍정

창세기 1장에 나오는 하나님의 창조 행위를 자세히 보면 흥미로운 말씀이 반복해서 나온다. 창조 사역 하나가 끝날 때마다 "하나님이 보시기에 좋았더라"는 반응의 말씀이 반복된다. 이것은 무엇을 의미하는가? 그것은 하나님 자신이 지으신 세상을 긍정하셨다는 뜻이다.

이 세상은 하나님에게 좋은 세계였고, 그가 기뻐하는 세계였다. 무엇보다도 피조물의 세계가 '있다'라는 것 자체가 하나님께 기쁘고 좋은 것이었다. 들의 풀 한 포기, 산과 들과 땅이 '있다'라는 것, 피조물들이 서로의 생명을 가능케 하면서 더불어 사는 모습은 하나님에게는 물론 우리 인간에게도 좋은 것이다.

그러므로 창조된 세상이 "하나님 보시기에 좋았더라"는 선포는 이 세상에 대한 하나님의 절대적인 기쁨과 긍정을 잘 보여 준다.

피조물에 대한 하나님의 긍정은 이 세상에 대한 염세주의적 태도를 거부한다. 이 세계에 대한 회의주의적인 태도는 다양한 종교 혹은 철학에 자주 나타나 끊임없이 인류를 괴롭혀왔다. 그들은 세계를 인과법칙에 묶여 있는 '무상의 세계', '가상의 세계', '고통의 세계'라고 가르친다. 그러므로 세계를 '없는 것', 즉 '무'로 볼 것을 설파한다. 이 세상을 부정하고 열반에 도달함으로써 세상이 주는 모든 괴로움과 고통에서 벗어날 것을 촉구한다. 이러한 사상을 따르면 현실의 세계는 부정되고 버려진다.

심지어 플라톤Πλάτων, 영어로 Plato 같은 철학자는 피안의 세계는 영원하고 참된 세계이지만, 차안의 세계는 허무하고 무가치한 것이니 우리가 등을 돌려야 할 것이라고 가르쳤다.[25]

그러나 기독교의 창조신앙은 현실 세계를 긍정한다. 이 세계가 비록 죄와 죽음의 세력에 사로잡혀 있지만 세상은 여전히 하나님이 기뻐하시고 좋아하시는 하나님의 피조물이라는 것 또한 분명한 사실이다. 하나님은 우리 인간이 하나님을 위해 무엇을 할 수 있어서가 아

---

25 김균진, 『기독교신학2』 (서울: 새물결플러스, 2014), 70-71.

니라, 우리가 이 땅에 '있음 자체being'를 기뻐하시고 좋아하신다. 비록 산다는 것이 괴롭고 힘들 때도 있지만, 그래도 이웃과 자연의 세계가 있다는 것은 하나님에게 좋은 일이다. 참으로 '좋음'은 하나님이 피조물의 존재 자체를 기뻐하시고 사랑하시는 데 있다. "하나님이 보시기에 좋았다"라는 말씀은 하나님이 창조하신 피조물을 얼마나 긍정하고 사랑하시는지 잘 보여 주는 말씀이다.

2. 통치:
절대주권과 절대긍정의 행위적 차원

하나님의 절대주권은 하나님의 절대통치로 나타난다. 이것은 하나님의 행위적인 차원이다. 하나님은 세상을 창조하신 후 뒤로 물러나지 않으시고 세상과 가장 친밀한 관계를 유지하셨다. 우주는 하나님에 의하여 태엽이 감긴 뒤 하나님의 간섭 없이 돌아가도록 내버려 둔 단순한 기계 장치가 아니다. 물론 하나님은 피조물 위에 무한히 높이 계시는 초월적인 하나님이시다. 그러나 동시에 창조의 모든 부분에 임재하시며 우리 삶에 오셔서 일하시는 내재적인 하나님이시다.

1) 무소부재하신 하나님의 현존과 통치
영이신 하나님은 우주 모든 곳에 현존하신다. 그는 천지에 충만하시고시 139:7-10, 우리가 살고 기동하고 존재하는 영역을 만들어 가시며

행 17:28, 또한 그의 영으로 지면을 새롭게 하신다시 104:30. 바울이 에베소 교인들에게 외친 것과 같이 하나님은 만유 위에 계시고, 만유를 통일하시고, 만유 가운데 계신다엡 4:6. 만유를 하나 되게 하시며 만유 가운데 계신 하나님은 곧 통치하시는 하나님, 혹은 섭리의 하나님으로 자신을 나타내신다.

하나님은 만물 안에 개입하셔서 만물을 다스리시고, 관리하시며, 보존하시는 분이다. 하나님이 "빛이 있으라" 말씀하시니 빛이 있었다. 하나님이 "천하의 물이 한 곳으로 모이고 뭍이 드러나라" 하시니 그대로 되었다. "하나님이 이르시되 땅은 풀과 씨 맺는 채소와 각기 종류대로 씨 가진 열매 맺는 나무를 내라" 하시니 그대로 되었다.

하나님의 통치는 그분의 말씀이 이 땅에서 이루어지는 것으로 나타난다. 시편 저자는 이를 이렇게 선언한다.

"그가 말씀하시매 이루어졌으며 명령하시매 견고히 섰도다"_ 시편 33:9

2) 생물에 대한 주권적 통치

하나님은 살아있는 생물들도 다스리신다. "여호와야훼 하나님이 흙으로 각종 들짐승과 공중의 각종 새를 지으시고 아담이 무엇이라고 부르나 보시려고 그것들을 그에게로 이끌어 가시니 아담이 각 생물을 부르는 것이 곧 그 이름이 되었더라"창 2:19

노아의 홍수에서 하나님은 살리고자 하는 동물들을 말씀으로 불러서 노아 앞으로 나아오게 하셨다. "혈육 있는 모든 생물을 너는 각기 암수 한 쌍씩 방주로 이끌어들여 너와 함께 생명을 보존하게 하되 새가 그 종류대로, 가축이 그 종류대로, 땅에 기는 모든 것이 그 종류대로 각기 둘씩 네게로 나아오리니 그 생명을 보존하게 하라"창 6:19-20

출애굽 당시에도 하나님은 말씀으로 개구리들이 강에서 쏟아져 나와 온 땅을 뒤덮게 하셨다. "여호와아훼께서 모세의 말대로 하시니 개구리가 집과 마당과 밭에서부터 나와서 죽은지라"출 8:13

또 파리떼가 애굽 땅을 뒤덮게 하셨다. "그 날에 나는 내 백성이 거주하는 고센 땅을 구별하여 그 곳에는 파리가 없게 하리니 이로 말미암아 이 땅에서 내가 여호와아훼인 줄을 네가 알게 될 것이라"출 8:22

하나님은 가축, 곧 말과 나귀와 낙타와 소와 양에게도 심한 돌림병이 돌게 하셨다출 9:3-6. 또한 말씀으로 메뚜기 떼를 보내어 바로와 그 땅을 괴롭게 하셨는데, 메뚜기 떼가 나타날 시간과 경로와 피해 정도까지 미리 정해 놓으셨다. "메뚜기가 애굽 온 땅에 이르러 그 사방에 내리매 그 피해가 심하니 이런 메뚜기는 전에도 없었고 후에도 없을 것이라"출 10:14

하나님의 주권적인 통치로 동물들도 하나님의 말씀에 순종한다. 엘리 제사장 시절 블레셋에게 빼앗긴 언약궤가 어떻게 돌아오게 되었는가? 하나님은 암소 두 마리를 통해 벧세메스로 안전하게 언약궤를 이동하도록 하셨다삼상 6:2-9.

또 까마귀에게 명령하여 먹을 것을 구하지 못하는 엘리야에게 음식을 날라주도록 하셨다. "여호와야훼의 말씀이 엘리야에게 임하여 이르시되 너는 여기서 떠나 동쪽으로 가서 요단 앞 그릿 시냇가에 숨고 그 시냇물을 마시라 내가 까마귀들에게 명령하여 거기서 너를 먹이게 하리라"왕상 17:2-4

심지어 하나님은 나귀의 입을 열어 어리석은 짓을 하는 발람 선지자를 꾸짖게 하셨다민 22:21-35. 다니엘이 사자 굴에 던져졌을 때 사자들의 입을 막으셔서 다니엘을 보호하시고, 다니엘 대신 참소한 자들을 찢게 하셨다단 6장.

하나님은 불순종하는 요나를 위해 큰 물고기에게 명하셔서 그를 삼키게 하셨고, 때가 되어 육지에 다시 토하게 하셨다욘 2장. 예수님의 말씀 한마디에 물고기 뱃속에서 동전이 나왔고마 17:27, 예수님의 예언대로 베드로 옆의 닭이 두 번 울었다막 14:72.

이처럼 동물들 역시 하나님의 주권적 통치 가운데 있다. 하나님께서는 모든 생물을 창조하셨을 뿐 아니라 하나님의 뜻대로 다스리신다.

3) 무생물에 대한 주권적 통치

하나님은 무생물들도 다스리신다. 생명 없는 자연에 대한 하나님의 다스림은 애굽에 내린 재앙에서 여실히 드러난다. 하나님이 명령하시자 빛이 어둠으로, 강물이 피로 변했다. "여호와야훼께서 모세에게 이르시되 하늘을 향하여 네 손을 내밀어 애굽 땅 위에 흑암이 있

게 하라 곧 더듬을 만한 흑암이리라"출 10:21

우박이 떨어졌고, 악질이 생겼으며, 죽음의 사자가 애굽인들에게 임했으며, 교만한 바로가 살려달라고 애걸하는 지경에 이르렀다. "여호와야훼께서 모세에게 이르시되 너는 하늘을 향하여 손을 들어 애굽 전국에 우박이 애굽 땅의 사람과 짐승과 밭의 모든 채소에 내리게 하라"출 9:22

하나님의 말씀 한마디에 불과 유황이 하늘에서 내려와 소돔과 고모라를 멸했으며, 비옥한 골짜기가 죽음의 바다로 변했다. "여호와야훼께서 하늘 곧 여호와야훼께로부터 유황과 불을 소돔과 고모라에 비같이 내리사 그 성들과 온 들과 성에 거주하는 모든 백성과 땅에 난 것을 다 엎어 멸하셨더라"창 19:24-25

하나님의 명령에 홍해가 갈라졌고, 이스라엘 백성이 마른 땅을 밟고 건넜다. "모세가 바다 위로 손을 내밀매 여호와야훼께서 큰 동풍이 밤새도록 바닷물을 물러가게 하시니 물이 갈라져 바다가 마른 땅이 된지라"출 14:21 하나님의 말씀으로 갈라졌던 홍해가 다시 합쳐졌고, 이스라엘을 추격하던 애굽 군대가 수장되었다. 하나님의 말씀 한마디에 땅이 입을 열어 모세에 반역하던 고라와 그를 따른 무리들을 삼켜 버렸다.

느부갓네살은 풀무 불을 평소보다 일곱 배나 뜨겁게 하여 다니엘의 세 친구들을 던져 넣었지만, 그들의 옷조차 그을리지 않았다. "느부갓네살이 맹렬히 타는 풀무불 아귀 가까이 가서 불러 이르되 지극히 높으신 하나님의 종 사드락, 메삭, 아벳느고야 나와서 이리로 오라 하매 사드락과 메삭과 아벳느고가 불 가운데에서 나온지라"단 3:26

4) 인간에 대한 주권적 통치

하나님은 인간을 다스리신다. 무생물이나 생물과 달리 인간은 자유 의지가 있어 불순종할 수 있는 피조물이다. 때론 하나님의 다스림을 받지 않으려 발버둥치기도 한다. 그런 인간의 의지와는 상관없이 항상 인간은 하나님의 통치 아래 있다. 성경은 결국에는 하나님의 주권적 뜻이 이루어진다고 증거한다. 인간이 아무리 자유의지를 가지고 하나님으로부터 독립적인 삶을 추구한다고 하더라도 인간은 본래 하나님을 의지해서만 살 수 있는 존재이다. 사도 바울은 이렇게 말한다. "우리가 그를 힘입어 살며 기동하며 존재하느니라"행 17:28

지혜서인 잠언에서도 이 점을 정확하게 보여 준다. "마음의 경영은 사람에게 있어도 말의 응답은 여호와야훼께로부터 나오느니라"잠 16:1 "사람이 마음으로 자기의 길을 계획할지라도 그의 걸음을 인도하시는 이는 여호와야훼시니라"잠 16:9 "사람의 마음에는 많은 계획이 있어도 오직 여호와야훼의 뜻만이 완전히 서리라"잠 19:21 인간은 머릿속으로 수많은 계획과 상상을 할 수 있지만, 결국 그 실행과 성취는 하나님의 손에 달려 있다.

창세기 11장을 보면, 인간들이 흩어지는 것을 막고 하늘에 이르고

자 바벨탑 건축을 계획했으나, 하나님은 그들의 계획을 좌절시키셨다. 하나님은 수많은 사람 중에 믿음의 조상으로 아브라함을 선택하시고 부르셨다사 51:2. 하나님은 이삭의 아들 중에 에서는 버리고 야곱을 선택하셨고, 그를 통해 이스라엘 역사를 이어 나가셨다. 에스더서를 보면, 아말렉 족속의 사람 하만이 이스라엘 사람 모르드개를 교수대에 매달아 죽이려 계획했지만, 하나님은 오히려 하만을 그 나무에 달려 죽게 하셨다에 9:25.

하나님의 백성을 출애굽 하게 하라는 뜻을 바로에게 전달한 사람은 유창한 달변가인 아론이 아니라, 말이 어눌했던 동생 모세였다. 모세는 하나님의 위대한 지도자였지만 경솔한 언행으로 가나안 땅에 들어가지 못했고민 20:10-13, 반면 엘리야는 심하게 불평하고 원망했지만 가벼운 꾸지람과 위로를 받고 살아서 하늘로 올라갔다왕하 2:11. 웃사는 언약궤를 잠깐 만졌는데도 죽었지만삼상 6:7, 블레셋 사람들은 언약궤를 전리품으로 빼앗았어도 아무런 해를 입지 않았다삼상 5:1. 이 모든 사건은 하나님의 절대주권적 통치 아래 모든 것이 놓여 있음을 여실히 보여 준다.

하나님은 인간의 어리석은 생각과 계획들을 비웃으신다. 하나님은 원하시면 언제든 인간을 하루살이처럼 밟아버리거나 자기 입 기운으로 순식간에 소멸하실 수 있는 분이다. 그래서 시편 저자는 이에 대해 이렇게 노래한다.

"어찌하여 이방 나라들이 분노하며 민족들이 헛된 일을 꾸미는가 세상의 군왕들이 나서며 관원들이 서로 꾀하여 여호와야훼와 그의 기름 부음 받은 자를 대적하며 우리가 그들의 맨 것을 끊고 그의 결박을 벗어 버리자 하는도다 하늘에 계신 이가 웃으심이여 주께서 그들을 비웃으시리로다"_시편 2:1-4

하나님은 자신이 원하는 때에, 원하는 곳에, 원하는 방법으로, 원하는 것을 이루어 가신다. 따라서 인간의 모든 일은 하나님의 손에 달려 있다. "왕의 마음이 여호와야훼의 손에 있음이 마치 봇물과 같아서 그가 임의로 인도하시느니라"잠 21:1 하나님의 자유로운 주권과 통치는 우리의 생각과 상상을 초월하여 이루어진다. 이것이 하나님의 주권적 통치이다.

3. 구원:
절대주권과 절대긍정의 궁극적 차원

하나님은 자신이 원하는 바를 행하실 권리가 있을 뿐 아니라 이 권리를 직접 행사하신다.[26] 특히 구원의 역사는 하나님의 절대주권과 절대긍정의 궁극적 차원을 보여 준다. 절대주권의 하나님은 구원하시는

---

26 아더 핑크, 『하나님의 주권』, 75.

하나님이시며, 구원은 하나님의 절대주권 속에 있는 하나님의 은혜로운 행위다. 성경은 인간이 자신을 스스로 구원할 수 없다고 분명하게 선언한다. 구원은 오직 하나님께 속한 절대주권이기 때문이다.

성경에서 나타난 하나님의 구원은 단순히 영혼의 구원만으로 한정되지 않는다. 구약에서 하나님의 구원은 다양한 모습으로 나타난다. 전쟁에서 이기는 것, 굶주림에서 벗어나는 것, 죽을병에서 살아나는 것, 고난의 삶에서 벗어나 형통하게 되는 것, 폭력으로부터 피하게 되는 것, 심지어 큰 물고기가 사람을 토해내는 것도 모두 구원의 모습이다. 우리가 이 땅에 살아가면서 스스로 어찌할 수 없는 한계의 상황에서 하나님이 개입하셔서 그것을 벗어나게 하시는 것 모두가 하나님의 구원 행위다.

1) 이스라엘 민족에 대한 하나님의 구원

하나님의 구원은 이스라엘야곱 가정의 배고픈 현실을 해결하시는 것으로 나타났다. 요셉은 애굽에 노예로 팔려 온갖 고난의 세월을 보내다 30세에 바로의 꿈을 해석해 주면서 총리가 되었다. 그는 동생을 버린 죄책감으로 두려워하는 형들에게 하나님의 구원의 섭리를 고백한다.

"당신들이 나를 이 곳에 팔았다고 해서 근심하지 마소서 한탄하지 마소서 하나님이 생명을 구원하시려고 나를 당신보다 먼저 보내셨나이다

… 그런즉 나를 이리로 보낸 이는 당신들이 아니요 하나님이시라 하나님이 나를 바로에게 아버지로 삼으시고 그 온 집의 주로 삼으시며 애굽 온 땅의 통치자로 삼으셨나이다"_창세기 45:5, 8

하나님의 구원은 이스라엘 민족으로 하여금 죽음의 재앙에서 벗어나게 하셨다. 출애굽 당시의 유월절 구원이 그것이다. 이스라엘은 이 사건을 구원의 사건으로 고백한다. "이후에 너희의 자녀가 묻기를 이 예식이 무슨 뜻이냐 하거든 너희는 이르기를 이는 여호와야훼의 유월절 제사라 여호와야훼께서 애굽 사람에게 재앙을 내리실 때에 애굽에 있는 이스라엘 자손의 집을 넘으사 우리의 집을 구원하셨느니라 하라 하매 백성이 머리 숙여 경배하니라"출 12:26-27

모세는 40년간의 광야 생활을 회고하는 자리에서 자신들이 걸어온 길을 인도하신 하나님의 모든 행위를 구원이라고 말한다. 이것은 한 개인의 구원이 아니라 한 민족의 구원이다. 하나님의 구원하심으로 이스라엘은 행복하다고까지 고백한다. "이스라엘이여 너는 행복한 사람이로다 여호와야훼의 구원을 너 같이 얻은 백성이 누구냐 그는 너를 돕는 방패시요 네 영광의 칼이시로다 네 대적이 네게 복종하리니 네가 그들의 높은 곳을 밟으리로다"신 33:29

2) 구약 인물들에 대한 하나님의 실제적인 구원

구약의 인물들에게는 하나님의 실제적인 구원의 역사가 나타난다.

선지자 요나는 하나님의 사명을 저버리고 하나님을 피해 도망가다가 바다에 던져졌다. 그때 하나님이 보내신 큰 물고기 뱃속에서 하나님의 구원을 실제적으로 경험하였다. 그는 물고기 뱃속에서 드린 기도에서 구원은 오직 하나님께 달려있음을 분명하게 고백한다.

> "내 영혼이 내 속에서 피곤할 때에 내가 여호와야훼를 생각하였더니 내 기도가 주께 이르렀사오며 주의 성전에 미쳤나이다 거짓되고 헛된 것을 숭상하는 모든 자는 자기에게 베푸신 은혜를 버렸사오나 나는 감사하는 목소리로 주께 제사를 드리며 나의 서원을 주께 갚겠나이다 구원은 여호와야훼께 속하였나이다 하니라 여호와야훼께서 그 물고기에게 말씀하시매 요나를 육지에 토하니라"_요나 2:7-10

하나님은 아이를 낳지 못하는 한나에게 아이를 주심으로써 구원하신다. 한나는 하나님의 성소로 달려가 그곳에서 울면서 기도하며 하나님의 구원을 간구했다. 그녀의 기도에 응답하신 하나님은 사무엘이라는 아이를 주심으로써 그녀를 구원하셨다. 한나는 아이를 주신 하나님의 구원으로 인한 기쁨을 다음과 같이 노래했다. "내 마음이 여호와야훼로 말미암아 즐거워하며 내 뿔이 여호와야훼로 말미암아 높아졌으며 내 입이 내 원수들을 향하여 크게 열렸으니 이는 내가 주의 구원으로 말미암아 기뻐함이니이다"삼상 2:1

사울 왕을 피해 도망자로 살았던 다윗도 하나님의 구원을 시시때

때로 경험한 사람 중 하나다. 그가 쓴 수많은 시편 속에서 자신의 구원이 오직 하나님께만 있음을 고백한다. "천만인이 나를 에워싸 진친다 하여도 나는 두려워하지 아니하리이다 여호와^{야훼}여 일어나소서 나의 하나님이여 나를 구원하소서 주께서 나의 모든 원수의 뺨을 치시며 악인의 이를 꺾으셨나이다 구원은 여호와^{야훼}께 있사오니 주의 복을 주의 백성에게 내리소서"^{시 3:6-8} "나의 영혼이 잠잠히 하나님만 바람이여 나의 구원이 그에게서 나오는도다 오직 그만이 나의 반석이시요 나의 구원이시요 나의 요새이시니 내가 크게 흔들리지 아니하리로다"^{시 62:1-2}

하나님은 병에 걸려 죽게 된 히스기야도 구원하셨다. "내가 네 날에 십오 년을 더할 것이며 내가 너와 이 성을 앗수르 왕의 손에서 구원하고 내가 나를 위하고 또 내 종 다윗을 위하므로 이 성을 보호하리라 하셨다 하라 하셨더라"^{왕하 20:6}

모압과 암몬 자손의 연합군이 쳐들어왔을 때 여호사밧은 하나님의 구원의 약속의 말씀을 붙잡고 온 백성과 함께 금식하며 기도하였다. "만일 재앙이나 난리나 견책이나 전염병이나 기근이 우리에게 임하면 주의 이름이 이 성전에 있으니 우리가 이 성전 앞과 주 앞에 서서 이 환난 가운데에서 주께 부르짖은즉 들으시고 구원하시리라 하였나이다"^{대하 20:9} 하나님은 이 기도를 들으시고 전쟁에서 승리하게 하셨고 나라에 평강을 주셨다^{대하 20:30}.

3) 선지자들이 말하는 구원

구약성경의 많은 선지자도 자기 백성을 구원하시는 하나님의 절대주권을 이야기한다. 이사야는 이 땅 위에 구원을 베풀 수 있는 분은 오직 하나님 외에는 없다고 단언한다. "너희는 알리며 진술하고 또 함께 의논하여 보라. 이 일을 옛부터 듣게 한 자가 누구냐 이전부터 그것을 알게 한 자가 누구냐 나 여호와야훼가 아니냐 나 외에 다른 신이 없나니 나는 공의를 행하며 구원을 베푸는 하나님이라 나 외에 다른 이가 없느니라 땅의 모든 끝이여 내게로 돌이켜 구원을 받으라. 나는 하나님이라 다른 이가 없느니라"사 45:21-22 이사야는 하나님의 구원에는 어떠한 제약이나 한계가 없음을 강조한다. "여호와야훼의 손이 짧아 구원하지 못하심도 아니요 귀가 둔하여 듣지 못하심도 아니라" 사 59:1

예레미야는 두려워하는 이스라엘 백성들에게 하나님은 구원하시는 분임을 깨우치며 위로한다. "여호와야훼의 말씀이니라 그러므로 나의 종 야곱아 너는 두려워하지 말라 이스라엘아 놀라지 말라 내가 너를 먼 곳으로부터 구원하고 네 자손을 잡혀가 있는 땅에서 구원하리니 야곱이 돌아와서 태평과 안락을 누릴 것이며 두렵게 할 자가 없으리라 이는 여호와야훼의 말씀이라 내가 너와 함께 있어 너를 구원할 것이라"렘 30:10-11

스바냐는 하나님의 구원을 하나님 기쁨의 원천이라고까지 말한다.

절대주권의 좋으신 하나님은 우리 인간을 너무나 사랑하시고 기뻐하셔서 구원하지 않고는 견디지 못하신다. "너의 하나님 여호와야훼가 너의 가운데에 계시니 그는 구원을 베푸실 전능자이시라 그가 너로 말미암아 기쁨을 이기지 못하시며 너를 잠잠히 사랑하시며 너로 말미암아 즐거이 부르며 기뻐하시리라 하리라"습 3:17

4) 예수님의 구원과 은혜

절대긍정의 하나님이 행하시는 주권적 구원은 예수님의 구원에서 절정으로 나타난다.

> "하나님이 세상을 이처럼 사랑하사 독생자를 주셨으니 이는 그를 믿는
> 자마다 멸망하지 않고 영생을 얻게 하려 하심이라 하나님이 그 아들을
> 세상에 보내신 것은 세상을 심판하려 하심이 아니요 그로 말미암아 세
> 상이 구원을 받게 하려 하심이라"_요한복음 3:16-17

하나님께서 세상을 사랑하신다는 사실, 그래서 독생자 예수 그리스도를 우리에게 보내주셨다는 사실, 그리고 그 아들을 믿는 자마다 영생을 얻게 하신다는 사실은 기독교 구원의 가장 중요한 핵심 교리이다.

하나님의 구원은 전적으로 하나님의 주권으로 말미암는 하나님의 의지이자 선택이며, 우리에게 베푸시는 하나님 은혜의 행위이다. 사

도행전의 저자인 누가는 바울이 비시디아 안디옥에서 복음을 전할 때 일어난 구원의 일들을 한 마디로 이렇게 증언한다.

"영생을 주시기로 작정된 자는 다 믿더라"_사도행전 13:48

구원은 전적으로 하나님의 절대적인 의지와 선택의 결과라는 것이다. 사도 바울도 하나님의 구원을 하나님의 전적인 택하심에 의한 은혜의 사건이라고 말한다.

"그런즉 이와 같이 지금도 은혜로 택하심을 따라 남은 자가 있으니라 만일 은혜로 된 것이면 행위로 말미암지 않음이니 그렇지 않으면 은혜 가 은혜 되지 못하느니라"_로마서 11:5-6

이처럼 하나님의 절대주권은 좋으신 하나님의 창조, 통치, 그리고 구원으로 나타난다. 이는 이 세상과 인간을 긍정하시는 하나님의 사랑의 모습이다.

성경 속 하나님의 절대주권

'주권'은 하나님의 성품과 능력을 총체적으로 상징하는 표현이다. 하나님은 자신의 모든 성품을 주권적으로 드러내시고, 자기의 능력을 주권적으로 행하시는 분이다. 하나님은 자신의 능력을 자신이 원하는 방법으로, 자신이 원하는 때에, 자신이 원하는 곳에서 사용하신다.[27]

1. 하나님 주권의 신비

하나님의 주권은 인간이 다 이해할 수 없고 헤아릴 수 없기에 전적

---

[27] 위의 책, 25.

으로 하나님의 신비에 속한다. 하나님은 이스라엘이 출애굽 하여 광야로 가려고 할 때 주권적으로 바로를 강퍅하게 하여 하나님의 구원의 능력을 보이셨다. 그러나 모세의 단 한번의 불순종에 대해선 그를 가나안 땅에 들여보내지 않으시고, 그 목전에서 40년 광야 인생을 마무리하게 하셨다. 하나님은 이삭의 두 아들 야곱과 에서에 대해서 야곱은 사랑하시고 에서는 미워하셨다.

하나님은 아기 예수의 탄생을 율법학자들과 서기관들에게는 알리지 않으셨으나 비천한 목자들과 이방의 동방박사들에게는 알리셨다. 하나님 나라의 비밀을 슬기 있는 자들에게는 숨기셨으나 어린아이들에게는 나타내셨다마 11:25. 바리새인들은 자신들의 길을 가도록 내버려 두셨으나 세리와 창녀들은 주님의 사랑 안에 들어오게 하셨다마 21:31. 바울은 감옥에서 구해 주셨으나 스데반은 돌에 맞아 죽게 두셨다행 7:59.

이 모든 것은 전적으로 하나님의 주권이다. 인간이 알 수 없으며 헤아릴 수도 없는 하나님의 비밀이다. 하나님은 주권적으로 능력을 행하시고, 주권적으로 자비를 베푸시며, 주권적으로 사랑하시며, 주권적으로 은혜를 베푸신다.

2. 하나님 주권에 대한 다윗의 고백

성경에는 하나님의 절대주권을 고백하는 내용이 많이 나온다. 하나님의 주권을 가장 분명히 고백한 성경의 인물은 '다윗'이다. 다윗은 숱한 고난의 삶 가운데 하나님의 주권적 도움으로 살아남은 사람이다. 그는 하나님께서 주권적으로 자신을 왕으로 세우셨음을 알고 있었다. 그가 왕이 되고 나서 하나님의 성전을 짓고 싶은 열망이 있었다. 그러나 그 일을 허락하지 않으시는 하나님의 뜻을 알게 된 후, 자기의 뜻을 철회한다. 성전 건축을 아들 솔로몬에게 맡긴 다윗은 하나님께 감사의 기도를 드린다. 이 기도에는 하나님의 주권에 대한 다윗의 온전한 신뢰와 찬양이 담겨 있다.

"다윗이 온 회중 앞에서 여호와야훼를 송축하여 이르되 우리 조상 이스라엘의 하나님 여호와야훼여 주는 영원부터 영원까지 송축을 받으시옵소서 여호와야훼여 위대하심과 권능과 영광과 승리와 위엄이 다 주께 속하였사오니 천지에 있는 것이 다 주의 것이로소이다 여호와야훼여 주권도 주께 속하였사오니 주는 높으사 만물의 머리이심이니이다 부와 귀가 주께로 말미암고 또 주는 만물의 주재가 되사 손에 권세와 능력이 있사오니 모든 사람을 크게 하심과 강하게 하심이 주의 손에 있나이다 우리 하나님이여 이제 우리가 주께 감사하오며 주의 영화로운 이름을 찬양하나이다 나와 내 백성이 무엇이기에 이처럼 즐거운 마음으로 드릴 힘이 있었나이까 모든 것이 주께로 말미암았사오니 우리가 주의 손에서 받은 것으로 주께 드렸을 뿐이니이다"_역대상 29:10-14

3. 잠언에 나타난 하나님의 절대주권

잠언은 지혜의 책이다. 잠언을 사람이 살아가면서 알아야 할 실용적이고 처세적인 지혜를 가르치는 책으로 흔히 오해하기도 한다. 그러나 잠언은 '하나님을 경외하는 것이 모든 지식과 지혜의 근본'이라고 분명히 말하고 있다잠 1:7. 무엇보다 잠언의 수많은 구절은 한결같이 하나님의 주권을 강조하고 있다. 인간이 아무리 수고하고 노력해도 인생의 모든 결과는 하나님의 주권에 달려있다는 삶의 지혜를 제시하는 책이 잠언이다.

"마음의 경영은 사람에게 있어도 말의 응답은 여호와야훼께로부터 나오느니라"_잠언 16:1

"사람이 마음으로 자기의 길을 계획할지라도 그의 걸음을 인도하시는 이는 여호와야훼시니라"_잠언 16:9

"제비는 사람이 뽑으나 모든 일을 작정하기는 여호와야훼께 있느니라"_잠언 16:33

"사람의 마음에는 많은 계획이 있어도 오직 여호와야훼의 뜻만이 완전히 서리라"_잠언 19:21

"듣는 귀와 보는 눈은 다 여호와야훼께서 지으신 것이니라"_잠언 20:12

"사람의 걸음은 여호와야훼로 말미암나니 사람이 어찌 자기의 길을 알 수 있으랴"_잠언 20:24

"사람의 영혼은 여호와야훼의 등불이라 사람의 깊은 속을 살피느니라"_잠언 20:27

"주권자에게 은혜를 구하는 자가 많으나 사람의 일의 작정은 여호와야훼께로 말미암느니라"_잠언 29:26

결국 하나님의 주권을 인정하는 것이 참 지혜이다. 모든 일의 주권이 하나님께 있으며, 일의 계획과 실행 및 성취 등 모든 일의 과정과 결과가 하나님의 손에 있음을 인정하는 사람이 잠언에서 말하는 진정 지혜로운 사람이다.

4. 하나님 주권에 대한 바울의 고백

사도 바울은 초대교회의 사도들 가운데 가장 위대한 선교사이고, 신학자이며, 목회자이다. 부활하신 예수 그리스도를 만난 뒤 주님의 종이 된 그는 수많은 교회를 세우며 이방 선교 사역을 감당하였다.

수많은 핍박과 고난을 당했음에도 불구하고 열정적으로 그리스도의 복음을 전하였다. 그는 인생과 사역의 마지막까지 하나님의 절대주권을 전적으로 신뢰했다.

"이는 만물이 주에게서 나오고 주로 말미암고 주에게로 돌아감이라 그에게 영광이 세세에 있을지어다 아멘"_로마서 11:36

"그는 보이지 아니하는 하나님의 형상이시요 모든 피조물보다 먼저 나신 이시니 만물이 그에게서 창조되되 하늘과 땅에서 보이는 것들과 보이지 않는 것들과 혹은 왕권들이나 주권들이나 통치자들이나 권세들이나 만물이 다 그로 말미암고 그를 위하여 창조되었고 또한 그가 만물보다 먼저 계시고 만물이 그 안에 함께 섰느니라"_골로새서 1:15-17

"기약이 이르면 하나님이 그의 나타나심을 보이시리니 하나님은 복되시고 유일하신 주권자이시며 만왕의 왕이시며 만주의 주시요 오직 그에게만 죽지 아니함이 있고 가까이 가지 못할 빛에 거하시고 어떤 사람도 보지 못하였고 또 볼 수 없는 이시니 그에게 존귀와 영원한 권능을 돌릴지어다 아멘"_디모데전서 6:15-16

사도 바울이 고백한 하나님의 주권에 대한 말씀 중 가장 핵심적인 성경 구절은 로마서 8장 28절이다. 이 말씀에는 하나님의 절대주권, 하나님의 절대사랑, 하나님의 절대긍정의 메시지가 모두 담겨 있다.

"우리가 알거니와 하나님을 사랑하는 자 곧 그의 뜻대로 부르심을 입은 자들에게는 모든 것이 합력하여 선을 이루느리라"_로마서 8:28

지금까지 절대긍정과 하나님의 주권에 대해 살펴보았다. 하나님의 창조, 통치, 그리고 구원의 행위는 그분의 절대주권적 특성을 잘 보여 주고 있다. 이것은 만물과 인간에 대한 하나님의 절대긍정의 마음을 담고 있다. 인간을 긍정하시는 하나님의 절대주권을 온전히 믿는다면 하나님에 대한 절대긍정의 신앙을 가질 수 있을 것이다. 우리는 하나님의 절대주권적 행위가 그 어떤 경우에도 옳고 선하시다는 절대긍정의 신관을 가져야 한다.[28]

조용기 목사는 "좋으신 하나님은 궁극적으로 모든 것이 합력하여 선을 이루도록 하시기 때문에, 좋은 것은 좋아서 좋고, 나쁜 것은 결국 좋게 될 것이니 절대긍정의 믿음을 잃지 말아야 한다"라고 강조한다.[29] 이러한 사실을 믿음으로 받아들일 때 고난조차도 하나님의 주권 아래 있으며 하나님의 축복으로 가는 과정임을 이해할 수 있게 된다.[30] 우리는 그 어떤 경우에도 그분의 주권에 따라 우리를 다스리며 긍정하시는 하나님을 신뢰해야 한다.

---

28 국제신학연구원, 『순복음 신학 개론』, 64.

29 조용기, 『삼박자 구원』 (서울: 서울말씀사, 1977), 28.

30 조용기, 『고난을 딛고 일어서라』 (서울: 서울말씀사, 1998), 19-20.

"

오직 여호와야훼의 율법을

즐거워하여 그의 율법을

주야로 묵상하는도다

시편 1편 2절

"

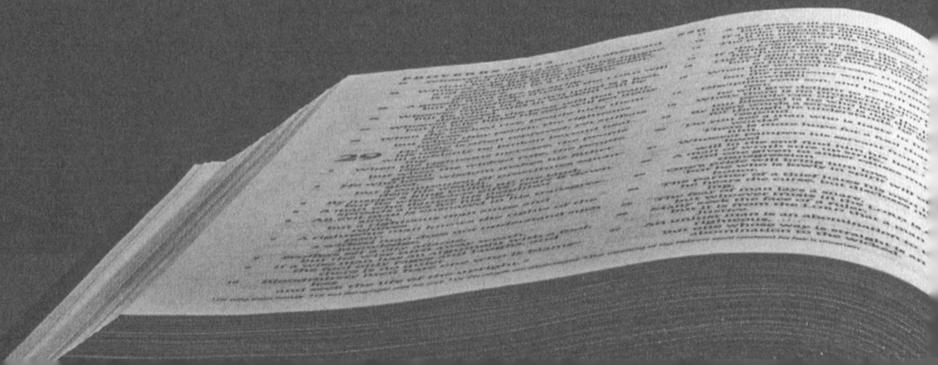

Part
3

—

절대긍정과
하나님의 말씀

—

Intro

이 세상을 살아가는 우리는 절대주권을 갖고 계시는 선하신 하나님을 어떻게 알 수 있을까? 기독교인에게 있어서 절대긍정의 신앙은 어떻게 생겨나는가?

이러한 의문들은 바로 성경을 통해 그 답을 얻을 수 있다. 절대긍정의 믿음은 저절로 생겨나는 것이 아니다. 바로 하나님의 말씀을 읽고, 듣고, 배우고, 살아냄으로써 생겨나게 된다. 성경은 단순한 종교, 과학, 역사 서적이 아니다. 단지 인생의 훌륭한 지침을 담은 교과서도 아니다. 그것은 살아계신 하나님의 절대긍정의 말씀이 담겨 있는 하나님의 계시이다. 성경에는 절대긍정의 하나님의 풍성한 사랑과 구원의 계시가 모두 담겨 있다.

이번 파트에서는 절대긍정의 믿음의 기초가 되는 성경에 대한 핵심 내용을 살펴보고자 한다.

Chapter

07

절대긍정과
성경의 본질

1. 성경의 본질:
절대긍정의 하나님 말씀

성경은 하나님의 말씀이지만 인간의 언어로 기록되어 있다. 그러
므로 성경은 '인간의 언어로 기록된 하나님의 말씀'으로 볼 수 있다.[31]

바로 여기에 기독교와 이슬람교의 차이가 있다. 이슬람교는 코란
에 대해 천사 가브리엘이 하늘의 원전을 예언자 마호메트에게 아랍
어아라비아어로 한 자도 틀림없이 전해준 복사본이라고 믿는다. 그러므
로 그것은 해석될 필요도 없고 번역될 수도 없다고 말한다.

---

31 김균진, 『기독교신학』 (서울: 새물결플러스, 2014), 277.

그러나 기독교의 성경은 다수의 저자인간가 하나님께서 주신 계시를 인간의 언어를 사용하여 기록한 책이다. 이 책에는 절대주권을 가지신 하나님의 인간에 대한 절대긍정의 사랑과 희망의 메시지가 가득 담겨 있다. 이렇게 기록된 성경의 특징은 다음과 같이 영감성, 무류성, 무오성 이 세 가지로 제시할 수 있다.

1) 영감성

성경은 하나님이 주신 영감靈感, inspiration으로 기록된 책이다. 사도 바울은 디모데에게 성경의 의미와 특징에 대하여 다음과 같이 말한다.

> "너는 배우고 확신한 일에 거하라 너는 네가 누구에게서 배운 것을 알며 또 어려서부터 성경을 알았나니 성경은 능히 너로 하여금 그리스도 예수 안에 있는 믿음으로 말미암아 구원에 이르는 지혜가 있게 하느니라 모든 성경은 하나님의 감동으로 된 것으로 교훈과 책망과 바르게 함과 의로 교육하기에 유익하니 이는 하나님의 사람으로 온전하게 하며 모든 선한 일을 행할 능력을 갖추게 하려 함이라"_디모데후서 3:14-17

모든 성경은 하나님의 감동으로 된 것이다. 여기서 '감동되었다'라는 말은 '하나님께서 숨을 불어넣으셨다'는 의미이다. 역사적으로 하나님의 영감을 어떻게 받았는지에 대해서는 다양한 주장이 있지만, 대부분 기독교인은 성령께서 성경 저자들을 감동하여 각 개인의 성격, 재능, 은사, 교양, 문체 등을 유기적으로 사용하여 성경 기록에 조화를 이루게 했다는 '유기적 영감설'을 따른다.[32] 분명한 사실은 하나님의 말씀은 단순한 기록물이 아니라, 우리의 삶 속에서 역사하고 활동한다는 것이다. 성경은 하나님의 말씀으로 '무언가'를 말해 줄 뿐만 아니라성경의 메시지, 하나님의 말씀이 '무슨 일을 하는가'성경의 기능를 보여 준다.

히브리서 저자는 하나님의 말씀인 성경이 살아 있어 활동하며 우리의 영과 혼과 육 모두를 다스리고, 판단하며, 치유한다고 말한다.

"하나님의 말씀은 살아 있고 활력이 있어 좌우에 날선 어떤 검보다도 예리하여 혼과 영과 및 관절과 골수를 찔러 쪼개기까지 하며 또 마음의 생각과 뜻을 판단하나니 지으신 것이 하나도 그 앞에 나타나지 않음이 없고 우리의 결산을 받으실 이의 눈 앞에 만물이 벌거벗은 것 같이 드러나느니라"_히브리서 4:12-13

2) 무류성

하나님의 말씀인 성경은 무류無謬, infallibility하다. 성경의 무류성은 하

---

32 지금까지 신학계에서 제기된 영감설은 크게 다섯 가지로 요약할 수 있다.
　① 기계적 영감설 : 저자들은 단순히 하나님의 말씀을 기계적으로 받아 쓴 대필자들이라는 견해
　② 이원적 영감설 : 성경은 하나님께서 나온 것과 사람에게서 나온 기록의 종합물이라는 견해
　③ 동력적 영감설 : 성경은 하나님을 깊이 깨달은 사람들이 만든 창작물이라는 견해
　④ 현실적 영감설 : 성경은 독자가 하나님의 말씀으로 받아들일 때에야 비로소 말씀이 된다는 견해
　⑤ 유기적 영감설 : 성령께서 성경 저자들을 감동시켜 그들 각 개인의 성격, 재능, 은사, 교양, 문체 등을 유기적으로 사용하여 성경 기록에 조화를 이루게 하셨다는 견해

나님께서 오류를 범하실 수 없고, 하나님의 영감을 받은 사람들 또한 오류를 범하지 않는다는 뜻이다. 성경의 무류성은 성경 말씀이 우리의 신앙과 삶의 모든 문제에서 실수하지 않는다는 뜻이다.

잠언은 성경의 무류성을 '순전하다'고 표현한다.

"하나님의 말씀은 다 순전하며 하나님은 그를 의지하는 자의 방패시니라 너는 그의 말씀에 더하지 말라 그가 너를 책망하시겠고 너는 거짓말 하는 자가 될까 두려우니라"_잠언 30:5-6

예수님은 하나님 말씀의 온전함을 말씀하시며 일점일획도 없어질 수 없다고 강조하신다.

"내가 율법이나 선지자를 폐하러 온 줄로 생각하지 말라 폐하러 온 것이 아니요 완전하게 하려 함이라 진실로 너희에게 이르노니 천지가 없어지기 전에는 율법의 일점 일획도 결코 없어지지 아니하고 다 이루리라"_마태복음 5:17-18

존 웨슬리John Wesley는 성경의 무류성에 대하여, 그리고 올바른 성경 해석에 대하여 다음과 같이 조언한다.

성경은 인간의 말로 기록된 하나님의 말씀이다. 성경의 권위는 매우 강력하며, 성경은 성령의 영감으로 쓰인 책이다. 하나님의 영은 성경을 기록한 사람에게만 영감을 준 것이 아니다. 진지하게 기도하며 성경을 읽는 사람들에게도 항상 영감을 주신다. 성경은 하나님의 말씀을 단순히 수집한 책이 아니다. 성경은 하나님이 인간과 함께하신다는 역사의 증언이다. 그러므로 올바른 성경 해석을 위해서는 단계가 중요하다. 성경 안에 있는 하나님의 말씀에 다가갈 때는 성경, 전통, 이성, 경험이라는 네 가지 균형 잡힌 관점을 가져야 한다.[33]

3) 무오성

하나님의 말씀인 성경은 무오無誤, inerrancy하다. 무오성은 무류성으로부터 자연스레 도출된다. 성경은 하나님의 감동과 직접적인 계시를 받은 사람들이 오류, 약점, 실패 없이 기록하고 전달한 진리의 말씀이다. 따라서 성경은 더하거나 빼거나 폐할 수 없다.

"여호와야훼여 주의 말씀은 영원히 하늘에 굳게 섰사오며 주의 성실하심은 대대에 이르나이다 주께서 땅을 세우셨으므로 땅이 항상 있사오니 천지가 주의 규례들대로 오늘까지 있음은 만물이 주의 종이 된 까닭이니이다"_시편 119:89-91

성경의 무오성은 복음을 담고 있는 성경이 우리를 구원에 이르도

---

33 김영선, 『존 웨슬리와 감리교신학』 (서울: 대한기독교서회, 2002), 36.

록 하기에 완전하고 흠이 없다는 뜻이다. 따라서 초대교회부터 성경은 구원의 지침서로 인정되었다.

물론 성경에는 인간의 유한한 지성이 이해할 수 없는 하나님의 신비 영역이 있음을 인정해야 한다. 성경은 실제적인 의미에서 오류가 없다는 것이지 표현에 오류가 없다는 것은 아니다. 또 성경의 무오성은 원본에만 적용되는 것이지 후대의 사본들까지 포함하는 것은 아니다.

종교개혁자 마르틴 루터Martin Luther는 하나님의 말씀인 성경을 강조하며 이렇게 말했다. "성경은 하나님의 말씀이다. 하나님의 말씀이 성경 안에 있고, 성경은 그분의 가르침이며, 속죄의 희생, 죄의 용서, 구원의 사역이며, 인류문명을 위한 윤리와 영성을 알려주는 절대적인 것이다."[34] 장 칼뱅Jean Calvin은 성경은 무오한 표준이자, 절대적 권위를 갖는다고 말했다.

2. 성경의 역사: 66권의 정경화 과정

우리 손에 쥐어져 있는 성경책은 수많은 역사적 과정을 거쳐 66권

---

[34] 베른하르트 로제, 『마틴 루터의 신학』, 정병식 역 (서울: 한국신학연구소, 2009), 265-276; 파울 알트하우스, 『루터의 신학』, 이형기 역 (경기: 크리스천다이제스트, 2008), 90-117.

으로 정리된 것이다. 우리는 이것을 '정경正經'이라고 한다. 정경은 유대교와 기독교에서 신앙의 규범이 되는 내용을 기술한 문헌으로, 고대 그리스어 '카논κανων', 라틴어 'canon'을 번역한 말이다. '카논'은 원래 '곧은 막대기, 자' 등을 의미하고, 상징적으로는 '규범'을 의미한다. 초대 교부들은 이 용어로 기독교에서 경전으로 인정받는 책들을 지칭하는 말로 사용했다.

유대 역사가 요세푸스Flavius Josephus는 "정경이란 하나님의 영감을 통해서 특정한 기간에 저술된 한정된 수량의 현존하는 문헌"이라고 정의했다.[35] 아우구스티누스Aurelius Augustinus, 영어명 어거스틴는 "나는 정경이라고 불리는 책들에게만 영예를 부여하기를 배웠는데, 이러한 책들의 그 어떤 저자도 오류가 없으리라는 것을 나는 확실히 믿는다"라고 말하며 정경의 권위를 인정했다.[36]

최초의 신약성경 정경화 작업은 초대교회에 이단들이 출현하면서 혼탁해진 기독교 진리의 분별과 수호를 위해서 필요하였다. 당시 대표적 이단으로 마르시온주의자들이 있는데, 이들은 이원론을 주장하며 물질세계를 열등한 것으로 보고 구약의 창조주 하나님을 배척하였다. 또 구약성경을 인정하지 않았으며 오직 누가복음과 목회서

---

35 "성경 정경", https://ko.wikipedia.org/wiki/성경_정경 (2023. 11. 9. 검색)
36 Augustine, *Epistle 82, 1, in Letter of Augustine*, trans. Wilfrid Parsons (Washington, DC: Catholic University of America Press, 1951), 285.

신을 제외한 바울서신 10권만을 경전으로 주장하였다. 그러다가 4세기경 기독교가 로마제국의 공식종교가 되면서 정경화에 대한 작업이 본격화되었다. 구약성경은 A.D. 90년경 유대 학자들에 의해 얌니아에서 39권으로 이미 확정되었지만, 신약성경 27권은 A.D. 397년 카르타고 종교회의에서 확정되었다.

16세기 이후, 종교개혁자들은 로마가톨릭교회의 성경 목록을 이용하지 않았다. 종교개혁자들은 유대교가 정경으로 인정한 구약성경 39권을 수용하고, 신약성경은 카르타고 공의회에서 인준한 27권만을 인정했다. 그러나 로마가톨릭과 동방정교회는 구약성경 46권, 신약성경 27권을 포함하여 73권을 정경으로 인정한다.

그럼 정경의 기준은 무엇이었을까? 구약성경의 경우에는 네 가지 기준이 제시되었다. '영감성', '진리성', '보존성', 그리고 '인증성'이다. '영감성'이란 성령으로 계시된 말씀이라는 사실을 저자 스스로 인정해야 한다는 것이다. '진리성'이란 하나님의 거룩한 뜻과 인간 구원의 진리를 담고 있어야 한다는 것이다. '보존성'은 하나님의 섭리 가운데 훼손되지 않았어야 한다는 것이다. 그리고 '인증성'은 예수 그리스도와 사도들이 인용하고 있어야 한다는 것이다.

신약성경의 경우에는 '계시성', '사도성', '성령의 내적 증언'과 같은 세 가지 기준이 제시되었다. 즉 예수 그리스도 안에서 일어난 하나님의 계시에 대한 증언이어야 한다는 '계시성', 예수님께 직접 들은 사도와 사도의 직계 제자인 속사도로부터 유래해야 한다는 '사도성', 그리고 성도의 마음에 성령이 역사함으로 그 성경을 하나님의 말씀으로 확신해야 한다는 '성령의 내적 증언'이 그것이다. 비록 성경이 다수의 기록자가, 다양한 시대에 살면서, 서로 다른 목적을 갖고 쓴 66권의 책들을 모은 것이지만, 하나님의 계시 내용이 예수 그리스도라는 것, 그 예수 그리스도께서는 어제나 오늘이나 영원토록 동일하신 분이라는 것 때문에 하나님의 계시는 동질성을 갖고 있다.[37] 계시의 내용과 목적이 성경 66권을 통해 유기적으로 연결되어 있어 통일성이 있다는 의미다.

3. 성경의 주제:
예수 그리스도를 통한 하나님의 구원

성경에 기록된 모든 계시는 예수 그리스도를 향한다. 예수 그리스도는 가장 완전한 하나님의 계시로써 곧 하나님의 말씀 자체다요 1:1, 14; 히 1:2; 계 19:13. 기독교 신학은 예수 그리스도를 복음의 중심으로 두고 성경을 해석하며 읽는다. 구약성경은 '장차 오실' 예수 그리스도를, 신약성경은 '우리에게 오신' 예수 그리스도에 대해 이야기한다. 구약과

---

37 나용화, 『성경적 조직신학』 (서울: 기독교문서선교회, 2020), 62.

신약은 각각 독자적인 권위를 갖지만, 신·구약 전체의 통일된 중심과 목적은 예수 그리스도를 통한 하나님의 구원이자 사랑이다. 구약성경을 통해 언약하신 하나님은, 최종적으로 예수 그리스도 안에서 언약을 성취하시고 새로운 언약을 세우신다.

사도 요한이 복음서를 기록한 목적에서 밝힌 것처럼, 예수님이 그리스도시요 하나님의 아들이심을 선포하여 그분을 믿고 영생을 얻게 하는 것이 바로 성경 기록의 목적이자 하나님 계시의 목적이다.[38] 성경은 능히 예수 그리스도 안에 있는 믿음으로 말미암아 구원에 이르는 지혜가 있게 한다딤후 3:15. 성경은 우리를 구원으로 인도하기에 충분한 책이며, 구원받은 사람이 이 세상을 긍정하고 사랑하며 살아가게 하는 하나님의 말씀이다.

종교개혁자이자 순교자인 윌리엄 틴데일William Tyndale은 성경에 대하여 이렇게 말했다. "성경은 우리를 하나님에게서 멀어지게 하는 것이 아니라 그분과 가까워지게 만든다. 성경은 하나님에게서 나와 그리스도께로 흘러, 우리를 그리스도께 인도하기 위해 우리에게 주어졌다. 따라서 당신은 그 길의 결국이며 안식처가 되시는 그리스도께 갈 때까지 한 줄 한 줄 성경과 동행해야 한다."[39]

---

38 위의 책, 58.

39 필립 휴즈, "성경의 영감", 칼 헨리 편, 『신앙의 기초를 세우는 기독교 기본 교리』, 노진준 역 (서울: 죠이북스, 2020), 46.

하나님의 인간에 대한
절대긍정

우주 만물과 인간에 대한 절대주권을 행하시는 하나님은 만물과 인간을 어떻게 보고 계실까?

"하나님이 지으신 그 모든 것을 보시니 보시기에 심히 좋았더라"
_창세기 1:31

인간이 하나님의 형상대로 창조되었다는 사실은 인간에 대한 하나님의 절대긍정과 사랑을 잘 보여 준다. 그렇기에 기독교는 기본적으로 이 세상과 인간에 대한 긍정의 종교이다. 긍정신앙과 긍정신학은 근본적으로 이 세상과 인간에 대한 하나님의 절대긍정에서 시작한다.

그러면 성경에서 하나님의 백성을 향한 하나님의 긍정은 어떻게 나타났을까? 그것은 절대신뢰, 절대사랑, 절대축복의 모습으로 나타나고 있다.

1. 절대신뢰: 당신의 백성을 믿어주시는 하나님

하나님은 그가 창조하신 인간과 만물을 신뢰하신다. 흔히 믿음은 인간이 하나님께만 사용하는 단어라고 생각한다. 그러나 꼭 그렇진 않다. 하나님도 인간을 창조하시고 통치하시며 구원하실 때, 인간을 향한 하나님의 신뢰나 믿음이 작용하고 있음을 성경을 통해서 확인할 수 있다. 하나님이 우리를 믿는 믿음은 '믿어주는 믿음'이다. '믿어주는 믿음'이란 미덥지 못한 것을 알면서도 끝까지 믿어주고자 하는 사랑과 자비가 담긴 믿음이다.

1) 아브라함의 사례

우리는 아브라함의 사례를 통해 이러한 하나님 믿음의 예를 볼 수 있다. 하나님은 75세의 아브라함을 갈대아 우르에서 부르셔서 '믿음의 조상'으로 만드셨다. 아브라함이 부르심을 받고 175세에 죽기까지 100년이라는 세월은 인간의 편에서 보면 믿음의 훈련 과정으로 볼 수 있지만, 하나님 편에서 보면 하나님이 아브라함을 믿음의 조상으로 세우시는 신뢰의 과정이기도 하다. 하나님은 아브라함을 부르실 때 큰 복을 약속하셨다.

> "내가 너로 큰 민족을 이루고 네게 복을 주어 네 이름을 창대하게 하리
> 니 너는 복이 될지라. 너를 축복하는 자에게는 내가 복을 내리고 너를
> 저주하는 자에게는 내가 저주하리니 땅의 모든 족속이 너로 말미암아
> 복을 얻을 것이라 하신지라"_ 창세기 12:2-3

그러나 아브라함이 가나안 땅에 들어서자마자 기근이 들었고, 그
는 먹고살기 위해 그 땅을 떠나 가족들을 데리고 애굽으로 내려갔다.
그리고 바로에게 죽임을 당할까 두려워서 아내를 누이동생이라 속였
다. 그래서 비록 자신의 목숨은 건졌지만, 아내를 바로에게 빼앗기고
말았다. 이런 아브라함의 모습은 한 여자의 남편으로서 매우 이기적
이고 실망스러운 것이며 하나님의 약속을 벗어난 미숙한 행동이다.
그러나 하나님은 그런 아브라함을 버리지 않으시고 바로에게서 사라
를 구원하셨다.

하나님은 아브라함에게 아들을 주겠다고 약속하셨다. 그러나 아브
라함이 계속 기다려도 아들이 생기지 않자 인간적인 생각으로 여종
하갈을 들여 이스마엘을 낳았다창 16:16. 하나님의 약속을 기다리지 못
한 불신의 결과였다. 그러나 이때도 하나님이 아브라함에게 진노하
셨다는 구절은 없으며 여전히 아브라함의 연약함을 받아주셨다. 아
브라함의 나이 100세에 드디어 사라에게서 아들 이삭을 낳게 되었

다. 그리고 사라와 하갈 사이에 불화가 생겨 아브라함이 하갈을 내쫓게 되었을 때도 하나님은 누구 하나 책망하지 않으시며 아브라함의 뜻을 존중해 주시고 하갈과 이스마엘의 앞길까지 챙겨주셨다.

믿음의 조상이라고 하는 아브라함이 보여 주었던 수많은 불신적 행동이나 실수에 대하여 하나님은 화를 내거나 정죄하지 않으시고, 오히려 뒷일을 수습해 주셨다. 그러한 자신을 향한 하나님의 절대적 긍정을 체험한 아브라함은 하나님을 더욱 신뢰하며 순종하게 되었다. 이후에 하나님의 명령에 따라 모리아 산에서 독생자 이삭을 바치려 했을 만큼 아브라함은 하나님을 신뢰하며 그분께 순종했다.

2) 이삭과 야곱의 사례

이삭이 그랄 땅에서 자기 아내 리브가를 누이라고 속였을 때도 하나님은 아브라함에게 하셨던 것처럼 이삭에게도 똑같이 하셨다. 야곱이 아버지 이삭과 형 에서를 속여 장자권을 빼앗고 외삼촌 라반을 속여 재산을 모으며 '사기꾼'처럼 살아도 하나님은 그를 즉각 심판하지 않고 끝까지 긍정하시고 신뢰하셨다. 137세의 노인 야곱이 "내 나이가 얼마 못 되니 우리 조상의 나그네 길의 연조에 미치지 못하나 험악한 세월을 보내었나이다"창 47:9라고 바로 왕에게 고백했듯이, 하나님은 야곱의 험악한 인생사도 긍정하시고 신뢰하시며 함께하셨다.

하나님께서 한 개인의 인생사에 들어오셔서 그와 함께하면서 인도하시는 과정을 보면, 연약한 인간에 대한 그분의 깊은 긍휼과 신뢰를 볼 수 있다. 하나님께서는 결코 믿을 만하지 않은 인간이라는 걸 아시면서도 끝까지 믿어주신다. 이것이 바로 당신이 주권적으로 선택한 인간에 대한 하나님의 절대긍정의 모습이다.

2. 절대사랑: 당신의 백성을 사랑하시는 하나님

하나님의 절대긍정의 두 번째 모습은 인간에 대한 하나님의 사랑이다. 성경은 우리가 하나님을 사랑하기 전에 하나님이 먼저 우리를 사랑하셨다고 말한다 요일 4:10. 하나님을 향한 우리의 사랑은 무시로 변하고 상황에 따라 흔들리는 상대적이고 조건적인 사랑이다. 그러나 우리를 향한 하나님의 사랑은 그 무엇도 흔들 수 없는, 어떤 상황에도 변하지 않는 무조건적인 사랑이다. 우리는 하나님을 상대적으로 사랑하지만, 하나님은 우리를 절대적으로 사랑하신다.

1) 구약성경의 절대사랑 메시지

이스라엘 민족의 지도자였던 모세는 마지막 고별설교에서 하나님이 이스라엘을 택하시고 사랑하신 것은 다른 민족보다 '강해서'가 아니라 '약해서'이며, '많아서'가 아니라 '적어서'라고 말한다. 이것은 무조건적인 하나님의 선택과 사랑이다.

"너는 여호와야훼 네 하나님의 성민이라 네 하나님 여호와야훼께서 지상 만민 중에서 너를 자기 기업의 백성으로 택하셨나니 여호와야훼께서 너희를 기뻐하시고 너희를 택하심은 너희가 다른 민족보다 수효가 많기 때문이 아니니라 너희는 오히려 모든 민족 중에 가장 적으니라 여호와야훼께서 다만 너희를 사랑하심으로 말미암아, 또는 너희의 조상들에게 하신 맹세를 지키려 하심으로 말미암아 자기의 권능의 손으로 너희를 인도하여 내시되 너희를 그 종 되었던 집에서 애굽 왕 바로의 손에서 속량하셨나니 그런즉 너는 알라 오직 네 하나님 여호와야훼는 하나님이시요 신실하신 하나님이시라"_신명기 7:6-9

선지자들은 더 구체적이고 강력한 방식으로 하나님의 절대적인 사랑을 표현한다. 그들은 하나님을 배신하고, 우상을 숭배하고, 불의를 행하는 이스라엘을 향해 변함없는 하나님의 사랑을 그들에게 전달하였다. 이사야가 전하는 하나님 사랑의 마음은 우리에게 깊은 감동과 위로를 준다.

"야곱아 너를 창조하신 여호와야훼께서 지금 말씀하시느니라 이스라엘아 너를 지으신 이가 말씀하시느니라 너는 두려워하지 말라 내가 너를 구속하였고 내가 너를 지명하여 불렀나니 너는 내 것이라… 네가 내 눈에 보배롭고 존귀하며 내가 너를 사랑하였은즉 내가 네 대신 사람들을 내어 주며 백성들이 네 생명을 대신하리니 두려워하지 말라… 내 이름으로 불려지는 모든 자 곧 내가 내 영광을 위하여 창조한 자를 오게 하

라 그를 내가 지었고 그를 내가 만들었느니라"_이사야 43:1-7

선지자 호세아도 자기의 삶을 통해 이스라엘을 향한 하나님의 사랑이 얼마나 크고 간절한지를 구체적으로 보여 준다.

"에브라임이여 내가 어찌 너를 놓겠느냐 이스라엘이여 내가 어찌 너를 버리겠느냐 내가 어찌 너를 아드마 같이 놓겠느냐 어찌 너를 스보임 같이 두겠느냐 내 마음이 내 속에서 돌이키어 나의 긍휼이 온전히 불붙듯 하도다 내가 나의 맹렬한 진노를 나타내지 아니하며 내가 다시는 에브라임을 멸하지 아니하리니 이는 내가 하나님이요 사람이 아님이라 네 가운데 있는 거룩한 이니 진노함으로 네게 임하지 아니하리라"_호세아 11:8-9

스바냐는 하나님 사랑의 기쁨을 가장 아름답게 표현한 선지자다.

"너의 하나님 여호와野훼가 너의 가운데에 계시니 그는 구원을 베푸실 전능자이시라 그가 너로 말미암아 기쁨을 이기지 못하시며 너를 잠잠히 사랑하시며 너로 말미암아 즐거이 부르며 기뻐하시리라 하리라"_스바냐 3:17

이 아름다운 사랑의 고백은 복음성가로도 불릴 정도로 아름답고 감미롭기까지 하다.

2) 신약성경의 절대사랑 메시지

하나님의 사랑이 이스라엘 민족을 넘어서 온 세상으로 확장되어 온 열방의 구원에 이른다는 요한복음의 선언은 하나님 사랑의 가장 위대한 선언이다.

"하나님이 세상을 이처럼 사랑하사 독생자를 주셨으니 이는 그를 믿는 자마다 멸망하지 않고 영생을 얻게 하려 하심이라 하나님이 그 아들을 세상에 보내신 것은 세상을 심판하려 하심이 아니요 그로 말미암아 세상이 구원을 받게 하려 하심이라"_요한복음 3:16-17

온 세상을 향한 하나님의 사랑은 그리스도의 죽음으로 확증되었다.

"우리가 아직 죄인 되었을 때에 그리스도께서 우리를 위하여 죽으심으로 하나님께서 우리에 대한 자기의 사랑을 확증하셨느니라"_로마서 5:8

사도 바울은 그리스도의 십자가를 통해 확증된 하나님의 사랑이 얼마나 깊고, 얼마나 영원하며, 얼마나 강력한 것인지 자신의 체험을 담아 열정적으로 선포한다. 그 누구도 우리를 그리스도를 통한 하나님의 사랑에서 결코 끊을 수 없다는 것이다.

"누가 우리를 그리스도의 사랑에서 끊으리요 환난이나 곤고나 박해나 기근이나 적신이나 위험이나 칼이랴 기록된 바 우리가 종일 주를 위하여 죽임을 당하게 되며 도살 당할 양 같이 여김을 받았나이다 함과 같으니라 그러나 이 모든 일에 우리를 사랑하시는 이로 말미암아 우리가 넉넉히 이기느니라 내가 확신하노니 사망이나 생명이나 천사들이나 권세자들이나 현재 일이나 장래 일이나 능력이나 높음이나 깊음이나 다른 어떤 피조물이라도 우리를 우리 주 그리스도 예수 안에 있는 하나님의 사랑에서 끊을 수 없으리라"_로마서 8:35-39

하나님의 사랑은 하나님의 인간을 향한 절대긍정의 성품의 또 다른 표현이다. 하나님께서 우리를 긍정하시는 것은 우리를 향한 그분의 깊고 변함없는 사랑에서 나온다. 그러기에 우리가 자격이 없음에도 불구하고 그분은 우리를 인정해 주시고 긍정해 주시며, 지금도 우리를 사랑하고 계시는 것이다.

3. 절대축복:
당신의 백성에게 복을 주시는 하나님

하나님은 부족하고 연약한 인간을 절대적으로 신뢰해 주시고 사랑하신다. 그래서 하나님은 인간이 하나님 앞에서 성공적이고 행복하게 살 수 있도록 복을 주신다. 복 주심은 무엇보다도 하나님이 나를 사랑하신다는 외적인 증거가 된다.

고든 맥도날드Gordon McDonald는 이렇게 말한다. "축복이 하나님의 사랑을 받는 것이라면, 나는 하나님이 축복하시는 삶을 살고 있는 것이며, 또 축복이 하나님의 자비와 회복의 은혜를 받는 것이라면, 나는 이미 하나님이 축복하신 삶을 살고 있다."[40]

복은 하나님이 인간에게 주시는 능력과 생명의 원천이다. 그것은 인간이 자신의 힘으로 쟁취할 수 있는 수고의 열매가 아니다. 하나님이 일방적으로 베푸시는 은혜의 힘이자 사랑의 선물이다. 사람은 하나님의 복을 받지 않고는 살 수 없는 존재다. 하나님의 복은 영적이고 물질적인 영역을 전부 포함한다. 하나님이 시작하신 창조의 계획뿐 아니라, 우리가 소망하는 새 하늘과 새 땅에도 피조물을 향한 복의 두 가지 측면이 모두 있다. 하나님의 복은 하나님의 임재 안에서 삶의 충만함을 경험하는 것이기에, 성경에 드러난 하나님의 복은 언제나 물질적이고 영적이다.[41]

1) 천지창조의 복

하나님은 만물을 창조하실 때 복을 주셨다.

"하나님이 그들에게 복을 주시며 이르시되 생육하고 번성하여 여러 바닷물에 충만하라 새들도 땅에 번성하라 하시니라"_창세기 1:22

---

40 고든 맥도날드, 『하나님이 축복하시는 삶』, 윤종석 역 (서울: IVP, 1996), 11.
41 윌리엄 오즈번, 『하나님의 복 성경신학』, 강대훈 역 (서울: 부흥과개혁사, 2022), 18.

하나님은 만물에게 생육하는 능력, 번성하는 능력, 충만한 능력을 주셨다. 이에 더하여 인간에게는 땅을 정복하고 모든 생물을 다스리는 복을 더하셨다.

"하나님이 그들에게 복을 주시며 하나님이 그들에게 이르시되 생육하고 번성하여 땅에 충만하라, 땅을 정복하라, 바다의 물고기와 하늘의 새와 땅에 움직이는 모든 생물을 다스리라 하시니라"_창세기 1:28

2) 믿음의 조상에 대한 복

하나님은 이스라엘 믿음의 조상 아브라함을 부르실 때도 그에게 복에 대한 약속을 주셨다. 아브라함에게 큰 민족자손을 이루는 복, 이름이 창대하게 되는 복, 땅의 복, 인간관계의 복 그리고 무엇보다 복의 근원이 되는 복을 주셨다.

"내가 너로 큰 민족을 이루고 네게 복을 주어 네 이름을 창대하게 하리니 너는 복이 될지라. 너를 축복하는 자에게는 내가 복을 내리고 너를 저주하는 자에게는 내가 저주하리니 땅의 모든 족속이 너로 말미암아 복을 얻을 것이라 하신지라"_창세기 12:2-3

3) 이스라엘 백성을 향한 복

모세는 느보산에서 한 마지막 설교에서 이스라엘 민족이 40년 동안 광야에서 만나를 먹고 고생하면서 낮아지고 시련을 겪었던 것은 모두 복을 주시기 위한 하나님의 절대긍정의 사랑 때문이었다고 해석해 준다.

> "네 조상들도 알지 못하던 만나를 광야에서 네게 먹이셨나니 이는 다
> 너를 낮추시며 너를 시험하사 마침내 네게 복을 주려 하심이었느니라"
> _신명기 8:16

모세는 하나님께서 이스라엘 백성에게 기업으로 주신 가나안 땅에서 반드시 복을 받을 것이라고 확신한다.

> "네 하나님 여호와께서 네게 기업으로 주신 땅에서 네가 반드시 복
> 을 받으리니 너희 중에 가난한 자가 없으리라"_신명기 15:5

신명기 28장은 하나님이 베푸시는 복의 내용이 얼마나 구체적이고 다양한지 잘 보여 준다. 하나님의 자녀를 세계 모든 민족 위에 뛰어나게 하시는 복1절, 성읍에서도 받고 들에서도 받는 복3절, 자녀와 토지의 소산과 짐승의 새끼가 받을 복4절, 광주리와 떡 반죽 그릇이 넘치는 복5절, 들어와도 복, 나가도 복6절, 적군을 이기는 복7절, 창고에 곡식이 가득하고 손으로 하는 모든 일이 잘되는 복8절, 땅의 복8절, 하나님의 거룩한 백성이 되는 복9절, 세상이 두려워하는 복10절, 때를 따라 비를 내리는 복12절, 다른 민족에게 꾸어주는 복12절, 머리가 되고 꼬리가 되지 않는 복13절 등등 자세하고 실제적이다.

절대긍정의 하나님께서는 인간의 삶에 가장 필요하고 절실한 것들을 공급하시고 채워주신다.

하나님은 이스라엘 백성에게 아론을 대제사장으로 세우시며, 아론을 통해 공식적으로 하나님의 복을 구하도록 하셨다. 아론과 그의 아들들에게 이러한 축복문을 외우게 하여 항상 백성들을 축복하도록 하셨다.

> "여호와야훼는 네게 복을 주시고 너를 지키시기를 원하며 여호와야훼는 그의 얼굴을 네게 비추사 은혜 베푸시기를 원하며 여호와야훼는 그 얼굴을 네게로 향하여 드사 평강 주시기를 원하노라 할지니라 하라" _민수기 6:24-26

하나님은 심지어 하나님의 백성을 저주하기 위해 돈에 매수된 거짓 예언자 발람의 입을 막으시고, 세 번에 걸쳐 이스라엘을 축복하도록 하셨다. 이때 하나님께서는 발람에게 내 백성은 이미 복을 받은 자들이라고 분명히 말씀하신다.

> "하나님이 발람에게 이르시되 너는 그들과 함께 가지도 말고 그 백성을 저주하지도 말라 그들은 복을 받은 자들이니라" _민수기 22:12

4) 하나님의 복에 대한 간구

하나님의 복은 또한 이를 구하는 자에게 베푸시는 하나님의 응답으로 나타난다. 하나님의 복은 일방적으로 주시는 것이지만, 인간이 하나님께 복을 구할 때도 기뻐하시며 베푸시는 것이다.

대표적인 경우가 바로 야베스의 기도이다. 야베스는 '고통'이라는 뜻이다. 그는 자신의 운명이 고통인 줄 알고 살았던 사람이다. 그러나 그는 운명을 바꾸시는 하나님을 믿고 기도했다. 그의 기도의 첫 간구가 바로 복을 비는 것이었다.

> "야베스가 이스라엘 하나님께 아뢰어 이르되 주께서 내게 복을 주시려거든 나의 지역을 넓히시고 주의 손으로 나를 도우사 나로 환난을 벗어나 내게 근심이 없게 하옵소서 하였더니 하나님이 그가 구하는 것을 허락하셨더라"_역대상 4:10

그가 구한 것은 복이었고, 그 복의 내용은 지경을 넓히는 것, 환난에서 벗어나는 것, 근심이 없게 사는 것이었다. 이러한 모든 것은 우리 삶에 꼭 필요한 물질적, 정신적, 영적 필요들이다.

5) 선지자가 말하는 복의 하나님

선지자 이사야는 절대긍정의 하나님께서 자기 백성들에게 얼마나 복 주시길 원하시는 하나님인지 분명하게 선포한다.

"나의 종 야곱, 내가 택한 이스라엘아 이제 들으라. 너를 만들고 너를 모태에서부터 지어 낸 너를 도와 줄 여호와야웨가 이같이 말하노라 나의 종 야곱, 내가 택한 여수룬아 두려워하지 말라. 나는 목마른 자에게 물을 주며 마른 땅에 시내가 흐르게 하며 나의 영을 네 자손에게, 나의 복을 네 후손에게 부어 주리니 그들이 풀 가운데에서 솟아나기를 시냇가의 버들 같이 할 것이라"_이사야 44:1-4

예레미야 선지자도 하나님께서 우리에게 복을 주시기 위해서 결코 우리를 떠나지 않으신다고 전한다.

"내가 그들에게 복을 주기 위하여 그들을 떠나지 아니하리라 하는 영원한 언약을 그들에게 세우고 나를 경외함을 그들의 마음에 두어 나를 떠나지 않게 하고 내가 기쁨으로 그들에게 복을 주되 분명히 나의 마음과 정성을 다하여 그들을 이 땅에 심으리라"_예레미야 32:40-41

6) 신약성경의 삼위일체 하나님의 복

신약성경에서 하나님의 복은 삼위일체 하나님의 이름으로 주어진다. 사도 바울은 모든 교회를 향한 편지 끝에 축복기도문을 선포한다. 그것은 예수 그리스도의 은혜, 하나님의 사랑, 성령의 교통하심의 복이다고후 13:13. 성자 예수 그리스도의 십자가 죽음으로 인해 죄인된 우리를 구원하신 은혜의 복, 창세 때부터 지금까지 변함없이 우리를 향해 베푸시는 성부 하나님의 절대긍정의 자비와 사랑의 복, 그리

고 우리를 거듭나게 하시고 하나님의 자녀로 살게 하시고 천국의 소
망과 믿음을 주시는 성령 하나님의 교통하시는 복이다. 이러한 삼위
일체 하나님의 복은 신약시대로부터 오늘에 이르기까지 복의 완성체
로 고백되고 있다.

유대교 랍비가 예배의 끝에 아론의 축복문을 사용한다면민 6:24-26,
기독교의 목회자는 바울의 삼위일체 축복문을 주로 사용하고 있다.

"주 예수 그리스도의 은혜와 하나님의 사랑과 성령의 교통하심이 너희
무리와 함께 있을지어다"_고린도후서 13:13

이처럼 성경에는 우리를 신뢰하고, 사랑하며, 복을 주기 원하시는
하나님의 절대긍정의 성품이 분명하게 드러나고 있다. 이러한 사실
을 근거로 볼 때, 성경은 그 어떤 절망적 상황에서도 우리에게 용기
와 희망을 주는 귀한 생명의 말씀이 될 것이다.

Chapter

09

절대긍정과
희망의 말씀

성경은 나 자신과 삶 전반을 긍정하게 하는 하나님의 말씀이다. 절대주권을 가지신 좋으신 하나님은 부족하고 연약한 나를 신뢰하고 사랑하며 복을 주시는 분이시다. 그렇다면 성경은 인간을 향한 하나님의 위로와 축복의 말씀이요 긍정과 희망의 말씀이라고 볼 수 있다.

성경에는 인간의 죄악에 대한 심판과 공의의 메시지도 있다. 그것 또한 우리를 향한 하나님의 절대긍정과 사랑에 비춰볼 때, 희망이라는 말씀의 바다로 들어오는 하나의 강줄기와 같은 메시지로 볼 수 있다.

여기에서는 절대긍정의 하나님이 인간을 향한 희망의 메시지를 어떻게 전하시고 있는지 모세오경, 예언서, 복음서, 사도들의 사례를 중심으로 살펴보려고 한다.

1. 모세오경:
창조하고 통치하고 복을 주시는 희망의 말씀

모세오경이란 창세기, 출애굽기, 레위기, 민수기, 신명기 이렇게 다섯 권의 책이다. 일명 '토라'라고 불리는 모세오경은 유대인들이 가장 귀하게 여기는 책이며, 그리스도인이 예수 그리스도의 복음을 이해하는 데 원천이 된다. 모세오경에는 하나님의 창조, 인간의 타락, 노아의 홍수와 바벨탑 사건, 아브라함의 부르심, 이삭, 야곱, 요셉, 그리고 400년 후 모세와 출애굽 역사로 이어지는 인류의 원역사와 이스라엘 민족의 초기 역사를 담아 위대한 신앙의 파노라마가 펼쳐진다.

하나님은 이 세상을 처음 만드실 때부터 인간을 긍정하시고, 사랑하시고, 복을 주셨다. 모세는 광야 생활 40년 후에 이스라엘 백성들에게 하나님을 사랑하고 하나님의 명령에 순종하면, 하나님이 그들을 살게 하시고, 복을 주시고, 은혜를 베푸실 것이라고 말하였다.

"너희가 이 모든 법도를 듣고 지켜 행하면 네 하나님 여호와야훼께서 네 조상들에게 맹세하신 언약을 지켜 네게 인애를 베푸실 것이라 곧 너를 사랑하시고 복을 주사 너를 번성하게 하시되 네게 주리라고 네 조상들에게 맹세하신 땅에서 네 소생에게 은혜를 베푸시며 네 토지 소산과 곡식과 포도주와 기름을 풍성하게 하시고 네 소와 양을 번식하게 하시리니 네가 복을 받음이 만민보다 훨씬 더하여 너희 중의 남녀와 너희의 짐승의 암수에 생육하지 못함이 없을 것이며 여호와야훼께서 또 모든 질병을 네게서 멀리 하사 너희가 아는 애굽의 악질에 걸리지 않게 하시고 너를 미워하는 모든 자에게 걸리게 하실 것이라"_신명기 7:12-15

모세가 죽은 후에도 하나님은 여호수아와 이스라엘 백성에게 두려워하지 말고 담대하게 나아갈 것을 말씀하셨다.

"너희는 강하고 담대하라 두려워하지 말라 그들 앞에서 떨지 말라 이는 네 하나님 여호와야훼 그가 너와 함께 가시며 결코 너를 떠나지 아니하시며 버리지 아니하실 것임이라"_신명기 31:6

"내가 네게 명령한 것이 아니냐 강하고 담대하라 두려워하지 말며 놀라지 말라 네가 어디로 가든지 네 하나님 여호와야훼가 너와 함께 하느니라 하시니라"_여호수아 1:9

젖과 꿀이 흐르는 가나안땅에 들어가기 위하여 하나님은 이스라엘 백성들에게 강력하고 힘찬 희망의 메시지를 전한다. 강하고 담대하라는 말씀은 하나님께서 모세에게 평생 강조한 말씀이며, 그를 이어 지도자가 된 여호수아에게도 끊임없이 반복한 말씀이다. 어떠한 고난과 장애가 앞을 막더라도 두려워하지 말고 담대하게 전진하라는 것은, 하나님의 절대긍정의 격려와 희망의 말씀인 것이다.

2. 예언서:
사랑하고 치유하고 회복하는 희망의 말씀

예언자는 하나님의 말씀을 받아 전달하는 하나님의 종이다. 이스라엘을 향한 하나님의 마음, 하나님의 뜻, 하나님의 계획을 가감 없이 전달하는 하나님의 메신저이다. 그러므로 예언자를 통해 하나님의 음성과 뜻을 가장 직접적으로 느낄 수 있다. 예언자는 하나님의 백성들이 저지른 죄악과 부패를 낱낱이 고발하고 심판하는 메시지의 전달자이지만, 동시에 하나님의 회복과 사랑, 긍정과 희망의 메시지를 전하는 자이기도 하다.

눈물의 예언자 예레미야는 이스라엘을 향한 하나님의 본심을 가장 잘 전한 사람이다. 그는 하나님께서 이스라엘을 심판하셨다고 해서 그것이 그분의 본심은 아니며 오히려 이스라엘의 평안과 번영과 희망을 주고자 한 것임을 전한다.

"여호와야훼의 말씀이니라 너희를 향한 나의 생각을 내가 아나니 평안이요 재앙이 아니니라 너희에게 미래와 희망을 주는 것이니라 너희가 내게 부르짖으며 내게 와서 기도하면 내가 너희들의 기도를 들을 것이요 너희가 온 마음으로 나를 구하면 나를 찾을 것이요 나를 만나리라 이것은 여호와야훼의 말씀이니라 나는 너희들을 만날 것이며 너희를 포로 된 중에서 다시 돌아오게 하되 내가 쫓아 보내었던 나라들과 모든 곳에

서 모아 사로잡혀 떠났던 그곳으로 돌아오게 하리라 이것은 여호와야훼의 말씀이니라"_예레미야 29:11-14

성경에서 하나님의 희망 메시지를 가장 강력하게 많이 전한 예언자가 바로 이사야이다. 하나님은 그를 통하여 엄청난 희망의 말씀을 전달하셨다사 40:27-31, 42:1-7, 43:1-3. 이사야는 하나님께서 우리의 하나님이 되셔서 우리의 삶에 직접 개입하여 도와주고 붙들어 주시기에 절대 두려워하지 말라고 선포하였다.

"두려워하지 말라 내가 너와 함께 함이라 놀라지 말라 나는 네 하나님이 됨이라 내가 너를 굳세게 하리라 참으로 너를 도와 주리라 참으로 나의 의로운 오른손으로 너를 붙들리라"_이사야 41:10

심지어 하나님은 우리가 물 같은 고난을 당하고 불같은 환란을 당하는 위기 속에서도 절대적인 보호하심으로 지키실 것을 약속하셨다.

"네가 물 가운데로 지날 때에 내가 너와 함께 할 것이라 강을 건널 때에 물이 너를 침몰하지 못할 것이며 네가 불 가운데로 지날 때에 타지도 아니할 것이요 불꽃이 너를 사르지도 못하리니"_이사야 43:2

우리는 이처럼 예언자들의 말씀을 통해 우리를 향한 하나님의 긍정과 희망의 음성을 들을 수 있다.

3. 복음서:
그리스도를 통한 구원과 영생을 주시는 희망의 말씀

구약성경은 창세기를 통해 시작되고, 신약성경은 복음서를 통해 시작된다. 복음서는 기독교 신앙의 원천이며, 그 중심에는 예수 그리스도가 계신다. 복음서는 예수 그리스도의 말씀과 행적의 기록이다. 복음서 또한 절대긍정의 하나님께서 예수 그리스도를 통하여 우리에게 주시는 사랑과 희망의 메시지가 담겨 있다. 예수님은 우리에게 당장 먹을 것과 입을 것을 염려하지 말고 하나님의 나라와 의를 먼저 구하라고 말씀하신다. 먹고 입을 것은 하나님 아버지께서 다 책임져 주시기 때문이다.

"염려하여 이르기를 무엇을 먹을까 무엇을 마실까 무엇을 입을까 하지 말라 이는 다 이방인들이 구하는 것이라 너희 하늘 아버지께서 이 모든 것이 너희에게 있어야 할 줄을 아시느니라 그런즉 너희는 먼저 그의 나라와 그의 의를 구하라 그리하면 이 모든 것을 너희에게 더하시리라 그러므로 내일 일을 위하여 염려하지 말라 내일 일은 내일이 염려할 것이요 한 날의 괴로움은 그 날로 족하니라"_마태복음 6:31-34

예수님은 또 하나님께 어떻게 나아가야 할지, 어떻게 기도해야 할지 모르는 우리에게 아주 단순하고 쉬운 기도의 원리를 알려 주시며 희망을 주신다.

"구하라 그리하면 너희에게 주실 것이요 찾으라 그리하면 찾아낼 것이
요 문을 두드리라 그리하면 너희에게 열릴 것이니 구하는 이마다 받을
것이요 찾는 이는 찾아낼 것이요 두드리는 이에게는 열릴 것이니라"
_마태복음 7:7-8

간절히 하나님을 의지하여 끈기로 기도하라는 것이다. 예수님은 우
리에게 하나님을 사랑의 아버지로 생각하고 기도하라고 가르치신다.

"너희 중에 아버지 된 자로서 누가 아들이 생선을 달라 하는데 생선 대
신에 뱀을 주며 알을 달라 하는데 전갈을 주겠느냐 너희가 악할지라도
좋은 것을 자식에게 줄 줄 알거든 하물며 너희 하늘 아버지께서 구하는
자에게 성령을 주시지 않겠느냐 하시니라"_누가복음 11:11-13

예수님은 자신에게 나아온 자들에게 영원한 생명의 물을 주시며,
그 물은 영생하는 샘물이 될 것이라고 말씀하신다.

"내가 주는 물을 마시는 자는 영원히 목마르지 아니하리니 내가 주는
물은 그 속에서 영생하도록 솟아나는 샘물이 되리라"_요한복음 4:14

심지어 예수님을 직접 볼 수 없는 자들, 곧 오늘날 우리와 같은 자

들을 위해서도 성령을 약속하신다.

"보혜사 곧 아버지께서 내 이름으로 보내실 성령 그가 너희에게 모든 것을 가르치고 내가 너희에게 말한 모든 것을 생각나게 하리라 평안을 너희에게 끼치노니 곧 나의 평안을 너희에게 주노라 내가 너희에게 주는 것은 세상이 주는 것과 같지 아니하니라 너희는 마음에 근심하지도 말고 두려워하지도 말라"_요한복음 14:26-27

예수님은 자신의 성육신이, 이 땅에 좋은 소식을 전파하기 위함이라 말씀하신다. 복음, 즉 좋은 소식이란 포로 된 자에게는 자유요, 아픈 자에게는 치유요, 억눌린 자에게는 해방의 소식이다. 이것이야말로 절대긍정의 소식이자 희망의 말씀이다.

"주의 성령이 내게 임하셨으니 이는 가난한 자에게 복음을 전하게 하시려고 내게 기름을 부으시고 나를 보내사 포로 된 자에게 자유를, 눈 먼 자에게 다시 보게 함을 전파하며 눌린 자를 자유롭게 하고 주의 은혜의 해를 전파하게 하려 하심이라"_누가복음 4:18-19

예수님은 우리에게 하나님의 나라가 이미 임했고, 우리 안에 있다고 말씀하시며 하나님의 나라를 '지금 여기에서' 실존적으로 깨닫고 체험하게 하셨다눅 17:20-21. 하나님의 나라는 어떻게 발견할 수 있는가? 하나님의 아들이신 예수 그리스도를 영접함으로 발견할 수 있다.

"볼지어다 내가 문 밖에 서서 두드리노니 누구든지 내 음성을 듣고 문을 열면 내가 그에게로 들어가 그와 더불어 먹고 그는 나와 더불어 먹으리라"_요한계시록 3:20

예수님을 인격적으로 모시고 함께 먹고 마시며 교제하는 것이 곧 하나님 나라를 체험하는 것이다. 복음서는 구원과 영생과 하나님의 나라에 대한 희망의 말씀으로 가득 차 있다.

4. 서신서: 고난과 시련을 넉넉히 이기는 희망의 말씀

절대절망에 빠진 사람들에게 위로와 희망을 주기 원하시는 하나님의 마음은 사도들의 편지를 통해서도 구체적으로 드러난다.

1) 사도 바울

신약성경에서 바울은 무려 13편의 가장 많은 편지를 쓴 사도로 알려져 있다. 바울은 수많은 교회를 세웠는데, 자신이 떠난 후 남겨진 교인들을 향해 목회서신을 보냈다. 그 편지들 속에는 예수 그리스도로 말미암는 구원의 진리와 은혜를 비롯하여 공동체 생활의 윤리, 세상을 살아가는 그리스도인의 자세 등 다양한 가르침이 담겨 있다. 바울이 전한 희망의 메시지에는 예수 그리스도에 대한 믿음이 가르침과 함께 녹아 있음을 볼 수 있다.

"내게 능력 주시는 자 안에서 내가 모든 것을 할 수 있느니라"_빌립보
서 4:13

바울은 빌립보 교인들에게 자신감 있게 말한다. 이것은 예수 그리
스도를 믿고, 예수 그리스도 안에 있는 사람은 어떤 일도 할 수 있다
는 그리스도 안에서의 강한 자신감이다. 이것은 세상에서 무기력하
고 절망 가운데 있는 그리스도인에게 힘과 용기를 주는 희망과 긍정
의 말씀이다. 또 바울은 이 세상에서 우리가 받는 고난이 일시적이며
영원한 영광을 위한 씨앗이라고 말한다. 그리고 우리가 바라보는 소
망은 보이지 않는 소망이요, 하늘에 있는 소망이므로 인내하며 기다
릴 것을 권면한다.

"우리가 잠시 받는 환난의 경한 것이 지극히 크고 영원한 영광의 중한
것을 우리에게 이루게 함이니"_고린도후서 4:17

바울은 그리스도인에게 하늘의 영광을 바라보며 절대 낙심하지 말
것을 강조한다. 겉사람은 낡아져도 속사람이 새로워지기 때문이다.
보이는 것은 잠깐이지만 보이지 않는 것은 영원하기 때문이다.

"그러므로 우리가 낙심하지 아니하노니 우리의 겉사람은 낡아지나 우

리의 속사람은 날로 새로워지도다 우리가 잠시 받는 환난의 경한 것이 지극히 크고 영원한 영광의 중한 것을 우리에게 이루게 함이니 우리가 주목하는 것은 보이는 것이 아니요 보이지 않는 것이니 보이는 것은 잠깐이요 보이지 않는 것은 영원함이라"_고린도후서 4:16-18

바울은 또한 염려하지 말고 감사의 기도로 이겨내라고 권면한다.

"아무것도 염려하지 말고 다만 모든 일에 기도와 간구로, 너희 구할 것을 감사함으로 하나님께 아뢰라 그리하면 모든 지각에 뛰어난 하나님의 평강이 그리스도 예수 안에서 너희 마음과 생각을 지키시리라"_빌립보서 4:6-7

우리가 어떤 상황에도 염려하지 않아도 되는 이유는 하나님께서 모든 일을 합력하여 선을 이루도록 다스리시기 때문이다.

"우리가 알거니와 하나님을 사랑하는 자 곧 그의 뜻대로 부르심을 입은 자들에게는 모든 것이 합력하여 선을 이루느니라"_로마서 8:28

좋으신 하나님은 하나님을 사랑하는 자들을 사랑하시고 긍정하신다. 좋으신 하나님은 당신이 사랑하는 자들을 자신의 주권으로 택하시고 부르신다. 그리고 자녀들의 삶을 깊이 다스리신다. 어떻게 다스리시는가? 모든 상황과 관계들을 조화롭게 하셔서 합력하여 선을 이루게 하신다. 사람의 힘으로 불가능한 일이라 할지라도 결국에는 하나님이 계획하신 가장 아름다운 일을 성취하신다. 바울의 메시지는 우리에게 어떤 환경에도 절대긍정의 믿음을 갖게 한다.

2) 사도 베드로

사도 베드로는 예수님의 수제자로 알려져 있다. 비록 한때 예수님을 부인했지만, 끝까지 예수님의 증인으로 살다가 순교한 사도다. 베드로전·후서는 로마제국의 살벌한 박해의 상황에서 살아가야 하는 초대교회 그리스도인들에게 전하는 소망과 인내의 편지다. 베드로는 예수 그리스도를 믿어 그리스도인이 된 자에게 부여된 새로운 이름과 정체성을 명확하게 말해 준다. 그것은 그리스도인이 '하나님의 택하신 족속'이고, '왕 같은 제사장'이며, '거룩한 나라'고, '하나님의 소유된 백성'이라는 것이다.

> "너희는 택하신 족속이요 왕 같은 제사장들이요 거룩한 나라요 그의 소유가 된 백성이니 이는 너희를 어두운 데서 불러 내어 그의 기이한 빛에 들어가게 하신 이의 아름다운 덕을 선포하게 하려 하심이라 너희가 전에는 백성이 아니더니 이제는 하나님의 백성이요 전에는 긍휼을 얻지 못하였더니 이제는 긍휼을 얻은 자니라" _베드로전서 2:9-10

하나님이 우리를 그분의 백성으로 부르신 목적은 하나님의 아름다운 덕을 선포하게 하려는 것이다. 그런데 하나님의 선택받은 성도들은 이 세상에서 고난과 박해를 피해갈 수 없는 존재이기도 하다. 그래서 베드로는 그리스도인의 고난과 박해는 연단하시는 하나님의 시험이기에 고난을 피하지 말고 당당히 참여하며 즐거워할 것을 권면한다. 그리스도의 이름으로 당하는 치욕은 오히려 복이 되기 때문이다.

"사랑하는 자들아 너희를 연단하려고 오는 불 시험을 이상한 일 당하는 것 같이 이상히 여기지 말고 오히려 너희가 그리스도의 고난에 참여하는 것으로 즐거워하라 이는 그의 영광을 나타내실 때에 너희로 즐거워하고 기뻐하게 하려 함이라 너희가 그리스도의 이름으로 치욕을 당하면 복 있는 자로다 영광의 영 곧 하나님의 영이 너희 위에 계심이라" _베드로전서 4:12-14

베드로는 환란과 박해의 세월을 이기는 방법으로 우리의 시간관념을 바꾸어야 한다고 말한다. 우리의 시간과 하나님의 시간은 다르기 때문이다. 그래서 이 땅에 살고 있을지라도 우리는 하나님의 시간관으로 살아가야 한다.

"사랑하는 자들아 주께는 하루가 천년 같고 천 년이 하루 같다는 이 한 가지를 잊지 말라 주의 약속은 어떤 이들이 더디다고 생각하는 것 같이 더딘 것이 아니라 오직 주께서는 너희를 대하여 오래 참으사 아무도 멸망하지 아니하고 다 회개하기에 이르기를 원하시느니라" _베드로후서 3:8-9

그는 우리가 주님의 재림을 고대하고 인내하며 믿음 생활을 하게 되면 하늘의 영광에 참여하게 될 것이라고 말한다. 이러한 사도 베드로의 메시지는 우리에게 고난 가운데 큰 용기와 소망을 준다.

3) 사도 야고보

신약성경에는 두 명의 야고보가 나온다. 그중에 한 명은 요한복음을 쓴 요한의 형제 야고보로 가장 먼저 순교한 사도이다. 또 다른 사람은 예수님의 친동생 야고보이다. 그는 예수님 공생애 기간에는 예수님을 구주로 믿지 않았지만, 예수님이 십자가에 죽으시고 부활하신 후 제자가 된 사람이다. 그는 비록 예수님의 직제자는 아니었지만, 믿고 난 후에는 다른 어떤 제자들보다 뛰어난 영성과 리더십으로 최초의 교회인 예루살렘 교회의 기둥 같은 사도가 되어 교회를 끝까지 섬겼던 사람이다. 야고보서는 예수님의 친동생인 야고보가 저자이다. 바울이 오직 믿음으로 구원을 받는다는 기독교 교리의 초석을 닦았다면, 야고보는 믿음과 행위행함가 분리될 수 없다는 사실을 강조하였다약 2:26.

야고보를 통해 전하는 하나님의 희망과 긍정의 메시지는 그리스도인의 고난과 시련 속에서도 인내하라는 말씀이다. 야고보는 인내하는 자는 복 있는 사람이며, 그에게는 하나님의 생명의 면류관이 예비되어 있음을 강조한다.

"시험을 참는 자는 복이 있나니 이는 시련을 견디어 낸 자가 주께서 자기를 사랑하는 자들에게 약속하신 생명의 면류관을 얻을 것이기 때문이라"_야고보서 1:12

야고보는 욥의 인내를 본받을 것을 말하면서, 하나님께서 인내하는 자를 사랑하시고 불쌍히 여기신다고 전한다.

"보라 인내하는 자를 우리가 복되다 하나니 너희가 욥의 인내를 들었고 주께서 주신 결말을 보았거니와 주는 가장 자비하시고 긍휼히 여기시는 이시니라"_야고보서 5:11

야고보는 또한 인생에서 겪는 다양한 상황에서 어떻게 대처해야 하는지 그 구체적인 방법까지 제시한다. 고난당할 때는 인내도 중요하지만 기도할 것을 말하고, 즐거울 때는 하나님을 찬양할 것을 권하고, 병들었을 때는 기도를 요청하며 중보기도 할 것을 가르친다.

"너희 중에 고난 당하는 자가 있느냐 그는 기도할 것이요 즐거워하는 자가 있느냐 그는 찬송할지니라 너희 중에 병든 자가 있느냐 그는 교회의 장로들을 청할 것이요 그들은 주의 이름으로 기름을 바르며 그를 위하여 기도할지니라 믿음의 기도는 병든 자를 구원하리니 주께서 그를 일으키시리라 혹시 죄를 범하였을지라도 사하심을 받으리라"_야고보서 5:13-15

야고보는 절대긍정의 하나님을 믿는 신앙은 결코 피상적이거나 비현실적인 것이 아님을 보여 준다. 고난을 받는다고 그저 수동적으로 인내하다가 죽을 날을 기다리는 것이 아니라 적극적으로 기도하라고 말한다. 즐거울 때는 이후에 올지 모를 슬픈 날에 대해 미리 생각하며 걱정하지 말고, 오직 기쁜 그 순간에 하나님 앞에 찬양하고 감사하며 즐거워하라는 것이다. 기쁨에 대한 절대긍정의 자세다. 병들었을 때에는 자신이 아무것도 할 수 없으니 자포자기하지 말고 건강하고 영적인 사람들에게 도움을 적극적으로 구하라는 것이다. 이처럼 사도 야고보는 고난에 처할 때나 병에 걸렸을 때나 절대긍정의 믿음으로 기도할 것을 가르친다.

4) 사도 요한

사도 요한은 요한복음, 요한서신 그리고 요한계시록을 쓴 제자다. 그는 최초의 순교자 야고보의 동생으로 '예수님의 사랑하는 자'라는 애칭을 받은 제자다. 그는 예수님 공생애 시절 '우뢰의 아들'이라는 별명을 받을 정도로 원래 과격하고 성질이 급한 제자였다.

그러나 예수님의 십자가와 부활을 경험하고 난 후 사도가 되었을 때, 그는 누구보다도 하나님의 사랑을 깊이 깨닫고 예수 그리스도의 복음을 사랑으로 풀어냈다. 사도 요한이 평생을 강조하며 전한 말씀의 핵심은 바로 하나님의 사랑이다. 그는 우리가 하나님을 사랑하기 전에 먼저 하나님이 우리를 사랑하셨다는 위대한 사랑의 복음을 증거한다.

"사랑하는 자들아 우리가 서로 사랑하자 사랑은 하나님께 속한 것이니 사랑하는 자마다 하나님으로부터 나서 하나님을 알고 사랑하지 아니하는 자는 하나님을 알지 못하나니 이는 하나님은 사랑이심이라 하나님의 사랑이 우리에게 이렇게 나타난 바 되었으니 하나님이 자기의 독생자를 세상에 보내심은 그로 말미암아 우리를 살리려 하심이라 사랑은 여기 있으니 우리가 하나님을 사랑한 것이 아니요 하나님이 우리를 사랑하사 우리 죄를 속하기 위하여 화목제물로 그 아들을 보내셨음이라"_요한1서 4:7-10

그러므로 하나님의 사랑을 입고 사는 그리스도인은 두려움 없는 담대함으로 이 세상을 살아갈 수 있다. 하나님이 만일 우리를 사랑하지 않고 우리에게 하나님을 사랑하라고 명령만 하셨다면, 하나님을 향한 우리의 사랑은 이 세상 가운데 두려움으로 가득한 사랑이었을 것이다. 그러나 요한은 우리의 사랑에 두려움이 없는 것은 하나님이 먼저 우리를 사랑하셨기 때문이라고 말한다. 또 하나님의 사랑을 힘입어서 형제도 사랑할 수 있다고 말한다.

"사랑 안에 두려움이 없고 온전한 사랑이 두려움을 내쫓나니 두려움에는 형벌이 있음이라 두려워하는 자는 사랑 안에서 온전히 이루지 못하였느니라 우리가 사랑함은 그가 먼저 우리를 사랑하셨음이라 누구든지 하나님을 사랑하노라 하고 그 형제를 미워하면 이는 거짓말하는 자니 보는 바 그 형제를 사랑하지 아니하는 자는 보지 못하는 바 하나님을

사랑할 수 없느니라"_요한1서 4:18-20

사도 요한이 전하는 희망의 메시지는 우리의 영과 혼과 육, 그리고 생활 전반에 대한 하나님의 보호하심과 축복을 아우른다. 하나님의 사랑에 힘입어서 영혼의 잘됨, 범사의 형통, 그리고 마음의 평안과 육체의 건강, 이것은 요한이 그리스도인들에게 전하는 하나님의 가장 강력한 절대긍정과 희망의 메시지다.

"사랑하는 자여 네 영혼이 잘됨 같이 네가 범사에 잘되고 강건하기를
내가 간구하노라"_요한3서 1:2

사도 요한은 로마제국의 극심한 박해와 이로 인한 환란 속에서 요한계시록을 썼다. 밧모섬에 끌려가 모진 고통을 받는 중에 그는 현실을 초월하는 종말적, 묵시적 희망의 메시지를 전한다. 그것은 아무리 사탄과 권세 잡은 자들이 교회와 성도들을 핍박하고 박해하여 멸망시키려고 해도 예수 그리스도의 재림과 하나님의 심판을 통해 하나님의 사람들이 결국에는 승리할 것이라는 위대한 메시지이다.

"내가 새 하늘과 새 땅을 보니 처음 하늘과 처음 땅이 없어졌고 바다도
다시 있지 않더라 또 내가 보매 거룩한 성 새 예루살렘이 하나님께로부
터 하늘에서 내려오니 그 준비한 것이 신부가 남편을 위하여 단장한 것
같더라 내가 들으니 보좌에서 큰 음성이 나서 이르되 보라 하나님의 장

막이 사람들과 함께 있으매 하나님이 그들과 함께 계시리니 그들은 하나님의 백성이 되고 하나님은 친히 그들과 함께 계셔서 모든 눈물을 그 눈에서 닦아 주시니 다시는 사망이 없고 애통하는 것이나 곡하는 것이나 아픈 것이 다시 있지 아니하리니 처음 것들이 다 지나갔음 이러라"

_요한계시록 21:1-4

성경은 하나님의 절대긍정의 사랑과 희망의 메시지로 가득한 책이다. 성경의 주제는 예수님에 대한 믿음과 영생에 있다요 20:31. 하나님은 구약의 선지자들이나 신약의 사도들을 통해 구원과 희망과 긍정의 말씀을 하신다. 그런데 이러한 말씀은 단지 형통하고 평안할 때 주어진 것이 아니라 많은 고난과 핍박과 환란 가운데 주어진 것이다. 시련을 참고 인내하라는 말씀, 고난 가운데 기도하고 기뻐하라는 말씀, 고난을 이겨낸 자들에게 생명의 면류관이 예비되었다는 말씀, 우리의 시민권은 오직 하늘에 있다는 말씀, 그리고 우리가 하나님을 먼저 사랑한 것이 아니라 하나님이 우리를 먼저 사랑하셨다는 말씀들은 절대절망과 어두움의 현실에서도 절대긍정의 하나님을 의지하는 믿음을 갖고 넉넉히 승리하게 만드는 희망의 메시지이다. 성경의 주인공이자 주제는 예수 그리스도이시다. 그러므로 성경을 읽고 묵상할 때마다 우리의 영원한 희망이 되시는 예수님을 만나고, 그 은혜를 체험해야 한다.

그가 찔림은 우리의 허물 때문이요
그가 상함은 우리의 죄악 때문이라
그가 징계를 받음으로 우리는 평화를 누리고
그가 채찍에 맞으므로 우리는 나음을 받았도다

이사야 53장 5절

Part

4

—

절대긍정과
예수 그리스도의
십자가

—

Intro

좋으신 하나님의 절대긍정의 주권과 말씀은 절대긍정의 복음으로 나타난다. 창세기부터 요한계시록까지 기록된 하나님의 말씀은 주인공이신 예수 그리스도의 십자가 구원에 초점을 두고 있다. 절대긍정의 구원의 복음은 예수님의 십자가로 절정을 이룬다. 십자가의 복음은 성령으로 말미암아 우리의 신앙과 삶을 은혜로 충만하게 한다.

오늘날 기독교를 단지 종교적 윤리나 도덕으로 이해하는 사람들이 있다. 하지만 예수 그리스도의 십자가 복음은 그 무엇보다 실제적인 것이다. 그것은 지금도 살아 역사하시는 하나님을 체험하게 하기 때문이다. 절대긍정의 복음은 죽음과 질병, 미움과 저주라는 절대부정과 절대절망의 문제를 해결함으로써 인간을 온전히 회복시키고 세상을 변화시키는 실제적인 능력이 되는 것이다.[42]

---

42 이영훈, 『십자가 순복음 신앙의 뿌리』 (서울: 교회성장연구소, 2011), 5-6.

Chapter
10

절대긍정과
예수님의 십자가

태초에 하나님이 지으신 세계는 완전하였다. 그 세계는 '하나님이 보시기에 심히 좋고'창 1:31, 모든 피조물이 생육하고 번성하며 하나님의 질서 안에서 충만한 복을 누리는 세계였다. 하나님의 형상인 인간은 영원토록 하나님과 교제하며 영혼이 잘되며 범사가 잘되고 강건해지는 절대희망의 삶을 살았다.

하지만 인간의 교만과 불순종으로 인한 범죄로 모든 질서가 파괴되었다. 하나님이 주신 절대희망이 사라지고, 절대절망이 인간과 세계에 찾아온 것이다. 그 결과 인간은 죄책의 절망, 무의미의 절망, 그리고 죽음의 절망에 빠져 버렸다.[43] 인간은 삶의 목적과 가치를 잃어

---

43 조용기, "플러스 인생", 여의도순복음교회 주일예배설교(2013. 11. 10).

버렸고, 이 세계는 두려움과 무질서가 지배하게 되었다. 의와 거룩 대신 불의와 더러움이, 아름다움 대신 추함이, 풍요 대신 가난과 궁핍이 인간과 세계에 가득 들어차게 되었다.

이러한 절대절망에 빠진 인간을 구원하기 위해 예수 그리스도가 오셨다. 하나님의 아들이신 그분의 절대순종은 인간과 세계에 드리운 죽음을 생명으로, 허기와 갈증은 해갈과 배부름으로, 미움과 원망은 사랑과 평화로 바꾸었다.

"도둑이 오는 것은 도둑질하고 죽이고 멸망시키려는 것뿐이요 내가 온 것은 양으로 생명을 얻게 하고 더 풍성히 얻게 하려는 것이라"_요한복음 10:10

예수 그리스도의 십자가는 단순한 이론이 아니며, 하나님의 구원의 능력이다. 그것은 죄 사함의 능력이요, 치료의 능력이요, 영생의 능력이다.[44] 그래서 십자가는 절대긍정의 믿음의 시작이자 완성으로, 우리가 꼭 붙잡아야 할 절대긍정의 복음의 메시지이다.

---

44 이영훈, "우리의 자랑 예수님의 십자가", 여의도순복음교회 주일예배설교(2012. 7. 1).

1. 첫 사람 아담의 불순종

"여호와(야훼) 하나님이 그 사람에게 명하여 이르시되 동산 각종 나무의 열매는 네가 임의로 먹되 선악을 알게 하는 나무의 열매는 먹지 말라 네가 먹는 날에는 반드시 죽으리라 하시니라"_창세기 2:16-17

하나님은 선악과를 먹게 되면 "반드시 죽으리라"고 말씀하셨다. 하지만 아담과 하와는 하나님의 그 말씀을 왜곡하고, 육신의 정욕과 안목의 정욕과 이생의 자랑에 굴복하여 하나님의 명령을 거슬렀다.

"여자가 그 나무를 본즉 먹음직도 하고 보암직도 하고 지혜롭게 할 만큼 탐스럽기도 한 나무인지라 여자가 그 열매를 따먹고 자기와 함께 있는 남편에게도 주매 그도 먹은지라"_창세기 3:6

'먹음직도 하고 보암직도 하고 지혜롭게 할 만큼 탐스럽기도 한' 나무의 열매를 취한 것은 하나님께서 인간에게 정해 주신 삶의 한계를 넘어선 행동이었다. 이는 하나님의 주권을 인정하지 않는 자유의지에서 비롯된 것이었다. '선과 악을 안다'라는 말은 선과 악, 즉 옳고 그름을 스스로 결정한다는 것으로 외부로부터 주어지는 어떤 기준을 거부하는 것, 곧 자신을 '하나님처럼' 지혜로운 존재로 여김을 의미한다.[45]

---

45 헤르만 바빙크, 『개혁파 교의학』, 김찬영·장호준 역 (서울: 새물결플러스, 2015), 590.

마틴 로이드 존스David Martyn Lloyd-Jones는 죄로 말미암은 인간 존재의 변화를 이렇게 서술한 바 있다.

하나님이 최초로 지으신 인간은 완벽했고 자신의 본능을 잘 다스렸습니다. 인간은 본능을 이용해 자신의 욕구를 충족했을 뿐 아니라 무엇보다도 하나님께 영광을 돌렸습니다. 인간은 균형 잡힌 삶을 살면서 더없는 행복을 만끽했습니다. … 인간이 하나님을 저버린 순간, 하나님과의 관계는 깨지고 말았습니다. 최고의 기능을 하는 영혼이 생명력을 잃고 그 기능을 멈췄습니다. 바울은 에베소서 2장 1절에서 "그는 허물과 죄로 죽었던 너희를 살리셨도다"라고 말합니다. 이것은 인간이 영적으로 죽었음을 의미합니다. 이제 인간은 하나님을 알지 못하고, 하나님이 계심을 깨닫지 못합니다. 인간은 하나님의 뜻에 따라 살지 못합니다. 영적으로 죽어 균형감각을 잃은 것입니다. 인간은 더 이상 자신의 혼과 이성적인 영의 지배를 받지 않습니다. 정욕과 욕망의 지배를 받을 뿐입니다.[46]

죄는 피조물이라는 인간의 한계 때문에 발생한 것이 아니라 아담의 자유로운 선택의 결과였다.[47] 아담의 불순종은 그의 생각, 태도, 성향을 근본적으로 손상했고, 인류를 죄의 권세 아래로 밀어 넣었다.

---

46 마틴 로이드 존스, 『내가 자랑하는 복음』, 강봉재 역 (서울: 복있는사람, 2008), 133.
47 헤르만 바빙크, 『개혁파 교의학』, 609.

그 결과 누구도 죄에서 벗어날 수 없게 되었다. '죄성의 유전', '노예 의지', '손상되고 부패한 의지'라는 용어들은 모든 인간이 다 죄의 지 배 아래 있으며, 그에 대한 심판으로 죽음이라는 절대절망의 상태에 서 벗어날 수 없음을 말하고 있다.[48]

2. 불순종의 열매인 삼중저주와 절대절망

"또 여자에게 이르시되 내가 네게 임신하는 고통을 크게 더하리니 네가 수고하고 자식을 낳을 것이며 너는 남편을 원하고 남편은 너를 다스릴 것이니라 하시고 아담에게 이르시되 네가 네 아내의 말을 듣고 내가 네 게 먹지 말라 한 나무의 열매를 먹었은즉 땅은 너로 말미암아 저주를 받 고 너는 네 평생에 수고하여야 그 소산을 먹으리라 땅이 네게 가시덤불 과 엉겅퀴를 낼 것이라 네가 먹을 것은 밭의 채소인즉 네가 흙으로 돌아 갈 때까지 얼굴에 땀을 흘려야 먹을 것을 먹으리니 네가 그것에서 취함 을 입었음이라 너는 흙이니 흙으로 돌아갈 것이니라 하시니라"_창세 기 3:16-19

하나님의 형상으로서, 하나님의 명령에 순종해야 할 인간이 그 존

---

48 다니엘 L. 밀리오리, 『기독교 조직신학 개론』, 나용화·황규일 역 (서울: 새물결플러스, 2012), 267.

재의 한계를 넘어섬으로써 인간은 물론 모든 피조물이 함께 심판과 저주 아래 놓이게 되었다.

첫째로 인간은 하나님과 분리되어, 하나님 없는 세상에서 자신의 지식과 능력으로 살아야 하는 존재가 되었다. 영원한 생명과 함께 절대자 하나님에 대한 지식도 상실하고 말았다영적 죽음.

둘째로 피조 세계 역시 생명과 평안을 상실하고 말았다. 자연계는 물론 인간 삶의 전반에 가시와 엉겅퀴가 돋아나게 되어서 미움과 불안, 공포와 좌절의 가시로 인해 인간과 피조물들은 서로 찢고 피 흘리게 되었다환경적 저주.

셋째로 질병과 죽음의 저주가 오게 되었다. 하나님은 죄지은 인간을 향해 "흙으로 돌아갈 것이니라"창 3:19고 말씀하셨다. 이는 죽음의 출발인 질병이 인간에게 찾아오게 된 것을 의미한다. 그 이후로 모든 인류는 각종 질병에 시달려왔다. 육체적·정신적 질병과 각종 전염병은 물론 사회병리적 현상으로 야기된 질병과 죽음의 강이 인간의 역사 속에 흐르게 된 것이다육체적 죽음.[49]

하나님으로부터의 분리, 사람 사이의 갈등과 미움, 끊이지 않는 수고와 고통은 인간이 처한 절대절망의 현실을 잘 보여 준다. 죄지은 인생에 남은 것은 절망뿐이다. 이 세상 어디에도 그 어떤 사람에게도 희망은 없다. 그래서 전도서 저자는 "일평생에 근심하며 수고하는 것

---

49 이영훈, 『십자가 순복음 신앙의 뿌리』, 20-21.

이 슬픔뿐이라 그의 마음이 밤에도 쉬지 못하나니 이것도 헛되도다" 전 2:23라고 고백한다.

1) 영적 죽음의 절망

"그 때에 너희는 그리스도 밖에 있었고 이스라엘 나라 밖의 사람이라 약속의 언약들에 대하여는 외인이요 세상에서 소망이 없고 하나님도 없는 자이더니"_에베소서 2:12

에덴동산에서 인간은 영을 통해 하나님과 교제하며 그분을 마음에 모셔 들이고 살았다. 하지만 범죄함으로 영이 죽어 하나님과의 관계가 단절되었다. 이것이 인간에게 찾아온 첫 번째 절대절망, 바로 영적 죽음의 절망이다. 영혼은 인간을 인간답게 만든다. 그래서 마틴 로이드 존스는 "죄에 빠진 인간, 타락한 인간은 참으로 살아있지living 않다"라고 말한다. 영이 죽어 하나님으로부터 분리된 인간은 목숨만 붙어 있는existing 상태에 불과하다. 삶에 대한 목표와 목적이 없다면, 삶에 대한 근본적이고 참된 이해가 없다면, 그것은 이미 살아있는 것이 아니라 기계 장치에 의지하여 목숨을 유지하고 있는 것과 다름없다.[50] 그는 이렇게 말한다.

---

50 마틴 로이드 존스, 『내가 자랑하는 복음』, 231.

진정한 삶의 목표나 목적이 없다면 그것은 살아 있는 것이 아니라 목숨만 유지하는 상태입니다. … 사람들은 점점 더 생각하기를 싫어합니다. 그들의 전체적인 삶의 패턴과 관점은 근래에 출현한 이 거대한 대중 매체에 의해 결정되고 있습니다. 이 막강한 세력들은 인간의 생각과 시야를 통제합니다. … "그 때에 너희는 그 가운데서 행하여 이 세상 풍조를 따르고 공중의 권세 잡은 자를 따랐으니 곧 지금 불순종의 아들들 가운데서 역사하는 영이라"엡 2:2 "이 세상 풍조"를 따라 이런저런 일에 의해 조종되는 회전목마 같은 인생입니다. 이것은 살아 있는 것이 아니라 목숨을 이어가는 것입니다. 대중 매체에 의해 조작되는 인간이며 기계를 닮은 인간이며, 자신의 개성과 삶에 대한 통제력을 상실한 인간입니다. … 다른 사람이나 사물이나 사상에 단순히 반응하기만 하는 인간은 삶을 사는 것이 아닙니다.[51]

2) 육체적 질병의 절망

"여호와야훼께서 네 몸에 염병이 들게 하사 네가 들어가 차지할 땅에서 마침내 너를 멸하실 것이며 여호와야훼께서 폐병과 열병과 염증과 학질과 한재와 풍재와 썩는 재앙으로 너를 치시리니 이 재앙들이 너를 따라서 너를 진멸하게 할 것이라"_신명기 28:21-22

---

51 위의 책, 232-233.

태초에 하나님께서 창조하신 인간의 육체는 질병이나 죽음이 없는 완전한 것이었다. 생명나무 열매를 먹으며 에덴동산 천국에서 영원히 하나님과 동행하는 것이 원래 하나님이 주신 인간의 운명이었다. 그러나 인간의 타락으로 초래된 영혼의 죽음은 육체의 죽음을 동시에 가져왔으며, 이것의 시작이 바로 질병이다. 인간의 타락과 죄로 인해 죄와 사망의 권세가 인간의 육체를 사로잡았다. 그래서 어둠의 영들은 합법적 근거를 가지고 온갖 신체적, 정신적인 질병을 가져와 인간을 도적질하고 죽이고 멸망시키게 되었다. 그 결과 인간은 질병과 사망의 세력에 의해 육체적, 정신적 고통에 시달리다가 끝내 육체적 죽음을 맞이해야 하는 절망적 상황에 놓이게 되었다.

수많은 사람이 각종 질병에 시달리며 고통 속에 살아가고 있다. 요람에서 무덤까지 모든 사람은 크고 작은 질병과 장애에 시달린다. 현대인의 30%는 암에 걸리고, 우리나라에는 약 2천여 종의 질환으로 고통 받는 80만 명의 희귀난치성질환 환우들이 있는 것으로 알려져 있다. 세계보건기구WHO가 관리하는 국제질병분류ICD, International Classification of Diseases 최신 버전인 ICD-11에 따르면 지구상에는 5만 5천여 종의 질병이 존재한다.[52] 2019년 처음 보고된 코로나 바이러스 COVID-19는 세계인을 죽음의 공포로 몰아넣었다. 2023년 10월 22일 기

---

52 "아직 끝나지 않은 희귀유전질환 발굴사", https://www.koreahealthlog.com/news/articleView. html?idxno=32413 (2022. 11. 9 검색).

준으로, 코로나19로 인한 전 세계 감염자는 약 7억 명 이상, 사망자는 690만 명에 이르는 것으로 나타났다.[53] 육체적 질병뿐 아니라 정신적인 질병의 문제도 심각하다. 대한신경과학회의 발표에 의하면 코로나19 팬데믹 이후 세계 각국에서 우울증과 불안증의 발생이 2배 이상 증가하였고, 그중 한국은 우울증 유병률 1위[36.8%]로, 국민 10명 중 4명이 우울증 또는 우울감을 느끼는 것으로 나타났다.[54]

3) 환경적 저주의 절망

(1) 인간과의 관계에 찾아온 절대절망

"아담이 이르되 하나님이 주셔서 나와 함께 있게 하신 여자 그가 그 나무 열매를 내게 주므로 내가 먹었나이다"_창세기 3:12

죄는 인간 사이의 관계에도 절망을 가져왔다. 성경은 "사악한 자의 길은 험하니라"[잠 13:15]고 말씀한다. 죄는 삶의 모든 불행과 문제의 원인이다. 첫째, 죄는 결코 만족하는 법이 없기 때문이다. 죄는 인간을 더 강력한 정욕과 충동의 제물로 만들어 버린다. 둘째, 죄는 불행을 낳기 때문이다. 죄지은 인간은 하나님으로부터 멀어져 자신의 존재

---

53 "코로나19 실시간 상황판", https://coronaboard.kr (2023. 11. 9 검색).
54 "한국, 우울증 OECD 1위, 우울증 치료율은 최저", https://www.medigatenews.com (2023. 11. 9 검색).

목적과 가치를 상실하게 된다. 셋째, 죄는 두려움을 주기 때문이다. 타락한 인간은 자신을 감추고 거짓말하고 속이며 절대절망의 현실을 외면하려 한다. 마지막으로 죄는 불화를 낳기 때문이다. 죄지은 인간들은 서로를 미워하고 원망하며, 분열하고 분리되게 만든다.[55]

인간 가족 내의 소외는 남자와 여자의 손상된 관계뿐 아니라 부모와 자식, 형제와 자매, 가문이나 부족, 나라, 그리고 세계의 모든 민족으로 확대된다.

이미 창세기에 나타난 것처럼, 형제들 사이의 소외로 가인은 아벨을 죽이고 하나님 앞에서 이를 부인하려고 시도한다. 그런 가인에게 하나님은 "네 아우의 핏소리가 땅에서부터 내게 호소하느니라"창 4:10고 말씀하신다. 자매인 라헬과 레아는 그 사이가 소원해져 서로 남편 야곱의 관심을 끌기 위해 경쟁한다창 29~31장. 야곱과 그의 쌍둥이 에서도 장자 상속 문제로 소원한 사이가 된다. 이에 더하여 사라와 하갈, 아브라함과 아비멜렉 왕창 20장, 롯의 이야기, 이삭과 그의 처남 라반, 야곱의 자녀 모두, 디나창 34장로부터 요셉과 유다까지 다양한 갈등 관계가 나타난다. 그리고 우리는 사사기에 그려진 잔인한 동족상잔의 비극에서부터 예수님의 제자들 사이의 분쟁, 마리아와 마르다 자매 사이의 경쟁, 심지어 초대교회 당시 아나니아와 삽비라의 배신행 5장 등 성경 곳곳에서 이와 같은 파괴된 관계들을 무수히 볼 수 있다.[56]

---

55 마틴 로이드 존스, 『내가 자랑하는 복음』, 247-249.

56 하워드 A. 스나이더, 조엘 스캔드랫, 『피조물의 치유인 구원』, 권오훈·권지혜 역 (서울: 대한기독교서회, 2015), 136-137.

(2) 자연과의 관계에 찾아온 절대절망

"이스라엘 자손들아 여호와야훼의 말씀을 들으라 여호와야훼께서 이 땅
주민과 논쟁하시나니 이 땅에는 진실도 없고 인애도 없고 하나님을 아
는 지식도 없고 오직 저주와 속임과 살인과 도둑질과 간음뿐이요 포악
하여 피가 피를 뒤이음이라 그러므로 이 땅이 슬퍼하며 거기 사는 자와
들짐승과 공중에 나는 새가 다 쇠잔할 것이요 바다의 고기도 없어지리
라"_호세아 4:1-3

하나님은 인간을 지으시기 전에 먼저 물질세계를 지으셨다. 사랑
하는 자들이 범사에 잘되는 삶을 살기를 원하셨던 하나님이 인간의
생활에 필요한 모든 것을 예비하신 것이다. 그리고 하나님의 안식 가
운데서 물질세계를 즐기며 다스리는 존재로 인간을 지으셨다. 그러
나 하나님의 주권에 저항한 인간은 물질세계에 대한 소유권을 잃게
됨과 동시에 땅도 저주를 받게 되었다창 3:17. 그리하여 인간은 얼굴에
땀 마를 날 없이 고생하고 괴로움을 겪고서야 먹을 것을 얻을 수 있
게 되었다. 하나님께서 인간에게 주신 '땅을 경작하라'는 사명이 수고
롭고 고통스러운 것으로 바뀌었고, 피조물은 고통에 빠져 신음하게
되었다롬 8:22.

하나님은 "땅이 너로 말미암아 저주 받는다"라고 말씀하신다. 이것은
하나님이 객관적 견지에서 땅에 저주를 내리셔서, 그것이 그의 혐오 아

래 있게 되었다는 것을 의미하지 않는다. 그렇다. 성경은 결과를 말하고 있는 것이다. 인간은 창조주와의 관계와 피조물과의 관계에 영향을 미치는 일이 없이 죄를 저지를 수 없다. … 땅은 인간의 죄로 인해 세 가지 방식으로 고통을 겪는다. 땅에 대한 인간의 잘못된 취급으로 인해 고통을 겪고, 인간 폭력의 결과로 간접적으로 고통을 겪으며, 끝으로 인간에게 맡겨진 적절한 청지기적 돌봄의 결여로 고통을 겪는다.[57]

3. 둘째 사람 예수 그리스도의 절대순종

1) 예수 그리스도가 오신 이유

"조금 나아가사 얼굴을 땅에 대시고 엎드려 기도하여 이르시되 내 아버지여 만일 할 만하시거든 이 잔을 내게서 지나가게 하옵소서 그러나 나의 원대로 마시옵고 아버지의 원대로 하옵소서 하시고"_마태복음 26:39

인간은 자신을 구원할 수 없었다. 아담이 처음부터 흠이 없는 완벽한 존재로 창조되었기 때문에 하나님은 또 다른 인간을 다시 창조할 필요가 없었다. 그러나 타락한 인간은 하나님의 뜻을 저버린 죄책guilt

---

으로부터, 그로 인해 인류를 지배하게 된 죄의 권세power로부터 구원받아야 했다.

인간은 자신을 구원할 수 없습니다. 여러분은 이렇게 말합니다. 그렇다면 하나님은 왜 완벽한 인간을 또다시 지으시지 않았을까요? 최초의 인간은 완벽했습니다. 아담은 조금도 흠 없는 완벽한 존재로 지음받았습니다. 그러므로 또 다른 인간을 창조해 봐야 아무 소용없습니다. 하나님은 굳이 또 다른 인간을 창조하실 필요가 없었습니다. 아담 안에는 죄가 없었습니다. 그는 더없이 순결했습니다. 죄가 전혀 없었습니다. 그는 하나님의 형상과 모습으로 지음 받았습니다. 아담은 처음부터 하나님 앞에서 의로운 존재였습니다. 완전한 피조물이었습니다. 하지만 완전한 인간이 타락했습니다. 그는 실패했습니다. 아담이 상대하기에 마귀는 너무 버거운 상대였습니다. 그러니까 또 다른 인간을 지어도 아무 소용없습니다.[58]

하나님을 거역한 불의한 인간에게 찾아온 절대절망은 오직 의로우신 예수 그리스도의 절대순종을 통해서만 회복할 수 있었다. 그리하여 인간보다 더 크고 위대한 존재, 완전한 하나님이시며 완전한 인간이신 예수 그리스도께서 오셨다. 하나님 아버지는 독생자를 향해 "이는 내 사랑하는 아들이요 내 기뻐하는 자라"마 3:17고 말씀하셨다. "모

---

58 마틴 로이드 존스, 『내가 자랑하는 복음』, 219-220.

든 일에 우리와 똑같이 시험을 받으신 이로되 죄는 없으신"히 4:15, "거룩하고 악이 없고 더러움이 없고 죄인에게서 떠나 계시는"히 7:26 예수님께서 율법을 완성하셨다마 5:17.

하나님의 말씀을 왜곡하고 정욕을 따라 행한 처음 사람 아담과 달리, 둘째 사람 예수님은 하나님의 말씀으로 사탄의 시험을 이기셨고, 일평생 그분의 뜻에 순종하셨다고전 15:47. 성경에는 예수님이 겟세마네 동산에서 기도하실 때 "땀이 땅에 떨어지는 핏방울 같이 되더라"눅 22:44고 기록하고 있다. 아담 이후부터 인류의 종말까지 인간이 행한 온갖 추악하고 더러운 죄가 가득한 죄악의 잔을 앞에 두고 예수님은, 점도 없고 흠도 없이 의로우셨기에 할 수만 있다면 그 잔을 피하고 싶으셨다.[59] 하지만 주님은 끝까지 순종하셨고, 자신에게 주어진 고난의 잔을 남김없이 마셨다. 이로써 첫째 아담의 죄로 인한 저주와 심판은 사라졌고, 인간과 세계를 사로잡은 절대절망의 권세는 무너지게 되었다.

2) 예수 그리스도의 절대순종

"예수께서 이르시되 나의 양식은 나를 보내신 이의 뜻을 행하며 그의 일을 온전히 이루는 이것이니라"_요한복음 4:34

---

59 이영훈, 『십자가 순복음 신앙의 뿌리』, 21-22.

예수님의 순종은 단지 '죄가 없다는 것' 그 이상이다. 순종은 죄 없음을 의미하는 동시에 하나님의 율법에 표현된 하나님의 뜻을 성취하는 것, 마음을 다하고 뜻을 다하고 힘을 다하여 여호와야훼 하나님을 사랑하는 것을 의미한다신 6:5; 막 12:30. 누가가 예수님의 정결 예식을 서술하면서 "모세의 법대로"눅 2:22라고 기록한 이유가 바로 이것이다. 예수님은 십자가 고난의 목전에서조차 "내 원대로 마시옵고 아버지의 원대로" 되기를 간구하셨다눅 22:42. 그리고 마침내 십자가에 달리셔서 "다 이루었다"요 19:30라고 말씀하시고 숨을 거두셨다.

예수 그리스도는 아버지의 뜻에 대한 절대적인 순종, 아버지의 나라를 위한 절대적인 헌신, 인생과 피조 세계를 향한 절대적인 사랑과 희생의 삶을 사셨다. 특별히 예수님의 고난과 죽음은 아버지의 뜻에 대한 최고의 순종 행위였다. 둘째 사람 예수 그리스도의 절대적인 순종은 처음 사람 아담의 불순종을 치료하고 우리를 불의와 죽음이라는 절대절망에서 구원하였다롬 5:12-21.[60]

3) 예수 그리스도의 절대순종의 열매

하나님 말씀에 대한 처음 사람 아담의 불순종과 둘째 사람 예수 그리스도의 절대적인 순종은 우리 삶에 필수적인 진리, 곧 하나님 앞에 처했던 인간의 원래 상태와 현재 상태에 대한 중요한 가르침을 전해 준다. 파스칼Blaise Pascal이 "신앙 전체가 예수 그리스도와 아담으로 성

---

60 로버트 리탐, 『그리스도의 사역』, 황영철 역 (서울: IVP, 1987), 118-119.

립되며, 도덕성 전체가 정욕과 은혜로 성립된다"라고 말하였다.[61] 이 말은 인간의 죄와 타락한 본성에 신적인 은혜와 구원의 필요성을 강조하는 것이다. 절대자 하나님을 향한 절대적 순종의 삶은 인간의 존재 이유인 동시에 행복의 조건이 된다.

처음 사람 아담의 불순종이 우리를 죽음으로 몰아넣은 것과 달리, 둘째 사람 예수 그리스도의 순종은 우리에게 생명을 주었다. 그의 죽음과 부활뿐만 아니라 그의 생애 전체가 우리를 위한 것이었다. 광야의 시험, 겟세마네의 고난, 하나님을 향한 절대적인 신뢰와 헌신 그리고 죽음과 부활 모두 우리를 위한, 우리를 대신한 구원의 행위였다.

그분의 삶은 하나의 통일성을 가진 총체였다. 예를 들어, 그리스도는 공생애 초기에, 아담이 동산에서 시험받았던 것처럼, 광야에서 아담의 위치를 취하고 사탄의 시험을 받으셨다. 그분은 아담처럼 행동하셨는데, 이것은 자신의 삶을 넘어서 서로 연결된 인류라는 단위의 머리로서 행하신 것이었다. 그분의 부활도 공적이고 대표적인 기능을 수행한다. 그분은 부활을 통해 자신에게 속한 자들과 함께 무죄를 입증하시는 것이다. "아담 안에서 모든 사람이 죽은 것 같이 그리스도 안에서 모든 사람이 삶을 얻으리라"고전 15:22 … 그러므로 그리스도는 태아기에서 유아기를 지나 사춘기를 통과하고 마침내 죽음에 이르기까지 인

---

61 헤르만 바빙크, 『개혁파 교의학』, 593.

간 삶의 모든 단계를 경험하셨다. 그분의 경험은 한 개인의 것인 동시에 우리를 위한 것이고 우리를 대신한 것이었다. 그분의 전 순종이 우리의 것이 될 수 있다. 왜냐하면 그분은 우리를 위해, 우리를 대신하여 하나님께 순종하셨기 때문이다.[62]

4. 십자가에서 다 이루신 예수 그리스도

"예수께서 신 포도주를 받으신 후에 이르시되 다 이루었다 하시고 머리를 숙이니 영혼이 떠나가시니라"_요한복음 19:30

예수님은 십자가에서 "다 이루었다"라고 선포하셨다. '다 이루었다'로 번역된 헬라어 '테텔레스타이Τετέλεσται'는 '값을 지불하다', '완불하다', '청산하다'라는 뜻이다. 납세증으로 쓰였던 파피루스들을 보면 테텔레스타이, 즉 "완불됨"이라는 글자가 쓰여 있는 것을 볼 수 있다.[63]

예수 그리스도의 생애와 사역 그리고 그분의 죽음과 부활은, 아담으로 인해 인간과 세상에 찾아온 죄와 죽음, 불신앙과 절망에 대한 하나님의 완전한 해결책이었다. 예수님께서 십자가에 달리심으로 아

---

62 로버트 리탐, 『그리스도의 사역』, 119-120.
63 에드윈 A. 블룸, 『요한복음』, 임성빈 역 (서울: 두란노, 1992), 202.

담의 불순종이 청산되었고, 그분이 가시관을 쓰시고 채찍에 맞으심으로 저주와 질병의 문제가 해결되었으며, 또 그가 죽으시고 부활하심으로 우리에게 주어진 죄의 삯이 완전히 지불된 것이다.

찰스 스펄전Charles H. Spurgeon은 이에 대해 이렇게 설교한 바 있다.

사랑하는 친구들이여! 다시 한번, 이 "다 이루었다"는 말씀으로부터 위로를 얻으십시오. 왜냐하면 그리스도의 교회에 대한 대속 사역이 완성되었기 때문입니다. 교회의 온전한 해방을 위해 지불되어야 할 돈이 단일 원도 남아 있지 않습니다. 그리스도의 유업에는 조금의 대출금도 남아 있지 않습니다. 그분이 피로 사신 이들에 대해 영원토록 마지막 한 푼까지 다 지불되었기 때문에 모든 채무로부터 면제가 된 것입니다.[64]

그러므로 예수 그리스도를 나의 구세주로 영접할 때 예수 그리스도께서 십자가에서 완성하신 구속사역이 우리에게 구원의 은혜로 주어지게 된다. 구원은 하나의 가능성이 아니라, 지금 예수 그리스도를 구주로 믿고 고백하는 자들에게 주어진 하나님의 선물이다.

"너희는 그 은혜에 의하여 믿음으로 말미암아 구원을 받았으니 이것은 너희에게서 난 것이 아니요 하나님의 선물이라"_에베소서 2:8

---

64 찰스 해돈 스펄전, 『찰스 해돈 스펄전의 십자가 메시지』, 왕인성 역 (서울: 기독교문서선교회, 2017), 206.

"다 이루었다"라는 위대한 선언은 죄와 사랑, 질병과 저주를 사하시기 위해 이 땅에 오신 예수 그리스도의 구속사역의 완성을 의미한다. 예수님은 십자가에서 죄의 결과로 다가온 삼중형벌영적 죽음, 환경의 저주, 육신의 질병과 사망을 예수님의 보혈의 능력으로 삼중축복영이 살아남, 범사가 잘됨, 육신의 건강으로 바꾸어 놓으셨다. 절대절망 가운데 절대긍정의 구원의 은혜가 나타나게 된 것이다.

Chapter

11

절대긍정과
십자가 보혈의 능력

우리를 구원하는 것은 예수님의 생애나 예수님의 교훈을 통해서가 아니다. 오직 예수 그리스도의 보혈을 통해서만 죄를 용서받고 구원을 얻을 수 있다.

성경은 "피흘림이 없은즉 사함이 없느니라"히 9:22고 말씀한다. 그러므로 타락한 인간은 예수 그리스도의 보혈의 공로로만 죄 사함을 받아 저주와 심판에서 벗어날 수 있다. 고난의 자리에서 예수 그리스도께서 흘리신 거룩한 피는 아담의 불순종과 그로 인해 인간에게 찾아온 절대절망을 극복하는 능력이다. 그럼 예수님의 십자가 수난이 어떻게 삼중저주에서 삼중대속을 이루었을까?

1. 채찍에 맞으신 예수 그리스도_{육체의 대속}

"친히 나무에 달려 그 몸으로 우리 죄를 담당하셨으니 이는 우리로 죄
에 대하여 죽고 의에 대하여 살게 하려 하심이라 그가 채찍에 맞음으로
너희는 나음을 얻었나니"_베드로전서 2:24

빌라도에게 사형 선고를 받으신 후, 예수님은 로마 군인들에게 끌
려가 채찍을 맞으셨다. 채찍을 내리칠 때마다 채찍 끝의 쇠갈고리가
예수님의 살을 파고들었다. 가슴과 등에 골이 파이고 피가 솟구쳤다.
이 피는 우리의 육체를 위해 흘리신 예수님의 보혈이다.[65]

"그가 찔림은 우리의 허물 때문이요 그가 상함은 우리의 죄악 때문이라
그가 징계를 받으므로 우리는 평화를 누리고 그가 채찍에 맞으므로 우
리는 나음을 받았도다"_이사야 53:5

이사야 선지자의 예언대로, 예수 그리스도는 채찍에 맞아 흘리신 보
배로운 피로 우리 육신의 연약함을 대속하셨다. 주님이 연약함을 친히
담당하시고 병을 짊어지심으로써^{마 8:17}, 질병과 죽음의 저주가 끊어지
게 된 것이다.

그러므로 어떤 질병이나 연약함이 있든지 우리는 예수 그리스도

---

65 이영훈, 『십자가 순복음 신앙의 뿌리』, 22.

보혈의 공로를 의지하여 하나님께 나아가야 한다. 병 고침의 역사를 기대하지 않는 것은 예수님의 구속 사역의 공로를 부인하는 것이요, 하나님의 사랑을 외면하는 것이 될 수 있다. 그러므로 마음과 육체가 연약하게 되었을 때 낙심하거나 절망하지 말고 보혈의 공로를 의지하여 절대긍정의 믿음으로 병 낫기를 위해 기도해야 한다.

2. 가시관을 쓰신 예수 그리스도 환경의 대속

"가시관을 엮어 그 머리에 씌우고 갈대를 그 오른손에 들리고 그 앞에
서 무릎을 꿇고 희롱하여 이르되 유대인의 왕이여 평안할지어다 하며"
_마태복음 27:29

빌라도의 뜰에서 예수님은 머리에 가시관을 쓰셨다. 억센 가시가 예수님의 머리를 찌르자 보혈이 흘러내리기 시작했다. 이는 우리가 당한 저주를 대속하기 위한 거룩한 피였다. 아담과 하와가 타락했을 때 하나님은 땅으로 하여금 가시와 엉겅퀴를 내게 하셨다창 3:18. 아담과 하와가 하나님의 뜻에 불순종하고 스스로 교만하게 된 결과, 인간이 거하는 땅도 저주와 심판을 피할 수 없었다. 예수님이 쓰신 가시관은 교만으로 말미암은 저주를 상징한다.[66] 예수님께서 머리에 가시

---

66 위의 책, 23.

관을 쓰심으로 인간의 불순종과 교만을 통해 이 땅에 찾아온 저주가 모두 사라졌고, 또 성도들이 삶 속에서 범사에 복을 누릴 수 있게 되었다갈 3:13-14.

> 예수님은 또한 십자가를 통해 저주에서 우리를 속량하여 주셨습니다. 성경에는 저주 받은 자는 나무에 매달으라고 했습니다. 예수님이 왜 저주를 받았나요? 하나님의 아들이 저주 받을 이유가 있나요? 여러분과 나의 저주를 대신 짊어지고 나무에 매달리어 저주를 당한 것입니다. … 예수님이 우리 저주를 대신 짊어지고 십자가에서 청산했으므로 예수 안에서 우리는 아브라함의 복을 받은 사람인 것입니다. 법적으로 말하면 2천 년 전에 이미 여러분은 아브라함의 복을 받은 사람들인 것입니다. 복을 받은 사람이 복을 못 누리면 안 됩니다.[67]

예수님은 우리의 죄뿐만 아니라 그로 인한 형벌도 전부 속량하셨다. 그러므로 우리는 범사에 잘될 수밖에 없고, 잘되어야만 하는 사람이 되었다. 어둠의 정사와 권세는 가시와 엉겅퀴 같은 어려움으로 성도들의 삶을 곤고하게 하고 넘어뜨리려 한다. 그러나 보혈의 공로를 믿는 성도들은 어떤 가난이나 환난, 핍박이 찾아와도 절대 낙심하지 않고 절대긍정의 믿음으로 반드시 승리할 수 있다롬 8:31-37.

---

67 조용기, "왜 삼중축복인가?", 여의도순복음교회 주일예배설교(2006. 5. 14).

3. 십자가에 달리신 예수 그리스도_영혼의 대속

"예수께서 신 포도주를 받으신 후에 이르시되 다 이루었다 하시고 머리를 숙이니 영혼이 떠나가시니라"_요한복음 19:30

십자가에 달리신 예수님은 온몸의 물과 피를 다 쏟으셨다. 이는 아담의 불순종으로 찾아온 저주와 심판을 모두 이기신 피요, 하나님으로부터 버림받는 자리에서 구원받게 하는 피이다. 저주 받아 영원히 지옥 불에 던져질 수밖에 없는 우리를 구원하시기 위해, 예수 그리스도는 모든 진액을 쏟으시고 "다 이루었다"라고 말씀하셨다. 이 말씀은 '대가를 모두 다 지불했다'라는 의미를 갖고 있다. 곧 아담의 죄와 우리 자신의 죄, 원죄와 자범죄, 태초부터 종말까지 모든 인류의 범죄를 모두 속량하셨다는 의미이다. 이로써 인류를 구원하시기 위한 하나님의 구원계획은 완전하게 성취되었다.[68]

죄의 권세는 끊임없이 우리를 찾아온다. 죄의 습성, 고의적인 죄, 그리고 무의식적인 죄로 인해 우리는 종종 넘어지고 쓰러진다. 죄는 모든 성도가 평생 싸워야 할 대상이다히 12:4. 어떻게 죄와 싸워 이길 수 있는가? 아담의 사례를 통해 보듯, 우리의 지혜나 힘으로는 결코 죄를 이길 수 없다. 오직 예수 그리스도의 보혈을 의지함으로써 담대

---

68 이영훈, 『십자가 순복음 신앙의 뿌리』, 23.

히 죄를 물리칠 수 있다.

그리고 주님이 피를 흘리신 것은 우리의 거룩함을 위함이다히 13:12. 성도들은 생명을 다 바쳐 우리를 구원하신 예수님의 사랑을 의지하는 절대긍정의 믿음으로 원수 마귀를 물리치고 거룩하고 성결한 삶을 살아야 한다.

Chapter

12

절대긍정과
삼중축복

1. 영의 축복

"기록된 바 하나님이 자기를 사랑하는 자들을 위하여 예비하신 모든 것
은 눈으로 보지 못하고 귀로 듣지 못하고 사람의 마음으로 생각하지도
못하였다 함과 같으니라 오직 하나님이 성령으로 이것을 우리에게 보
이셨으니 성령은 모든 것 곧 하나님의 깊은 것까지도 통달하시느니라"
_고린도전서 2:9-10

　　죄를 범한 인간에게 찾아온 처음 심판은 영의 죽음이었다. 선악을
알게 하는 나무의 열매를 취하면 "반드시 죽으리라"창 2:17고 하셨던 하
나님의 경고가 이루어진 것이다. 영의 죽음은 하나님과의 분리를 의

미한다. 영이 죽기 전, 인간은 하나님과 대화하고 교제하며 하나님이 주신 지혜와 분별력을 발휘하며 살아가는 존재였다. 하지만 죄의 욕망을 따라 죄의 의지를 실행함으로써 하나님과 분리되고, 그분의 통치에서 벗어나 영이 죽은 존재가 되고 말았다. 에덴동산에서 쫓겨난 이후로 하나님을 향한 인간의 모든 감각과 지식은 고장나고 막혀 버렸다. 오직 오감을 통한 감각적 지식만 얻을 수 있었고, 절대자 하나님을 인식하고 그분의 뜻을 깨닫는 영적인 지식은 얻을 수 없었다.

독생자 예수 그리스도께서 아버지의 뜻을 온전히 성취하셨을 때, 처음 사람 아담의 죄로 말미암은 영의 죽음과 저주의 문제가 해결되었다. 예수님이 십자가에서 "다 이루었다"요 19:30라고 외치셨을 때, 우리의 모든 죄, 곧 과거와 현재와 미래의 모든 죄가 청산되었다. 하나님과 우리 사이를 가로막은 죄의 장벽이 허물어지고, 죄로 인해 닫혔던 영의 문이 다시 열리게 된 것이다.[69] 그리하여 우리는 보혜사 성령님을 통해 하나님의 깊은 지식을 깨달아 하나님과 교제하고 하나님의 뜻을 따라 살아가는 자들이 되었다고전 2:10.

"그런즉 누구든지 그리스도 안에 있으면 새로운 피조물이라 이전 것은 지나갔으니 보라 새 것이 되었도다"_고린도후서 5:17

---

69 조용기, 『오중복음과 삼중축복』(서울: 서울말씀사, 2020), 256-257.

그리스도인이 된다는 것은 새로운 존재가 된다는 것이며, 이전과는 전혀 다른 가치관으로 살게 된다는 의미이다. 삶은 우연의 산물이 아니며, 자신의 의지나 노력, 운에 좌우되는 것도 아님을 알게 되는 것이다. 하나님과 늘 교제하고 의지해야 함을 알게 되며, 인생에 하나님의 뜻과 계획이 있음을 깨닫게 된다. 또 환경이나 미래를 바라보는 눈도 달라진다. 하늘과 땅과 그 안에 있는 모든 것을 지으시고 돌보시는 하나님의 손길을 보게 되며, 자신의 욕망이 아니라 하나님과 이웃을 위한 삶을 살게 된다.

하나님 아버지를 닮아 '신성한 성품divine nature'에 참여하는 자가 되며벧후 1:4-7, 성령으로 충만하여 그리스도께 붙들린 자로 살아가게 되는 것이다빌 3:12.

2. 환경의 축복

1) 인간 환경의 축복

"그리스도께서 우리를 위하여 저주를 받은 바 되사 율법의 저주에서 우리를 속량하셨으니 기록된 바 나무에 달린 자마다 저주 아래에 있는 자라 하였음이라"_갈라디아서 3:13

에덴동산은 모든 것에 부족함 없는 완전하고 풍요로운 곳이었다.

하지만 아담이 죄짓고 징계를 받아 에덴동산에서 추방되고 말았다. 오랫동안 하나님과 인간과의 불화로 관계가 소원해졌다. 죄로 말미암아 하나님께 심판 받을 수밖에 없는 존재로 전락했다. 이 징계와 심판이 청산되기 위해서는 하나님과 인간 사이에 화목제물이 필요했다. 좋으신 하나님은 하나뿐인 아들을 화목제물로 내어주셨다. 인간이 되어 이 땅에 오신 예수님은 로마제국의 식민지 백성으로, 가난하고 소외된 사람들과 죄인, 세리의 친구로 사셨다. 그리고 그분은 저주의 상징인 십자가에 달리셨다. 세상의 모든 죄와 저주, 미움과 가난이라는 절대절망을 그 몸에 지신 주님의 모습은 너무나 참혹하여 하나님이 버리신 것처럼 보일 정도였다마 27:46.

"이 예수를 하나님이 그의 피로써 믿음으로 말미암는 화목제물로 세우셨으니 이는 하나님께서 길이 참으시는 중에 전에 지은 죄를 간과하심으로 자기의 의로우심을 나타내려 하심이니"롬 3:25라는 말씀과 같이, 예수님이 버림받으심으로 인간은 하나님과 화평하게 되었다. 그리고 하나님은 하늘의 문을 활짝 열어 놓으시고 "탕자의 삶에서 돌아오라"고 청하신다.[70] 그 초청에 응한 사람은 부요와 축복, 기쁨과 행복이 가득한, 아브라함에게 주셨던 영원한 축복을 누리며 살게 되는 것이다.

---

70 위의 책, 256-257.

예수님은 부요와 형통의 길을 열어 놓으셨다. 그리스도의 고난은 실제 살과 피의 고난이었기에, 우리를 위한 대속의 은혜는 단지 영적인 영역만 아니라 물질적 영역에도 미치게 되었다. 그분은 가난한 자들의 친구가 되셨고, 배고픈 자를 먹이셨으며, 눌린 자를 자유하게 하셨다. 우리가 당하는 갈증과 궁핍, 우리 삶에 찾아온 가시와 엉겅퀴를 해결하시고 우리를 젖과 꿀이 흐르는 땅에 거하게 하셨다. 하지만 이 복을 혼자만 소유하고 누려서는 안 된다. 하나님이 우리에게 물질의 복을 주시는 것은 하나님을 사랑하고, 이웃을 사랑하게 하시기 위함이다. 이웃에게 사랑과 복을 나누는 것은 하나님께 영광이 되며, 그것을 통해 이 땅에 하나님의 나라가 임하게 하시기 위함이다. 우리를 위해 모든 좋은 것을 예비하신 좋으신 성부 하나님, 자기의 생명까지 기꺼이 내어주신 좋으신 성자 예수님, 또 우리의 모든 필요를 채우시는 좋으신 성령 하나님과 동행하면서, 가난하고 소외된 자들을 돌보고 어렵고 아픈 사람들의 눈물을 닦아주는 것, 이것이 범사에 잘되는 복을 누리는 삶이 되는 것이다.

2) 자연 환경의 축복

"그 때에 이리가 어린 양과 함께 살며 표범이 어린 염소와 함께 누우며 송아지와 어린 사자와 살진 짐승이 함께 있어 어린 아이에게 끌리며 암소와 곰이 함께 먹으며 그것들의 새끼가 함께 엎드리며 사자가 소처럼 풀을 먹을 것이며 젖 먹는 아이가 독사의 구멍에서 장난하며 젖 뗀 어린

아이가 독사의 굴에 손을 넣을 것이라 내 거룩한 산 모든 곳에서 해 됨도 없고 상함도 없을 것이니 이는 물이 바다를 덮음 같이 여호와야훼를 아는 지식이 세상에 충만할 것임이니라"_이사야 11:6-9

절대긍정의 복음은 피조물의 치유와 생태계의 회복을 포함한다. 예수 그리스도의 구속의 역사는 인간의 영혼뿐만 아니라 그의 육체와 환경을 아우르는 것이며 더 나아가 우주 전체를 아우르는 것이기 때문이다. 성경은 "하늘에 있는 것이나 땅에 있는 것이 다 그리스도 안에서 통일되게 하려"엡 1:10 하시는 하나님의 계획을 이야기한다. 이것은 예수 그리스도를 통해 성취될 하나님의 '계획', '경영' 즉, 세상을 향한 하나님의 생태학적인 경륜이다.[71]

하늘과 땅과 그 안에 있는 모든 것을 '보시기에 좋게' 창조하신 하나님은 지금도 만물을 붙들고 계시며 그것들을 돌보고 계신다. 또 생명의 영이신 성령의 능력으로 마침내 만물을 그리스도 안에서 화해하게 하시고 만물을 회복하실 것이다사 65:17, 66:2; 벧후 3:13; 계 21:1. 그의 영원한 나라가 완성될 때, 땅의 모든 민족은 물론 모든 피조물이 새 하늘과 새 땅, 곧 '사망이 없고 애통하는 것이나 곡하는 것이나 아픈 것이 다시 있지 아니한'계 21:4 그곳에서 '사자와 어린양이 함께 뛰놀며 젖 먹는 아이가 독사의 구멍에 장난하며'사 11:6-8 모두 함께 여호와야훼의

---

71 하워드 A. 스나이더, 조엘 스캔드랫, 『피조물의 치유인 구원』, 181.

영광을 찬양하게 될 것이다시 67:3-5; 계 7:9-12, 19:6.

3. 육체의 축복

1) 신유의 축복

"마침 그 때에 예수께서 질병과 고통과 및 악귀 들린 자를 많이 고치시
며 또 많은 맹인을 보게 하신지라"_누가복음 7:21

예수 그리스도는 병든 자를 고치시고 죽은 자를 살리셨다. 보지 못
하는 사람을 보게 하고, 걷지 못하는 사람을 걷게 하고, 귀신 들린 사
람을 자유롭게 하셨다. 빌라도의 뜰에서 채찍에 맞으심으로 인간의
모든 연약함을 대속하신 것이다. 그러므로 우리는 예수 그리스도의
보혈을 의지하여, 우리 몸에 붙어 우리를 파괴하고 죽이는 질병에 대
해 단호히 치료를 명령해야 한다.[72]

천국의 역사는 치료에 있는 것입니다. 예수께서는 회개하라 천국이 가
까이 왔다 하시고는 곧장 치료하기 시작했습니다. 귀신을 쫓아내시고
병을 고치시고 죽은 자를 살리시고 마음에 상처 입은 자를 치료해 주

---

72 조용기, 『오중복음과 삼중축복』, 259.

셨습니다. 병과 고통은 죽음을 상징합니다. … 그러나 치료와 건강은 생명과 부활을 상징하는 것입니다. … 그러므로 천국의 생명의 역사가 심신과 생활에 침투해 들어오면 병과 고통에서 치유와 해방을 얻게 되는 것이요 이것이 바로 천국의 역사인 것입니다. 병에서 해방되고 자유를 얻고 고통에서 놓여남 받을 때 우리는 천국을 체험했다고 말하는 것입니다. 바로 이것이 예수님께서 천국의 역사라는 것을 증명하셨습니다. … 이런 것들이 우리의 삶 속에 체험되고 있을 때 우리는 천국이 우리 가운데 와 있다고 말할 수가 있는 것입니다.[73]

2) 부활의 소망

부활이 없으면 기독교는 죽은 종교와 다름이 없다. 우리의 구원도 헛되고 믿음도 헛되며 그리스도의 십자가 죽음도 의미가 없어진다. 따라서 그리스도의 죽음과 부활은 기독교의 생명이며, 복음의 핵심이다. 그렇기에 예수 그리스도의 부활을 믿는 우리도 함께 부활하여 천국에 이르게 될 소망을 지닐 수 있게 되었다.

"죽은 자의 부활도 그와 같으니 썩을 것으로 심고 썩지 아니할 것으로 다시 살아나며 욕된 것으로 심고 영광스러운 것으로 다시 살아나며 약한 것으로 심고 강한 것으로 다시 살아나며 육의 몸으로 심고 신령한 몸으로 다시 살아나나니 육의 몸이 있은즉 또 영의 몸도 있느니라 기록된

---

73 조용기, "천국을 가지신 분 예수", 여의도순복음교회 주일예배설교(1995. 10. 1).

바 첫 사람 아담은 생령이 되었다 함과 같이 마지막 아담은 살려 주는 영이 되었나니”_고린도전서 15:42-45

십자가에서 돌아가신 예수 그리스도는 마침내 죽음을 이기고 부활하셨다. 예수님은 모든 믿는 자의 부활의 첫 열매가 되시며고전 15:20, 살리는 영이 되셨다요 6:63. 그리하여 예수님을 구주로 모신 사람, 그리스도의 영을 받은 사람은 그 육체가 부활하여 영원한 생명을 누리게 되는 것이다.

예수님의 부활을 믿는 우리는 썩어 없어져 사라지지 않는다. 예수님께서 다시 오실 그날에 주님 안에서 죽은 자가 먼저 일어나며, 살아남은 우리도 영원히 죽지 않고 썩지 않는 영화로운 몸으로 부활할 것이다. 그리고 천국에서 하나님과 영원히 함께할 것이다.

예수 그리스도의 십자가 복음은 절대절망에 처해있던 인간에게 절대긍정의 복음이 된다. 이는 하나님의 공의와 사랑의 표상表象이다. 하나님은 예수님의 십자가를 통해 인간의 범죄에 대한 공의를 이루신 동시에 인간을 향한 은혜와 사랑을 완성하셨다. 그러므로 십자가는 하나님의 선하심의 결정체이며 절대절망을 이긴 절대희망과 절대긍정의 상징이다.

절대긍정의 신앙은 예수 그리스도의 십자가와 부활을 통해 우리의 삶의 모든 영역이 구원받았음을 고백한다. 영혼의 문제만 아니라 우리의 육체와 범사에 하나님의 구원이 임할 것을 믿으며, 이 구원이 내세만 아니라 지금 현재의 삶에도 미치는 것임을 믿고 고백하는 신앙이다. 그래서 만유를 지으신 하나님이 나를 사랑하시고, 나를 위해 모든 것을 예비하셨으며, 지금도 나와 함께하심을 믿기에 환난과 핍박, 때로 이해할 수 없는 고난을 만난다고 해도 하나님을 향한 절대긍정의 믿음을 잃지 않게 되는 것이다.

예수 그리스도의 십자가로 주어진 삼중축복의 신앙은 고단한 현실과 저주의 환경을 넘어서는 복음의 절대긍정성의 근거인 동시에 영원한 희망으로 내일을 바라보게 하는 절대희망의 신앙이 된다.[74] 절대긍정의 복음에 대한 절대적 신뢰는 인간에게 절대긍정과 절대소망을 준다. 죄와 죽음이라는 절대절망에서 건져주신 예수님의 십자가 은혜가 인간과 세계의 시작부터 완성까지 온전한 꿈과 소망이 되기 때문이다.

---

74 이영훈, "삼중축복 신앙의 오순절 신학적 이해", 국제신학연구원 편, 『조용기 목사의 삼중축복에 대한 신학적 이해』 (서울: 서울말씀사, 2000). 38.

The Theological
Foundation of
Absolute Positivity

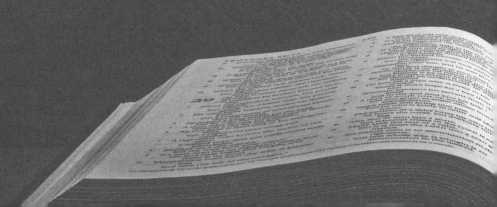

"

주의 성령이 내게 임하셨으니

이는 가난한 자에게 복음을 전하게 하시려고

내게 기름을 부으시고 나를 보내사

포로 된 자에게 자유를, 눈 먼 자에게 다시 보게 함을

전파하며 눌린 자를 자유롭게 하고

주의 은혜의 해를 전파하게 하려 하심이라 하였더라

누가복음 4장 18-19절

"

Part
5

—

절대긍정과
오중복음

—

Intro

기독교 신앙은 하나님의 말씀과 예수님의 십자가를 중심으로 한 절대긍정의 복음이다. 예수 그리스도는 복음의 중심이요, 핵심이자 복음 그 자체이다. 십자가는 인간의 범죄로 말미암은 절대절망의 세계에 대한 절대승리의 선언이며, 하나님 백성들에게 주어진 절대희망의 상징이다. 예수 그리스도의 복음을 들여다보면 어디에도 부정적인 요소가 없다.

십자가의 복음은 완전하고 충만한 복음full gospel이자, 우리 모두를 향한 절대긍정의 메시지다. 우리는 예수 그리스도를 통하여 하나님이 우리를 얼마나 사랑하시는지 깨닫게 된다. 우리는 예수를 믿음으로 구원과 영생을 얻으며중생의 복음, 주의 영으로 충만함을 받고성령충만의 복음, 회복과 영육 간의 치유를 받고신유의 복음, 범사가 잘되며축복의 복음, 예수의 재림 후에 천국 소망을 가지고 천국에 들어가게 된다재림의 복음.[75]

---

75 이영훈, 『절대긍정의 기적』, 39-40.

Chapter
13

절대긍정과
중생의 복음

"예수께서 대답하여 이르시되 진실로 진실로 네게 이르노니 사람이 거듭나지 아니하면 하나님의 나라를 볼 수 없느니라"_요한복음 3:3

'복음'이란 무엇인가? 신약성경에서 복음으로 번역된 헬라어 '유앙겔리온εὐαγγέλιον'은 '복된 소식', '좋은 소식'을 뜻한다. 성경 저자들은 이 말을 구약의 배경 아래서, 곧 메시아로 임하게 될 구원의 기쁜 소식으로 이해했다. 그러므로 '복음'이란 '예수 그리스도를 통해 이루어지는 하나님의 구원의 기쁜 소식'을 의미한다.

신약성경에서 복음은 신학적 의미의 구원과 관련하여 사용되었는데, 먼저는 예수님이 전한 하나님의 구원 및 하나님 나라의 도래를막 1:14-15, 두 번째는 예수가 메시아로 강림하시고 죽음과 부활로써 속죄의 사역을 완성하신 의미로 쓰였다막 1:1; 롬 1:1-4. 또 율법에 대비되는 개념으로 사용되는 경우롬 3:20-31; 갈 2:16, 율법의 행위가 아니라 복음에 대한 믿음으로 의인이라 칭함을 얻는 것을 의미한다.[76]

오중복음의 기초는 '구원의 복음the gospel of salvation'이며, 구원의 복음은 곧 중생의 복음이라고 할 수 있다.[77] '중생重生, regeneration'이라는 말은 '예수 그리스도를 믿고 거듭난다born again'라는 의미가 담겨 있다. 여기에는 또 범죄 이전의 아담과 같이 완전한 상태로 회복되는 의미도 담겨 있다. 성경은 중생하지 않으면 하나님 나라를 볼 수 없고요 3:3, 물과 성령으로 거듭나지 않으면 하나님 나라에 들어갈 수 없다고 말씀한다요 3:5.

"예수께서 대답하여 이르시되 진실로 진실로 네게 이르노니 사람이 거듭나지 아니하면 하나님의 나라를 볼 수 없느니라 … 예수께서 대답하시되 진실로 진실로 네게 이르노니 사람이 물과 성령으로 나지 아니하면 하나님의 나라에 들어갈 수 없느니라"_요한복음 3:3-5

---

76 이영훈, 『십자가 순복음 신앙의 뿌리』, 30-31.
77 조용기, 『오중복음과 삼박자축복』(서울: 서울서적, 1990), 56.

1. 중생의 필요성

"그러므로 한 사람으로 말미암아 죄가 세상에 들어오고 죄로 말미암아
사망이 들어왔나니 이와 같이 모든 사람이 죄를 지었으므로 사망이 모
든 사람에게 이르렀느니라"_로마서 5:12

좋으신 하나님은 자기의 형상과 모양대로 인간을 지으시고창 1:26,
영원히 하나님과 교제하며, 그분이 마련해 주신 모든 것을 누리고 다
스리며 살게 하셨다창 2:15-16. 영원한 생명과 건강, 모든 필요가 충족
되는 풍요로움, 이웃 및 피조물과 더불어 누리는 평안이라는 절대희
망의 축복을 주신 것이다. 그러면서 하나님은 인간에게 단 하나의 명
령, 곧 선악을 알게 하는 나무의 열매는 절대 먹지 말 것을 말씀하셨
다창 2:17. 이는 절대자 하나님에 대한 절대믿음, 절대순종의 명령이었
다.

하지만 인간은 하나님의 명령에 불순종하였다. 아담과 하와는 사
탄의 유혹을 받아 하나님의 명령을 거역하고, 선악과를 취하여 먹었
다. 그 결과 하나님과 인간의 교제는 끊어지고 하나님께 받은 절대희
망의 축복도 잃어버리고 말았다. 인간의 삶에는 죽음이라는 절대절
망이 찾아왔고, 죄와 사망이라는 어둠의 권세의 지배 아래 놓이게 되
었다롬 3:9. 인간은 지식이나 권력, 부와 명예, 선한 행위 등을 통해 절
대절망에서 벗어나려 했다. 하지만 그 누구도, 무엇으로도, 이 절대

절망에서 벗어날 수는 없었다롬 3:10.

2. 중생의 방법

"긍휼이 풍성하신 하나님이 우리를 사랑하신 그 큰 사랑을 인하여 허물
로 죽은 우리를 그리스도와 함께 살리셨고 (너희는 은혜로 구원을 받은
것이라)"_에베소서 2:4-5

하나님과의 교제의 단절, 그로 인해 찾아온 영원한 죽음이라는 절
대절망에 빠진 인간을 구원하시기 위해 하나님은 독생자 예수 그리
스도를 보내주셨다. 하나님의 완전한 사랑을 의심하고, 그분의 명령
에 불순종함으로써 영원한 생명을 잃어버리고, 도적질하고 죽이고
멸망시키는 사탄의 통치 아래 놓인 인간을 건지시기 위해 하나뿐인
아들의 생명을 기꺼이 내어주신 것이다. 둘째 사람 예수 그리스도의
절대순종은, 처음 사람 아담의 불순종으로 말미암은 절대절망을 깨
뜨리셨다막 10:45. 그러므로 예수 그리스도의 보배로운 피를 의지하고,
그분을 구주로 믿을 때, 영원한 생명이 회복되며 죽었던 우리의 영이
다시 살아나게 됨으로써 절대희망의 소유자가 되는 것이다.

절대절망에 빠진 우리를 위해 하나님께서 만세 전에 예비하신 구
원의 은혜는딛 2:11, 모든 믿는 자에게 주시는 사랑의 선물이며요 3:16, 좋

으신 하나님의 값없이 주시는 선물이다엡 2:8. 우리는 영원한 생명을 되찾고, 흑암의 권세에서 벗어나 그리스도의 나라로 옮겨졌다골 1:13. 이것이 바로 중생의 복음이다. 이 복음을 믿는 자마다 약속의 성령으로 인치심을 받아엡 1:13, 죄와 정욕, 율법에 대하여 죽고 의와 복음에 대하여 살아가는 절대희망의 존재가 된다롬 7:4-6.

3. 중생의 결과

> "무릇 하나님의 영으로 인도함을 받는 사람은 곧 하나님의 아들이라 너
> 희는 다시 무서워하는 종의 영을 받지 아니하고 양자의 영을 받았으므
> 로 우리가 아빠 아버지라고 부르짖느니라 성령이 친히 우리의 영과 더
> 불어 우리가 하나님의 자녀인 것을 증언하시나니"_로마서 8:14-16

예수 그리스도의 십자가를 통해 죄와 죽음이라는 절대절망에서 벗어나 의와 생명이라는 절대희망을 얻게 된 사람에게는 어떤 변화가 나타나는가?

첫째, 신분적인 변화positional change이다. 이것은 진노의 자녀에서 하나님의 자녀로의 신분 변화를 의미한다엡 2:3. 아담과 하와는 하나님의 명령을 어겼다. 하와의 눈에 선악을 알게 하는 나무의 열매는 '먹음직도 하고 보암직도 하고 지혜롭게 할 만큼 탐스럽기도' 하였다창 3:6. 하

나님의 말씀이 아닌 육신의 정욕을 택한 결과, 아담과 하와에게는 죽음이라는 절대절망의 형벌이 찾아왔다. 그러나 자기의 생명을 버리시기까지 아버지께 절대순종하신 예수 그리스도로 인하여, 죄와 사망의 결박은 끊어졌고롬 8:1-2 우리는 하나님의 자녀가 되어 영원한 생명을 누리게 되었다.

둘째, 영적인 변화spiritual change이다. 중생하여 새 생명을 얻는 자들의 마음에 보혜사 성령님이 내주하시게 되었다롬 8:11. 성도 안에 계신 성령님은 절대절망을 무너뜨리신 예수 그리스도를 의지함으로 어떤 상황에서도 절대긍정의 믿음을 잃지 않게 도와주신다. 그리하여 성도들은 "이제는 내가 사는 것이 아니요 오직 내 안에 그리스도께서 사시는 것이라 이제 내가 육체 가운데 사는 것은 나를 사랑하사 나를 위하여 자기 자신을 버리신 하나님의 아들을 믿는 믿음 안에서 사는 것이라"갈 2:20고 고백하게 된다. 그리고 절대긍정의 믿음으로 모든 시험과 환난을 넉넉히 이기며롬 8:37, 예수님을 본받아 절대순종의 삶을 살아갈 수 있게 된다.

셋째, 실제적인 변화practical change이다. 예수 그리스도는 구원의 문, 영생의 문, 축복의 문을 열어주셨다. 우리는 죄와 죽음의 저주와 심판에서 벗어나 '영혼이 잘됨 같이 범사가 잘되며 강건하게'요삼 1:2 되는 복을 누리게 되었고, '생명을 얻되 더 풍성히 얻는'요 10:10 절대축복을 누리게 되었다. 또 하나님의 자녀로서 죄를 미워하고요일 3:9, 5:18, 의를 행하며요일 2:29, 형제를 사랑하며요일 4:7, 세상을 이기며요일 5:4 살아가는 자들이 되었다.[78] 이와 관련하여 마틴 로이드 존스는 중생의 의미에 대해 이렇게 얘기하였다.

주님은 이렇게 말씀하십니다. "너희는 기존의 것 위에 세우거나 기존의 것에 덧붙이는 것이 아니다. 너희에게 필요한 것은 다시 태어나는 것이며, 절대적으로 새롭게 시작하는 것이다. 마치 이전에 아무것도 없었던 것처럼, 이것은 새 생명이 태어나는 것과 같다." … 주님의 말씀은 여러분이 본성적으로 쓸모없고 희망이 없으므로 '새로운 사람'이 되어야 한다는 뜻입니다. 그러므로 여러분에게는 새로운 생명이, 새로운 본성이 필요합니다. 하나님은 우리를 고치시는 것이 아닙니다. 하나님은 우리를 개선하거나 조금 더 좋게 만드시는 정도가 아닙니다. 하나님은 새 생명을 우리에게 불어넣으십니다. 하나님은 우리의 영혼을 수술하시고 생명을, 새로운 기질을 불어넣으십니다.[79]

중생의 복음은 "사망아 너의 승리가 어디 있느냐"고전 15:55라고 외칠 수 있는 절대긍정의 담대한 믿음을 가져다준다. 구원받은 성도는 죽음과 저주, 질병과 미움이라는 절대절망이 예수 그리스도의 십자가에서 모두 정복되었을 뿐만 아니라, 보혜사 성령님이 지금 우리와 함

---

78 이영훈, 『성령과 교회』 (서울: 교회성장연구소, 2013), 196.
79 마틴 로이드 존스, 『하나님 나라』, 전의우 역 (서울: 복있는사람, 2010), 317.

께하심을 믿기 때문이다. 그래서 때로 삶에 고난이 오거나 질병과 가난, 환난이나 핍박이 닥친다 해도, 좋으신 하나님을 향한 절대긍정의 믿음을 잃지 않으며 마침내 승리하는 삶을 살 수 있게 되는 것이다.[80] 전에는 우리가 절대절망에 빠져 정욕을 따라 살아가던 자들이었지만, 이제는 하나님과 교제하며 내주하시는 성령의 인도를 따라 나를 살리신 하나님에 대한 절대긍정의 소망을 갖고 하나님의 나라와 의를 위해 살아가는 자들이 된 것이다.

> "너희는 먼저 그의 나라와 그의 의를 구하라 그리하면 이 모든 것을 너희에게 더하시리라"_마태복음 6:33

---

80 국제신학연구원, 『순복음 신학 개론』, 71-72.

Chapter

14

절대긍정과
성령충만의 복음

예수님은 부활하여 하늘로 오르시기 전에 제자들에게 성령으로 세
례침례를 받으라고 말씀하셨다. 성령세례침례는 성도의 삶과 신앙에 큰
전환점이 되는 매우 중요한 영적 체험이다.[81]

"사도와 함께 모이사 그들에게 분부하여 이르시되 예루살렘을 떠나지
말고 내게서 들은 바 아버지께서 약속하신 것을 기다리라 요한은 물로
세례침례를 베풀었으나 너희는 몇 날이 못되어 성령으로 세례침례를 받
으리라 하셨느니라"_사도행전 1:4-5

---

81 이영훈, 『오직 성령으로』, 105.

중생한 자에게 주어지는 성령세례침례는 능력 있는 복음의 증인이 되게 하며, 성령의 은사를 활용하여 하나님께 영광 돌리는 삶을 살게 하기 때문이다. 그러므로 모든 성도는 반드시 성령으로 세례침례를 받아야 한다.

1. 성령세례침례와 성령충만

1) 중생과 성령세례침례

> "볼지어다 내가 내 아버지께서 약속하신 것을 너희에게 보내리니 너희는 위로부터 능력으로 입혀질 때까지 이 성에 머물라 하시니라"_누가복음 24:49

중생과 성령세례침례는 성도가 반드시 체험해야 하는 것이다. 이 두 가지의 체험은 동시에 일어날 수도 있지만 분명히 구분되는 성령의 역사이다. 다음의 성경 본문을 근거로, 중생과 성령세례침례를 구별할 수 있다.

① 예수님 제자들이 구원받은 상태였음에도 이후 성령세례침례를 받았다는 점눅 10:20; 요 15:3, 5, 17:14, ② 예수의 이름으로 세례침례를 받고 죄 사함을 받은 후에 성령을 받았다는 점행 2:38, ③ 사마리아 성도들이 예수의 이름으로 세례침례를 받았으나 아직도 성령이 내리신 일이

없었던 점행 8:4-25, ④ 바울이 다메섹 도상에서 예수 그리스도를 주로 고백하고 3일 후에 성령충만을 입었다는 점행 9:1-19, ⑤ 에베소 교인들이 세례침례를 받았으나 성령을 받지 못했다는 점행 19:1-7 등이다.[82]

중생은 생명을 얻는 체험이며, 성령세례침례는 하나님의 권능을 부여받는 체험이다.

① 중생에 있어서 성령은 원인자agent이며, 그리스도의 보혈은 그 수단이 되고, 그 결과는 신생new birth이다. ② 성령세례침례에 있어서는 그리스도가 원인자눅 3:16이며, 성령은 그 수단이 되고, 그 결과로써 권능으로 덧입혀지게 된다.[83]

"요한이 모든 사람에게 대답하여 이르되 나는 물로 너희에게 세례침례를 베풀거니와 나보다 능력이 많으신 이가 오시나니 나는 그의 신발 끈을 풀기도 감당하지 못하겠노라 그는 성령과 불로 너희에게 세례침례를 베푸실 것이요"_누가복음 3:16

2) 성령세례침례와 성령충만

"오순절 날이 이미 이르매 그들이 다같이 한 곳에 모였더니 홀연히 하늘로부터 급하고 강한 바람 같은 소리가 있어 그들이 앉은 온 집에 가득

---

82 이영훈, 『성령과 교회』, 200.
83 위의 책, 201.

하며 마치 불의 혀처럼 갈라지는 것들이 그들에게 보여 각 사람 위에 하나씩 임하여 있더니"_사도행전 2:1-3

그러면 성령세례침례와 성령충만의 관계는 어떠한가? 성령세례침례는 중생과 분명히 구별되는 체험시간상으로 동시에 발생할 수는 있으나 논리상으로는 중생 후에 오는 체험으로, 중생한 자가 주의 사역을 감당하고 승리하는 삶을 살기 위해 성령에 사로잡히는 영적 체험이다. 성령세례침례는 성령충만의 시작이요 출발이다. 그리고 성령세례침례는 일회적이며 성령충만은 반복되는 영적 체험이다.[84] 성령세례침례를 받아 성령으로 충만하게 되면, 성령께서 주시는 은사와 능력으로 충만하여 담대히 복음을 전하는 그리스도의 증인이 되며행 1:8, 또 죄의 권세 및 죄의 성품과 싸워 승리하며 말씀을 좇아 거룩한 삶을 살게 된다갈 5:15-16.[85]

"그러므로 형제들아 우리가 빚진 자로되 육신에게 져서 육신대로 살 것이 아니니라 너희가 육신대로 살면 반드시 죽을 것이로되 영으로써 몸의 행실을 죽이면 살리니 무릇 하나님의 영으로 인도함을 받는 사람은 곧 하나님의 아들이라"_로마서 8:12-14

---

84 이영훈, 『오직 성령으로』, 127.
85 국제신학연구원, 『순복음 신학 개론』, 72-73.

2. 성령세례_{침례}의 표적

"그들이 다 성령의 충만함을 받고 성령이 말하게 하심을 따라 다른 언어들로 말하기를 시작하니라"_사도행전 2:4

사도행전 2장에 기록된 오순절 날에 임한 성령의 역사를 살펴보면, 성령세례_{침례}는 여러 가지 가시적인 표적을 동반함을 알 수 있다.

첫째, 성령세례_{침례}의 증거는 방언, 예언, 능력 행함^{행 19:11} 등 다양한 방식으로 나타난다. 성령세례_{침례}의 대표적인 외적 표적으로 방언을 들 수 있다. 사도행전에는 다섯 번의 성령세례_{침례} 사건이 기록되어 있는데^{행 2:1-4, 8:14-19, 9:17-18, 10:44-46, 19:1-7}, 8장의 사마리아 교회를 제외한 세 번의 성령세례_{침례} 사건에서 방언이 모두 동반된 것을 볼 수 있다. 이로써 우리는 성령세례_{침례}의 대표적인 외적 표적이 방언임을 알 수 있다. 그러나 방언은 성경에 나타난 대표적인 외적 표적일 뿐, 방언이 성령세례_{침례}의 유일한 증거가 아님을 유의해야 한다.[86]

둘째, 성령세례_{침례}의 확실한 증거는 강력한 복음전파에 있다. 좋으신 하나님은 예수 그리스도의 복음전파를 위해 효과적으로 수행하도록 하시기 위해 그의 백성들에게 성령의 권능을 부어 주신다^{행 2:14-41}.

---

[86] 이영훈, 『성령과 교회』, 203.

셋째, 방언으로 대표되는 외적 현상이든, 강력하게 복음을 전파하는 전도의 생활화이든, 성령세례침례는 그것을 경험한 성도의 마음에 큰 확신으로 경험되는 분명한 사건이다.[87]

성령세례침례는 성령의 인격과 능력의 현현manifestation으로 성령세례침례를 통해 우리는 성령의 은혜 가운데 사로잡히게 되며, 그분이 주시는 능력을 부여받게 된다. 그리하여 "예루살렘과 온 유대와 사마리아와 땅 끝까지 이르러 내 증인이 되리라"행 1:8고 하신 예수 그리스도의 명령을 효과적으로 수행할 수 있게 된다. 또 성령으로 충만하여 마귀의 모든 시험을 이기신 예수 그리스도와 같이 '육신의 정욕과 안목의 정욕과 이생의 자랑'요일 2:16을 물리치고 하나님 아버지의 말씀과 뜻에 절대순종하는 삶을 살게 되는 것이다.

> "내가 이르노니 너희는 성령을 따라 행하라 그리하면 육체의 욕심을 이루지 아니하리라 육체의 소욕은 성령을 거스르고 성령은 육체를 거스르나니 이 둘이 서로 대적함으로 너희가 원하는 것을 하지 못하게 하려 함이니라"_갈라디아서 5:16-17

---

87 이영훈, 『십자가 순복음 신앙의 뿌리』, 102-103.

3. 성령충만의 결과

"술 취하지 말라 이는 방탕한 것이니 오직 성령으로 충만함을 받으라"
_에베소서 5:18

"성령으로 충만함을 받으라"는 말씀에서 '충만을 받으라'는 현재 진행형-ing이다. 즉 충만을 받고 또 받고, 계속해서 받으라는 의미이다. 한 번 성령의 임재와 충만을 경험하는 것만으로는 충분하지 않다. 지속적으로 성령의 충만이 경험되어야 한다. 성령 받았다고 하면서도 죄짓고 넘어지고 잘못된 길로 가는 것은 성령충만함을 잃어버렸기 때문이다.[88] 또 '받으라'는 말은 명령형이다. 그러므로 항상 성령으로 충만해야 하는 것은 성도의 의무이다.

그렇다면 성령충만한 것을 어떻게 알 수 있는가? 그것은 성령의 은사외적인 역사와 성령의 열매내적인 역사를 통해 나타난다.

1) 성령의 은사들

"은사는 여러 가지나 성령은 같고 직분은 여러 가지나 주는 같으며 또
사역은 여러 가지나 모든 것을 모든 사람 가운데서 이루시는 하나님은
같으니 각 사람에게 성령을 나타내심은 유익하게 하려 하심이라 어떤

---

[88] 이영훈, 『오직 성령으로』, 128–129.

사람에게는 성령으로 말미암아 지혜의 말씀을, 어떤 사람에게는 같은 성령을 따라 지식의 말씀을, 다른 사람에게는 같은 성령으로 믿음을, 어떤 사람에게는 한 성령으로 병 고치는 은사를, 어떤 사람에게는 능력 행함을, 어떤 사람에게는 예언함을, 어떤 사람에게는 영들 분별함을, 다른 사람에게는 각종 방언 말함을, 어떤 사람에게는 방언들 통역함을 주시나니 이 모든 일은 같은 한 성령이 행하사 그의 뜻대로 각 사람에게 나누어 주시는 것이니라"_고린도전서 12:4-11

은사의 헬라어 '카리스마χαρίσμα'는 하나님의 영광을 위해, 교회를 섬기기 위해, 교회와 이웃에게 유익을 끼치기 위해 주시는 성령의 선물이다. 성령께서는 자신의 의지에 따라 성도에게 각각의 은사를 나누어 주신다. 그러므로 성령의 은사를 받은 성도는 그것을 자신의 소유물로 여기거나 임의로 사용해서는 안 된다. 사마리아의 시몬은 성령의 은사를 하나님의 것으로 생각하지 않고, 사도들 개인의 능력으로 생각하여 돈으로 사려다가 책망받기도 했다행 8:18-20.

사도 바울은 성령께서 은사를 주시는 목적을 분명히 밝히고 있다.

"그가 어떤 사람은 사도로, 어떤 사람은 선지자로, 어떤 사람은 복음 전하는 자로, 어떤 사람은 목사와 교사로 삼으셨으니 이는 성도를 온전하게 하여 봉사의 일을 하게 하며 그리스도의 몸을 세우려 하심이라 우리가 다 하나님의 아들을 믿는 것과 아는 일에 하나가 되어 온전한 사람을

이루어 그리스도의 장성한 분량이 충만한 데까지 이르리니"_에베소서
4:11-13

은사의 실제 목적은 성도를 훈련시켜 사역자로 만드는 것이며, 그
리스도의 몸 된 교회가 건강하게 성장하도록 돕는 것이다. 은사의 궁
극적 목적은 그리스도의 장성한 분량이 성도 개인과 교회 가운데 충
만해지는 것이다.

2) 성령의 열매

"오직 성령의 열매는 사랑과 희락과 화평과 오래 참음과 자비와 양선과
충성과 온유와 절제니 이같은 것을 금지할 법이 없느니라"_갈라디아
서 5:22-23

하나님은 성령을 통하여 그의 양자 된 우리로 하여금 예수 그리스
도의 형상을 본받아 영광으로 영광에 이르게 하신다롬 8:29; 고후 3:18. 성
령세례침례를 통해 성령의 충만을 경험한 성도는 하나님의 능력이요
선물인 성령의 은사를 활용함과 더불어 그 성품이 그리스도를 닮아
가는 성령의 열매를 맺게 된다. 성령의 열매는 예수 그리스도의 성
품, 곧 성도 속에 내주하시는 예수 그리스도의 인격의 표현이다.[89]

---

89 국제신학연구원, 『순복음 신학 개론』, 74-75.

성령은 하나님의 영이며, 예수 그리스도의 영이시다롬 8:9. 그러므로 성령으로 충만한 사람은 예수님을 닮아감으로 하나님 아버지께 영광 돌리는 삶을 살게 된다. 예수님이 사신 것처럼, 하나님 아버지를 절대신뢰하는 삶, 아버지의 뜻을 위해 절대순종하는 삶빌 2:8, 하나님을 사랑하고 이웃을 내 몸 같이 사랑하는마 22:37-39 삶을 살게 되는 것이다. 성령충만한 성도는 날마다 거룩해지며 하나님을 위한 헌신의 삶을 살게 된다.

헌신은 ① 세속적인 것과의 분리separation, ② 하나님께 대한 헌신dedication, ③ 더러운 것으로부터의 정화purification or cleanliness, ④ 거룩하고 의로운 삶에의 헌신consecration, ⑤ 예배의 삶service 등을 의미한다.[90]

3) 성령충만한 삶

성령세례침례는 중생한 성도가 주님의 사명을 능력 있게 감당하며 승리하는 삶을 살기 위해 성령에 사로잡히는 영적 체험의 출발을 말한다. 성령의 은사는 복음을 전파하고 성도와 교회를 효과적으로 섬기도록, 성령 하나님께서 자기의 뜻을 따라 성도들에게 나누어 주시는 선물이다. 그리고 성령의 열매는 성도들이 성령의 인도를 따라 그리스도와 연합하고 그리스도를 닮아감으로 갖게 되는 거룩한 성품이다. 그리고 이렇게 성령의 은사외적와 열매내적가 계속 충만해진 상태를 성령충만이라고 부른다.[91]

---

90 이영훈, 『성령과 교회』, 207.
91 이영훈, 『십자가 순복음 신앙의 뿌리』, 105.

성령으로 충만할 때 우리 마음에 기쁨이 넘치며살전 1:6-7, 담대한 믿음히 11:1-2과 하나님의 사랑이 충만한 삶롬 5:5을 살게 된다. 또 풍성한 생명을 누리며요 6:63, 감사와 평화가 넘치는 삶엡 5:20; 빌 4:7, 병 고침의 능력막 16:17-18과 방언기도행 2:4, 기적이 충만한 삶마 28:18을 살게 된다. 또 성령으로 충만하면 하나님의 말씀 가운데 하나님의 비전과 꿈에 사로잡히게 된다욜 2:28. 그리고 성령의 열매가 충만하며갈 5:22-23, 복음을 전파하는행 1:8 그리스도의 제자가 되는 것이다.[92] 사도 바울은 예루살렘으로 떠나기 전, 성령에 사로잡혀 에베소 장로들을 모아 놓고 다음과 같이 말한다.

> "보라 이제 나는 성령에 매여 예루살렘으로 가는데 거기서 무슨 일을 당할는지 알지 못하노라 오직 성령이 각 성에서 내게 증언하여 결박과 환난이 나를 기다린다 하시나 내가 달려갈 길과 주 예수께 받은 사명 곧 하나님의 은혜의 복음을 증언하는 일을 마치려 함에는 나의 생명조차 조금도 귀한 것으로 여기지 아니하노라"_사도행전 20:22-24

예수 그리스도는 성령과 늘 함께하시며 성령으로 충만한 삶을 사셨다. 그분은 성령의 인도를 받아 아버지의 뜻을 이루셨으며, 성령의 능력으로써 모든 시험을 이기셨다. 성령 하나님은 우리를 예수 그리스도와 연합하게 하시고 그분을 닮아가게 하시며, 예수님을 증거하게 하신

---

92 위의 책, 106.

다. 그래서 성령충만한 삶은 예수 그리스도로 충만한 삶이다.

"내가 그리스도와 함께 십자가에 못 박혔나니 그런즉 이제는 내가 사는 것이 아니요 오직 내 안에 그리스도께서 사시는 것이라 이제 내가 육체 가운데 사는 것은 나를 사랑하사 나를 위하여 자기 자신을 버리신 하나님의 아들을 믿는 믿음 안에서 사는 것이라"_갈라디아서 2:20

성령의 권능을 부여받고, 성령의 인격적 현현을 경험한 성도는 자기의 유익을 구하지 않고, 그리스도의 유익을 구하게 된다. 그리하여 어떤 상황에서도 하나님을 향한 절대긍정의 믿음을 잃지 않으며, 성령님이 주시는 절대긍정의 비전과 꿈을 가지고 사명을 감당하는 삶을 살게 된다.

Chapter

15

절대긍정과
신유의 복음

절대긍정의 십자가 복음에는 신유의 복음이 포함되어 있다. 예수 그리스도는 영혼을 돌보시는 위대한 복음전파자preacher요, 제자들을 가르치신 위대한 교사teacher일 뿐 아니라 육신의 질병을 치료하시는 위대한 의사healer였다마 4:23. 신유는 예수 그리스도의 주요 사역이며 하나님이 인간에게 베푸시는 큰 은혜이다.[93]

"예수께서 온 갈릴리에 두루 다니사 그들의 회당에서 가르치시며 천국
복음을 전파하시며 백성 중의 모든 병과 모든 약한 것을 고치시니"
_마태복음 4:23

---

[93] 국제신학연구원, 『순복음 신학 개론』, 77.

1. 신유의 의미

"이르시되 너희가 너희 하나님 나 여호와야훼의 말을 들어 순종하고 내가 보기에 의를 행하며 내 계명에 귀를 기울이며 내 모든 규례를 지키면 내가 애굽 사람에게 내린 모든 질병 중 하나도 너희에게 내리지 아니하리니 나는 너희를 치료하는 여호와야훼임이라"_출애굽기 15:26

일반적으로 신유는 '병 고침', 신학적으로는 '신적 치유divine healing', '영적 치유spiritual healing', '믿음 치유faith healing' 등으로 불린다.

구약성경에서 치유의 대표적인 동사 '라파ר ָפ ָא'출 15:26나 신약성경의 '데라퓨오θεραπεύω'마 4:24, 15:30, '이아오마이ἰάομαι'마 13:15; 눅 4:18; 행 10:38는 육신의 질병을 고치고 상한 마음을 치유하는 사건을 기록할 때 사용되었다.

다만 구약성경에서 하나님의 징계가 질병의 주요 원인으로 지적되는 반면, 신약성경에서는 주로 사탄의 속박 때문에 질병이 찾아온다고 본 것에 차이가 있다. 그러나 신·구약성경 모두에서 '신유'는 육체적인 질병은 물론 영적, 정신적인 질병의 치료를 다 포함한다마 4:23-24.[94]

---

94 이영훈, 『십자가 순복음 신앙의 뿌리』, 110-111.

2. 신유의 필요성

"그러므로 한 사람으로 말미암아 죄가 세상에 들어오고 죄로 말미암아
사망이 들어왔나니 이와 같이 모든 사람이 죄를 지었으므로 사망이 모
든 사람에게 이르렀느니라"_로마서 5:12

성경은 마귀와 범죄와 저주를 질병의 주요 원인으로 지적한다. 마
귀는 인간을 유혹하여 죄를 범하게 하였고, 그에 대한 하나님의 심판
의 결과로 질병의 고통을 받게 되었다신 28:58-62. 처음 하나님께서 인
간을 창조하실 때, 인간은 영원한 생명과 건강으로 충만한 절대희망
의 존재였다. 그런데 인간이 도둑질하고 죽이고 멸망시키는 마귀요
10:10의 유혹에 빠져 하나님의 명령을 어기고 말았다. 죄짓고 타락한
인간에게 하나님은 흙으로 돌아가라고 명하셨고, 그 결과 인간은 질
병과 죽음이라는 절대절망에 빠진 존재가 되었다.

"네가 흙으로 돌아갈 때까지 얼굴에 땀을 흘려야 먹을 것을 먹으리니
네가 그것에서 취함을 입었음이라 너는 흙이니 흙으로 돌아갈 것이니
라 하시니라"_창세기 3:19

하나님께 거역하고 죄의 권세 아래 놓이게 된 인간은 계속하여 죄
를 범함으로 그 저주의 열매인 질병의 고통을 당하게 되었다슥 5:3; 신
28:58-62. 그 외에도 과로나 과식 또는 무절제한 생활 등으로 육신을

잘 돌보지 않을 때, 하나님의 징계히 12:6-11, 성찬의 무분별한 참여고전 11:27-30, 하나님이 세운 지도자에 대한 항거민 12장 등도 질병의 원인이 되는 것으로 나타난다.[95]

3. 죽음과 질병을 이기신 예수 그리스도

"그가 찔림은 우리의 허물 때문이요 그가 상함은 우리의 죄악 때문이라 그가 징계를 받으므로 우리는 평화를 누리고 그가 채찍에 맞으므로 우리는 나음을 받았도다"_이사야 53:5

질병은 인간의 타락에 대한 하나님의 심판의 결과이다. 그러므로 질병 그 자체는 형벌이며 축복이 아니다. 성경은 예수 그리스도께서 공생애 사역의 상당 부분을 육체적, 정신적, 영적으로 병든 자를 고치는 일에 할애하셨음을 증언한다.

성경은 예수님이 채찍에 맞고 십자가에 달린 것은 우리가 받을 모든 저주와 징계를 도말하기 위함이라고 말한다. 주님의 고난은 질병으로 고통당하는 우리의 육체를 소생시키려는 구원의 역사이다벧전 2:24. 예수님의 십자가는 우리의 영혼뿐 아니라 육체도 함께 구속하셨다.

그뿐 아니라 예수 그리스도는 죽음을 이기고 다시 살아나심으로

---

95 국제신학연구원, 『순복음 신학 개론』, 77-79.

부활의 첫 열매가 되셨다고전 15:20. 그를 믿는 자들은 지금 여기서 영원한 생명을 누리며, 또 장차 영광스러운 육체로 부활하여 영원히 하나님과 동행하는 복을 누리게 될 것이다. '신유'가 '질병의 치료'라면, '부활'은 '죽음의 치료'다. 예수의 부활을 믿는다는 것은, 그 부활의 능력에 사로잡혀 그리스도의 나라로 들어가는 것이다.[96]

"이제 그리스도께서 죽은 자 가운데서 다시 살아나사 잠자는 자들의 첫
  열매가 되셨도다"_고린도전서 15:20

하나님은 처음에 인간을 창조하시고, 영원한 생명과 건강이라는 절대희망을 허락하셨다. 하지만 죄를 범함으로 인류는 죽음과 질병이라는 절대절망에 빠진 존재가 되고 말았다. 이에 하나님은 독생자 예수 그리스도를 보내어 우리의 질병과 저주를 모두 짊어지게 하셨고, 주님을 통하여 이제 우리는 영생과 건강이라는 절대희망을 회복할 수 있게 되었다.

그러므로 건강과 생명을 풍성하게 주기 원하시는 좋으신 성부 하나님, 십자가에서 죽음과 질병의 권세를 도말하신 좋으신 성자 예수님, 부활의 영으로 우리에게 영원한 건강과 생명을 주시는 좋으신 성령 하나님을 향한 절대긍정의 믿음을 가져야 한다.

---

96 J. Moltmann, "The Blessing of Hope: The Theology of Hope and the Full Gospel of Life", 『영산신학저널』 Vol. 4 (2005): 14.

여전히 현실 가운데 우리를 위협하는 질병과 어둠의 권세와 싸우며 이미 주님의 십자가로 이루어 놓으신 치유의 복음, 질병의 회복을 믿음으로 선포하고 누려야 한다.

Chapter

16

절대긍정과
축복의 복음

"도둑이 오는 것은 도둑질하고 죽이고 멸망시키려는 것뿐이요 내가 온 것은
양으로 생명을 얻게 하고 더 풍성히 얻게 하려는 것이라"_요한복음 10:10

모든 인간은 행복한 삶을 원한다. 그런데 어떤 성도는 '가난과 고통
이 신령한 삶의 일부'라는 잘못된 생각을 하며, 또 어떤 목회자와 신
학자들은 하나님께 복을 구하는 것을 샤머니즘적인 것으로 매도하기
도 한다. 그러나 성경은 하늘과 땅과 그 안에 있는 모든 것을 만드신
하나님께서 당신의 자녀들이 그분의 은혜 안에서 풍성한 복을 누리
며 살아가기를 원하고 계심을 분명히 말씀하고 있다.[97]

---

[97] 국제신학연구원,『순복음 신학 개론』, 80.

1. 성경이 말하는 축복

"네가 네 하나님 여호와야훼의 말씀을 청종하면 이 모든 복이 네게 임하며 네게 이르리니 성읍에서도 복을 받고 들에서도 복을 받을 것이며 네 몸의 자녀와 네 토지의 소산과 네 짐승의 새끼와 소와 양의 새끼가 복을 받을 것이며 네 광주리와 떡 반죽 그릇이 복을 받을 것이며 네가 들어와도 복을 받고 나가도 복을 받을 것이니라"_신명기 28:2-6

구약성경에서 복은 '자손의 번창'창 1:22, 28, '물질적 풍요'창 13:2, 24:35, '대적을 제압하는 능력'창 24:60, 27:29; 민 24:17-19, '삶을 성공시키는 지혜'출 35:35; 왕상 4:29; 단 9:22 등의 다양한 의미로 나타난다. 여호와야훼 하나님께서 그의 백성들에게 주시는 영적인 복뿐만 아니라 육신적·현세적인 복까지 포함한다.

신약성경에서 사용된 복의 개념도 크게 다르지 않다. 다만 구약에서 이스라엘의 하나님이신 여호와야훼의 복이 신약에 와서는 온 세상의 구주이신 예수 그리스도 안의 복으로 바뀌었다는 점, 그리고 현세적인 복보다 신령하고 영적인 복이 더 강조되고 있다는 점에서 차이점이 있다.[98]

---

98 위의 책, 80-81

2. 물질세계에 대한 바른 이해

1) 물질세계를 먼저 지으신 하나님

창세기의 창조 기사는 인간에게 복 주기 원하시는 하나님의 의지와 사역을 잘 보여 준다. 인간을 창조하시기에 앞서, 하나님은 인간의 삶에 필요한 것들을 먼저 지으셨다.

> "하나님이 자기 형상 곧 하나님의 형상대로 사람을 창조하시되 남자와 여자를 창조하시고 하나님이 그들에게 복을 주시며 … 하나님이 이르시되 내가 온 지면의 씨 맺는 모든 채소와 씨 가진 열매 맺는 모든 나무를 너희에게 주노니 너희의 먹을 거리가 되리라"_창세기 1:27, 29

하나님은 인간의 거처와 그의 먹을거리, 그가 경작해야 할 땅을 미리 마련하신 후, 자기의 형상으로 인간을 지으셨다. 그리고 인간에게 복을 주어 "생육하고 번성하여 땅에 충만하라, 땅을 정복하라, 바다의 물고기와 하늘의 새와 땅에 움직이는 모든 생물을 다스리라"창 1:28고 말씀하셨다.

> "여호와야훼 하나님이 동방의 에덴에 동산을 창설하시고 그 지으신 사람을 거기 두시니라"_창세기 2:8

하나님께서 인간을 위해 조성하신 에덴동산은 사방에 강이 흐르며, 각종 귀한 보석이 풍부한 곳이었다창 2:8-14. 더욱이 인간이 창조된 후 맞이한 첫 번째 아침은 여호와야웨 하나님의 안식일이었다창 2:2. 이는 인간이 하나님이 주신 땅에서, 하나님께서 창조하신 모든 것을 누리며 평안 가운데 살아가기를 원하시는 하나님의 마음을 잘 보여 준다.[99]

2) 물질세계의 파괴

인간은 하나님이 마련하신 동산에서 그분과 교제하며, 그가 주신 모든 것을 누리며 살았다. 그곳에는 조금의 부족함도 없었다. 하나님은 선악을 알게 하는 나무의 열매를 제외한 모든 것을 그들에게 허락하셨다. 하나님은 인간에게 부요와 축복이라는 절대희망의 풍요로운 삶을 허락하셨다. 하지만 인간은 하나님이 주신 단 하나의 금령을 어기고 말았다.

"여자가 그 나무를 본즉 먹음직도 하고 보암직도 하고 지혜롭게 할 만큼 탐스럽기도 한 나무인지라 여자가 그 열매를 따먹고 자기와 함께 있는 남편에게도 주매 그도 먹은지라"_창세기 3:6

인간의 불순종과 타락은 그들의 삶뿐만 아니라, 피조 세계 전체의 조화와 질서를 파괴하는 결과를 낳았다. 인간은 에덴동산에서 쫓겨

---

99 이영훈, 『십자가 순복음 신앙의 뿌리』, 127.

났고, 여자에게는 잉태와 해산의 고통이, 남자에게는 땀 흘려 수고해야 하는 고통이 주어졌다. 그리고 모든 인간은 종국에 흙으로 돌아가는 죽음의 저주를 받게 되었다창 3:16-19.[100] 피와 땀을 흘리는 수고와 가난이라는 절대절망에 빠지게 된 것이다.

> "땅이 네게 가시덤불과 엉겅퀴를 낼 것이라 네가 먹을 것은 밭의 채소
> 인즉 네가 흙으로 돌아갈 때까지 얼굴에 땀을 흘려야 먹을 것을 먹으리
> 니 네가 그것에서 취함을 입었음이라 너는 흙이니 흙으로 돌아갈 것이
> 니라 하시니라"_창세기 3:18-19

3. 가난을 이기신 예수 그리스도

> "우리 주 예수 그리스도의 은혜를 너희가 알거니와 부요하신 이로서 너
> 희를 위하여 가난하게 되심은 그의 가난함으로 말미암아 너희를 부요
> 하게 하려 하심이라"_고린도후서 8:9

이 말씀은 예수 그리스도의 가난이 우리를 부요하게 하기 위한 것임을 분명히 전한다. 하늘과 땅을 지으신 하나님의 아들, 만물을 그 발아래 두신고전 15:27 예수님은 우리의 가난을 모두 짊어지셨다.

---

100 국제신학연구원, 『순복음 신학 개론』, 81-82.

"그리스도께서 우리를 위하여 저주를 받은 바 되사 율법의 저주에서 우리를 속량하셨으니 기록된 바 나무에 달린 자마다 저주 아래에 있는 자라 하였음이라" _ 갈라디아서 3:13

예수님은 아담의 범죄로 인해 인간에게 찾아온 모든 저주를 당신의 몸에 짊어지셨다. 그리하여 예수 그리스도를 구주로 고백할 때 아브라함의 복이 이방인에게 미치게 하고 믿음으로 말미암아 성령의 약속을 받게 하셨다.

"이는 그리스도 예수 안에서 아브라함의 복이 이방인에게 미치게 하고 또 우리로 하여금 믿음으로 말미암아 성령의 약속을 받게 하려 함이라" _ 갈라디아서 3:14

십자가 대속의 은혜는 우리 영혼과 육체에 내려진 죽음과 질병뿐 아니라, 타락의 결과 인간에게 주어진 가난의 저주까지 모두 도말하셨다. 그러므로 절대긍정의 축복의 복음은 그리스도의 십자가를 통해 주어진 복음의 내용에 포함된다. 이것이 기독교의 축복 신앙과 샤머니즘의 기복 신앙을 구별하는 중요한 기준이 된다. 막연히 현세적이고 개인적인 축복만을 구하는 기복 신앙과 달리, 기독교의 축복 신앙은 우리가 복을 구해야 하는 이유와 그 근거를 분명히 알려 준다. 축복 신앙은 하나님의 자녀들이 하나님의 뜻 안에서 복을 누리며 살기 원하시는 좋으신 하나님에 대한 분명한 믿음에서 출발하는 것이다. 하나님께서는 대제사장 아론을 통해 이스라엘 백성을 다음과 같이 축복하기를 원하셨다.

> "여호와야훼께서 모세에게 말씀하여 이르시되 아론과 그의 아들들에게 말하여 이르기를 너희는 이스라엘 자손을 위하여 이렇게 축복하여 이르되 여호와야훼는 네게 복을 주시고 너를 지키시기를 원하며 여호와야훼는 그의 얼굴을 네게 비추사 은혜 베푸시기를 원하며 여호와야훼는 그 얼굴을 네게로 향하여 드사 평강 주시기를 원하노라 할지니라 하라 그들은 이같이 내 이름으로 이스라엘 자손에게 축복할지니 내가 그들에게 복을 주리라"_민수기 6:22-27

하나님은 복의 근원이시다. 새찬송가 1장도 '만복의 근원 하나님'이라고 찬양을 시작하는데 영어 가사는 'All the blessings flow from God'으로 '모든 복은 하나님으로부터 흘러나온다'라는 의미를 담고 있다. 하나님은 우리 삶의 모든 필요를 아시고 공급하시는 분이다. 따라서 하나님께 복을 구하고 그가 주시는 복을 받아 누리는 것은 지극히 성경적이다.[101]

예수님께서도 "너희에게 있어야 할 것을 하나님 너희 아버지께서 아시느니라"마 6:8고 말씀하시면서, '일용할 양식'을 위해 기도할 것을 명하셨다마 6:11. 하나님은 우리의 영혼만 아니라, 우리의 육체 그리고 우리가 속한 세상의 모든 것을 지으시고 다스리시는 분이다. 그의 자

---

101   위의 책, 82-83.

녀를 향한 하나님의 돌보심은 우리 삶의 모든 곳에 미친다. 다윗은 전능하신 하나님의 손이 자신의 삶을 인도하고 계심을 확신하였다.

> "여호와여 주께서 나를 살펴보셨으므로 나를 아시나이다 주께서 내가 앉고 일어섬을 아시고 멀리서도 나의 생각을 밝히 아시오며 나의 모든 길과 내가 눕는 것을 살펴보셨으므로 나의 모든 행위를 익히 아시오니 여호와여 내 혀의 말을 알지 못하시는 것이 하나도 없으시니이다 주께서 나의 앞뒤를 둘러싸시고 내게 안수하셨나이다 이 지식이 내게 너무 기이하니 높아서 내가 능히 미치지 못하나이다 내가 주의 영을 떠나 어디로 가며 주의 앞에서 어디로 피하리이까 내가 하늘에 올라갈지라도 거기 계시며 스올에 내 자리를 펼지라도 거기 계시니이다 내가 새벽 날개를 치며 바다 끝에 가서 거주할지라도 거기서도 주의 손이 나를 인도하시며 주의 오른손이 나를 붙드시리이다"_시편 139:1-10

축복의 복음은 아담의 범죄로 우리 삶에 찾아왔던 가난과 저주라는 절대절망이 정복되었고, 부요와 축복이라는 절대희망이 주어진 것을 증거한다. 따라서 축복의 복음은 가난과 저주의 권세 아래 놓인 이 세상을 살아가는 성도들에게 절대긍정의 믿음의 이유가 된다. 하나님의 자녀들은 우리 삶에 필요한 모든 것을 미리 준비하시고, 공급하시며, 우리로 풍성한 삶을 살기 원하시는 좋으신 하나님께 절대긍정의 믿음으로 기도하며 간구하기를 힘써야 한다.

Chapter
17

절대긍정과
재림의 복음

"이르되 갈릴리 사람들아 어찌하여 서서 하늘을 쳐다보느냐 너희 가운데서 하늘로 올려지신 이 예수는 하늘로 가심을 본 그대로 오시리라 하였느니라"_사도행전 1:11

예수 그리스도의 재림은 막연한 종교적 환상이나 성도를 위로하기 위한 문학적 수사가 아니다. 재림은 하나님께서 지으신 세상과 그의 백성을 향한 하나님의 자비로운 계획이다. 성경은 예수 그리스도의 재림을 분명히 이야기한다. 구약성경은 장차 메시아가 오시리라는 예언을 일관되게 기록하고 있고, 때가 이르러 그 약속대로 예수 그리스도가 이 땅에 오셨다갈 4:4. 그리고 신약성경은 부활하여 승천하신 예수님께서 다시 오실 것을 거듭 강조하고 있다.[102]

1. 재림의 목적

"가서 너희를 위하여 거처를 예비하면 내가 다시 와서 너희를 내게로
영접하여 나 있는 곳에 너희도 있게 하리라"_요한복음 14:3

하나님은 인간에게 약속을 주시고, 그것을 반드시 성취하는 분이
시다. 예수님의 재림은 신실하신 하나님의 약속에 기초한다마 24:30.
예수 그리스도께서 다시 오시는 것은 죽은 자를 일으키고 성도를 영
화롭게 변화시키시기 위함이다고전 15:50-53; 빌 3:20-21; 살전 4:16-17.

"우리의 시민권은 하늘에 있는지라 거기로부터 구원하는 자 곧 주 예수
그리스도를 기다리노니 그는 만물을 자기에게 복종하게 하실 수 있는
자의 역사로 우리의 낮은 몸을 자기 영광의 몸의 형체와 같이 변하게 하
시리라"_빌립보서 3:20-21

그때에는 사망의 권세가 모두 철폐되며고전 15:25-26, 구속받은 성도
들은 예수 그리스도께서 예비하신 곳으로 인도함을 받을 것이다마
24:30-31; 계 21:4. 그리고 예수 그리스도는 인간과 피조물의 심판자가 되
실 것이다마 16:27, 25:31-32.[103]

---

102 이영훈, 『십자가 순복음 신앙의 뿌리』, 134.
103 국제신학연구원, 『순복음 신학 개론』, 83-84.

2. 재림의 시기와 결과

"그러나 그 날과 그 때는 아무도 모르나니 하늘의 천사들도, 아들도 모르고 오직 아버지만 아시느니라"_마태복음 24:36

예수님은 재림의 시기는 절대적인 하나님의 주권에 속한 것으로서, 누구도 정확한 시기를 알 수 없다고 말씀하셨다마 24:36. 다만 각종 징조를 통해 재림이 임박한 것을 알 수 있을 뿐이다. 성경에 의하면 복음이 온 인류에게 증거된 후에마 24:14, 적그리스도가 나타난 후에살후 2:2-3, 나팔 소리와 함께 예수 그리스도께서 다시 오실 것을 말하고 있다살전 4:16; 고전 15:51-52.[104]

재림의 결과에 대하여 성경은 이렇게 말씀한다. 여호와야훼의 영광이 나타나고 모든 육체가 그것을 보게 될 것이며사 40:5, 그리스도 안에서 죽은 자들이 일어나며살전 4:3-18 살아 있는 자의 몸이 그리스도처럼 영화롭게 될 것이다빌 3:20-21; 요일 3:2. 불신자와 적그리스도와 마귀에 대하여는 심판이 있게 될 것이다마 24:30; 살후 2:8; 계 1:7, 19:20, 21:1-3. 그리고 그날에 만물은 부패의 굴레와 썩어짐의 종노릇에서 해방되고사 55:13; 롬 8:19-21, 천년왕국과 새 하늘과 새 땅이 도래하게 될 것이다사 32:15, 35:1, 65:25.[105]

---

104 위의 책, 84.
105 이영훈, 『십자가 순복음 신앙의 뿌리』, 147-149.

3. 재림의 복음과 성도의 소망

"주께서 호령과 천사장의 소리와 하나님의 나팔 소리로 친히 하늘로부터 강림하시리니 그리스도 안에서 죽은 자들이 먼저 일어나고 그 후에 우리 살아남은 자들도 그들과 함께 구름 속으로 끌어 올려 공중에서 주를 영접하게 하시리니 그리하여 우리가 항상 주와 함께 있으리라"
_데살로니가전서 4:16-17

그리스도인이라면 누구든지 다시 오실 그리스도에 대한 소망을 품고 늘 깨어 있어야 한다마 24:42, 25:2-13; 엡 6:13-17. 그리고 온 땅과 만민에게 복음을 전파해야 한다마 28:18-20; 막 16:15-18; 행 1:8; 딤후 4:2. 성도의 궁극적 소망은 이 세상의 나라가 아니라 영원한 천국에 있다.[106] 죽음은 누구에게나 예고 없이 다가온다. 그런데 중요한 것은 죽음이 곧 끝이 아니라는 사실이다. 영원한 세계가 우리를 기다리고 있다. 영원한 나라에서 주님은 우리의 모든 눈물을 닦으실 것이며, 사망이나 눈물이나 아픈 것이 모두 사라질 것이다계 21:3-4. 그날에 우리는 완전히 새롭게 된 새 하늘과 새 땅에서 그리스도와 더불어 왕 노릇할 것이다.

팀 켈러 목사는 예수 그리스도의 재림이 주는 소망에 대해 이렇게 말한다.

---

106 국제신학연구원, 『순복음 신학 개론』, 84.

성경이 가르치는 최후의 심판은 음울한 통념과는 달리 우리로 하여금 소망과 은혜 가운데 살게 해 준다. 우리는 이 진리를 받아들일 때에 정의를 위해 살아갈 소망과 동기를 얻는다. 눈앞의 상황은 말할 수 없이 초라할지라도 언젠가는 하나님의 정의가 온전하고 완벽하게 구현되리라는 사실에 힘을 얻는다.[107]

주님의 재림은 성도의 가장 큰 소망이며 절대긍정의 믿음의 이유가 된다. 그러므로 초대교회 성도들처럼 "아멘! 주 예수여, 오시옵소서!"라는 종말론적 기대감을 가져야 한다. 사도 베드로가 권면한 것처럼, 정신을 차리고 근신하여 기도하고벧전 4:7, 뜨겁게 서로 사랑하며벧전 4:8, 점도 없고 흠도 없이 자신을 거룩하게 해야 한다벧후 3:14. 그리고 언제나 성령님을 의지하며 예수 그리스도께서 주신 절대긍정과 절대희망의 복된 소식을 전파하기에 힘써야 한다행 1:8.

---

107 팀 켈러, 『팀 켈러, 고통에 답하다』, 184.

오중복음의 의미

순복음 신앙의 핵심은 십자가에서 완성된 예수 그리스도의 십자가 사역이다. 이는 사도행전에 나타난 성령의 역사를 오늘날에 재현하고자 하는 오순절 성령 운동에 그 기원을 둔다. 오순절 성령 운동은 발전하는 과정에서 배경이 된 두 가지 흐름이 있었다. 먼저 즉각적이고 완전한 성화를 강조하는 웨슬리적인 입장중생, 완전한 성화, 봉사의 능력을 위한 성령세례(침례)이 있었고 또 개혁주의적 입장중생, 봉사의 능력을 위한 성령세례(침례)이 있었다.

전자를 지지한 찰스 퍼햄Charles F. Parham이나 윌리엄 시무어William J. Seymour와 달리, 윌리엄 더함W. H. Durham은 '갈보리의 완성된 사역the finished work of Calvary'을 근거로[108] 후자의 입장을 취하였고, 이는 결국 순복음Full Gospel을 중생, 성령세례침례, 신유, 재림의 네 가지 주제로 복음을 요약하는 '사중복음Foursquare Gospel'으로 이해하게 했다.[109] 복음과 구원에 대한 더함의 주장은 1914년에 창립된 '하나님의 성회The Assembly of God'의 교리가 되었고, 이 교단은 미국 오순절 운동에서 가장 큰 세력을 지닌 교단으로 자리 잡게 되었다.[110]

---

108 이신열, "고전적 오순절 운동에서의 기독론과 성령론과의 관계", 『학교법인 백석대학교 설립 제30주년 기념 논문집』(천안: 백석출판사, 2006), 298.
109 이영훈, 『십자가 순복음 신앙의 뿌리』, 158–159.
110 이신열, "고전적 오순절 운동에서의 기독론과 성령론과의 관계", 『학교법인 백석대학교 설립 제30주년 기념 논문집』, 301.

'성결-오순절 운동'의 연구에 일생을 헌신한 도널드 데이턴Donald W. Dayton 박사는 네 가지 패턴을 중심으로 오순절 운동의 신학적 기원을 설명한다. 네 가지 패턴이란 '구원, 성령세례침례, 치유, 재림'의 4대 교리를 가리키는데 이는 '사중복음'이라는 용어를 최초로 사용한 에이미 샘플 맥퍼슨Aimee Semple McPherson의 글에 잘 드러난다.

요한복음 3장 16절에 의하면 예수는 우리를 구원하신다. 사도행전 2장 4절에 의하면 그는 우리에게 성령으로 세례침례를 베푸신다. 야고보서 5장 14절에서 15절에 의하면 그는 우리 몸을 치유하신다. 그리고 데살로니가전서 4장 16에서 17절에 의하면 예수는 우리를 영접하시기 위하여 다시 오실 것이다.[111]

도널드 데이튼은 오순절 신학의 가장 적합한 정의를 '사중복음'에서 찾을 수 있다고 말한다.[112] 그리고 20세기 세계 최대의 교회로 성장한 여의도순복음교회는 오순절 신학의 전통을 따라 사중복음구원, 성령세례(침례), 치유, 재림에 '축복'을 포함하여 '오중복음'의 구조로 복음과 구원을 설명했다. 우리는 이것을 신학의 통합화, 상황화적 측면에서 이해할 수 있다.

---

111 도널드 W. 데이튼, 『오순절운동의 신학적 뿌리』, 조종남 역 (서울: 대한기독교서회, 2013), 23.
112 도널드 W. 데이튼, "사중복음의 전망과 과제", 『성결교회와 신학』 제30호 (부천: 현대기독교역사연구소, 2013), 123.

먼저, 오중복음 신학은 초창기 오순절주의자들의 입장을 통합적으로 계승, 발전하는 신학이다. 오중복음 신학은 앞서 서술한 두 입장을 통합적으로 이해한다. 오중복음은 성화를 중생과 분명히 구별되는 체험으로 주장한다는 점에서 퍼햄과 시무어의 견해를 따른다고 볼 수 있다. 하지만 성령세례침례를 성화를 위한 조건으로 보기보다는 성화와 능력을 위한 성령세례침례를 추구하는 한편, 성화는 순간적일 뿐만 아니라 점진적인 것으로서 우리의 삶 끝까지 추구해야 할 과제로 이해한다는 면에서 더함의 견해도 통합하고 있다고 할 수 있다.[113]

오중복음 신학은 또한 한국적 상황에 맞는 복음의 토착화이다. 교회가 복음의 사명을 감당하기 위해서는 그 지역의 문화에 잘 적응해야 한다. 오순절교회, 특히 여의도순복음교회의 성장은 복음의 토착화의 좋은 예이다. 여의도순복음교회는 하나님의 선하심과 하나님의 전능하심에 대한 절대긍정의 믿음을 바탕으로 절망과 가난에 빠진 사람들에게 희망을 주었다. '축복의 복음'을 추가함으로써 가난과 질병과 절망에 빠져 있는 자들에게 절대긍정의 소망을 주었다.

복음이란 절대절망의 사람들에게 절대희망을 제시하는 것이다. 배고픈 자에게 돌이 아닌 빵을 주는 복음, 그것이 바로 순복음이라고 할 수 있다.[114]

---

113 이영훈, 『십자가 순복음 신앙의 뿌리』, 172.
114 위의 책, 187.

예수님이 십자가에서 죄와 구원에 대한 대가를 전부 치르시고 다 이루셨기 때문에 오중복음은 절대절망에 처한 자들에게 절대긍정의 복음, 절대소망의 복음이라고 볼 수 있다.

　　인간은 범죄로 인해 하나님께서 예비하신 영생과 평안, 건강과 축복이라는 절대희망을 상실하게 되었고 죽음과 저주, 절망과 가난이라는 절대절망에 빠진 존재가 되고 말았다. 그러나 하나님은 그 아들 예수님을 보내심으로 절대절망 가운데 오중복음이라는 절대긍정의 희망을 주셨다. 그러므로 성도들은 우리를 사랑하시는 좋으신 성부 하나님, 십자가에서 모든 것을 이루신 좋으신 성자 하나님, 지금 여기에서 우리와 함께하시며 우리를 도우시는 좋으신 성령 하나님을 의지해야 한다. 그리고 그리스도의 십자가를 통해 주어진 중생, 성령 충만, 신유, 축복의 은혜를 사모하며 누릴 뿐 아니라, 재림하실 예수 그리스도를 소망하는 절대긍정의 믿음으로 살아가야 할 것이다.

"

내가 아버지께 구하겠으니
그가 또 다른 보혜사를 너희에게 주사
영원토록 너희와 함께 있게 하리니

요한복음 14장 16절

"

Part

6

절대긍정과
성령론

Intro

성령 하나님은 절대긍정의 영이시다. 성령님은 좋으신 하나님의 주권과
말씀에 대해 전적으로 긍정하게 만드신다. 성령님은 예수 그리스도의
십자가와 그 복음의 은혜를 전적으로 긍정하게 하신다. 그래서 하나님
의 뜻에 따라 영혼이 잘되고 범사가 잘되고 강건하기를 원하시고 우리
의 삶에 풍성한 은혜를 누리게 하신다.[115]

성령님은 성도들 안에 내주하셔서 자기 자신의 긍정적인 가치와 인생의
사명을 알게 하신다. 또 권능을 주셔서 하나님의 비전을 향해 전진하게
하신다. 성령님은 무엇보다도 좋으신 하나님의 사랑을 깨닫게 하고 신
뢰하게 하신다롬 5:5, 8:31-39. 하나님은 긍정과 희망의 절대적인 원천이시
다. 하나님의 영이신 성령으로 충만하게 되면 어떤 상황에서도 절대긍
정의 믿음을 가질 수 있고 절대긍정의 삶을 살 수 있다.

이번 파트에서는 성령의 본질과 절대긍정의 사역이 무엇인지 살펴보려
고 한다.

---

115 조용기, 『QT와 함께 하는 설교: 제3의 눈, 영의 눈』 (서울: 서울말씀사, 2007), 16.

Chapter

18

성령 하나님의
본질

1. 성경에 나타난 성령님의 본질

1) 구약성경에 나타난 성령

구약성경은 성령 하나님에 대한 다양한 사역을 기록하고 있다. 무엇보다 성령님은 하나님의 영이시다. 구약성경에서 성령님은 먼저 하나님의 창조의 영으로 나타난다. 성부와 성자, 성령은 창조의 과정에 함께하셨다.

> "땅이 혼돈하고 공허하며 흑암이 깊음 위에 있고 하나님의 영은 수면 위에 운행하시니라"_창세기 1:2

여기서 '하나님의 영'이 성령님이다. 하나님은 창조의 주체시며 행동하시고 말씀하시는 분이다.[116] 특히 하나님을 지칭하는 히브리어 '엘로힘אֱלֹהִים'은 복수형으로 천지창조 과정 가운데 성부, 성자, 성령 하나님이 함께하셨음을 의미한다. 이렇듯 '하나님의 영'이신 성령님은 우주와 인간을 지으신 창조의 영이시다. 이는 이 책의 파트 1에서 다룬 것처럼 성령님이 만물과 인간에 대한 긍정의 영으로 역사하셨음을 보여 준다.

둘째, 성령님은 하나님의 지혜와 지식의 영이시다. 출애굽기는 성막 제작을 위한 기술자들을 선택하는 모습을 기록하고 있다. 유다 지파의 브살렐이 지명을 받았고출 31:2, 하나님은 그에게 '하나님의 영'을 부어 주시겠다고 약속하셨다출 31:3. 성막에 필요한 다양한 기구를 만들기 위해 성령님이 주시는 지혜와 지식이 필요했기 때문이다.

"모세가 이스라엘 자손에게 이르되 볼지어다 여호와야훼께서 유다 지파 훌의 손자요 우리의 아들인 브살렐을 지명하여 부르시고 하나님의 영을 그에게 충만하게 하여 지혜와 총명과 지식으로 여러 가지 일을 하게 하시되 금과 은과 놋으로 제작하는 기술을 고안하게 하시며 보석을 깎아 물리며 나무를 새기는 여러 가지 정교한 일을 하게 하셨고"_출애굽기 35:30-33

---

116   손석태, "창 1~3장: 창조와 타락 그리고 구원의 시작", 목회와신학 편집팀 편, 『창세기 어떻게 설교할 것인가』, (서울: 두란노아카데미, 2008), 193.

또 성령 하나님은 이후 다윗에게 임하셔서 예루살렘 성전의 설계도를 만들게 하셨다대상 28:11-12. 성령님은 하나님을 전적으로 긍정하며 예배하는 영으로 역사하신다. 참된 지혜는 하나님을 경외하고 예배하는 것이기 때문이다. 이사야는 세상의 구원자로 오실 메시아가 '지혜와 총명의 영이요 모략과 재능의 영이요 지식과 여호와야훼를 경외하는 영'사 11:2으로 충만할 것을 예언했다. 구약성경에서 성령 하나님은 지혜와 지식을 부어 주시는 하나님의 영이셨다.

셋째, 성령님은 리더십의 영이시다. 광야의 이스라엘 백성은 계속해서 애굽 생활을 그리워하며 하나님과 모세를 원망했다. 백성을 인도하느라 지친 모세를 위해, 하나님은 장로들을 세울 것을 명하셨고, 70인의 장로가 세워졌을 때 성령께서 그들에게 충만히 임하셨다.

"모세가 나가서 여호와야훼의 말씀을 백성에게 알리고 백성의 장로 칠십 인을 모아 장막에 둘러 세우매 여호와야훼께서 구름 가운데 강림하사 모세에게 말씀하시고 그에게 임한 영을 칠십 장로에게도 임하게 하시니 영이 임하신 때에 그들이 예언을 하다가 다시는 하지 아니하였더라"_민수기 11:24-25

성령님은 모세의 후계자였던 여호수아에게신 34:9, 사사들에게삿 3:8-10, 6:34, 11:29, 이스라엘 왕에게도 임하셨다삼상 16:13. 하나님의 주권과 말씀에 대한 절대긍정의 리더십은 성령의 영감과 지혜와 능력을 통해서 나타나게 된다.

2) 신약성경에 나타난 성령

절대긍정의 믿음을 주시며 하나님의 백성들의 삶을 이끌어 가시는 성령님의 사역은 신약성경에서도 발견할 수 있다. 성령님은 예수님의 공생애 사역을 인도하시고 권능을 부어 주셨다. 예수님은 성령님의 인도하심을 따라 광야로 가셨고 그곳에서 마귀의 시험을 이기셨다마 4:1-11. 예수님은 성령님의 능력을 통하여 사역하셨다. 성령의 능력을 힘입어 가르치셨고눅 4:32. 많은 병자를 고치셨고, 사탄을 쫓아내셨으며, 많은 이적을 행하셨다마 12:15.

"하나님이 나사렛 예수에게 성령과 능력을 기름 붓듯 하셨으매 그가 두루 다니시며 선한 일을 행하시고 마귀에게 눌린 모든 사람을 고치셨으니 이는 하나님이 함께 하셨음이라"_사도행전 10:38

성령님은 예수 그리스도의 영이시다. 성경은 예수님에 대해 성령을 부어 주시는 분으로 소개한다. 세례침례 요한은 예수님을 성령과 불로 세례침례를 베푸실 분으로 불렀다마 3:11. 예수님은 승천하시기 전 제자들에게 예루살렘을 떠나지 말고 "위로부터 능력으로 입혀질 때까지"눅 24:49 기다리라고 말씀하셨고, 오순절 날이 이르매 약속하신 성령이 임하셨다. 이때 성령의 충만을 경험한 베드로는 설교를 통해 부활하신 예수 그리스도께서 약속하신 성령을 하나님 아버지께 받아 보내셨음을 담대히 증언하였다.

> "이 예수를 하나님이 살리신지라 우리가 다 이 일에 증인이로다 하나
> 님이 오른손으로 예수를 높이시매 그가 약속하신 성령을 아버지께 받
> 아서 너희가 보고 듣는 이것을 부어 주셨느니라"_행 2:32-33

　성령님은 또 교회의 영이시다. 오순절 성령강림으로 예루살렘에 초대교회가 탄생했고행 2:42-47, '지혜와 성령'행 6:10으로 충만했던 스데반 집사는 자신을 핍박한 유대인들을 용서할 수 있었다행 7:55-60. 빌립 집사를 통해 사마리아에 복음이 증거되었을 때 놀라운 부흥이 일어났고, 이 소식을 접한 베드로와 요한이 방문해 그곳 사람들에게 안수하자 많은 사람이 성령세례침례를 받게 되었다행 8:14-17. 또한 베드로가 고넬료의 가정을 방문해 말씀을 전하고 안수했을 때 이방인들에게도 성령이 임하게 되었다행 10:44. 성령의 능력을 받은 제자들로 인해 귀신이 쫓겨나고, 기적이 일어났으며, 교회가 세워지고 복음이 강력하게 전파되었다. 그래서 사도행전은 성령행전으로 불려진다. 성령님은 예수님과 복음에 대해, 또 예수님의 몸이신 교회에 대해 절대긍정의 믿음을 갖게 역사하신다.

2. 성경에 나타난 성령님의 상징

1) 바람wind

바람은 성령님에 대한 가장 생생한 상징 중 하나이다.

"하나님의 영은 수면 위에 운행하시니라"_창세기 1:2

이 구절은 "하나님의 바람이 … 운행하시니라"고 번역되기도 한다.[117] 여기서 바람을 나타내는 히브리어 '루아흐ㅠㅠ'와 헬라어 '프뉴마 πνευμα'는 '영'과 '바람'의 두 가지 의미를 다 가지고 있다.[118] 성령의 상징으로서 바람은 오순절 날 성령의 강림에서 명백하게 묘사된다. 사도행전 2장 2절에 "홀연히 하늘로부터 급하고 강한 바람 같은 소리가 있어 그들이 앉은 온 집에 가득하며"라고 기록하고 있다. 이 강한 바람 같은 소리가 바로 성령님의 임재 사건이었다. 성령님은 볼 수는 없지만 모든 사람이 강력히 느끼고 체험할 수 있도록 임재하신다.

2) 불fire

성령님의 또 하나의 뚜렷한 상징은 불이다. 불은 악을 소멸하는 것과 관계가 있다.

---

117 New American Bible에서는 'a mighty wind'로 번역하고 있다.
118 로드만 윌리엄스, 『오순절 조직신학 제3권』, 박정열·이영훈 편역 (군포: 순신대학교출판부, 1995), 191.

"쭉정이는 꺼지지 않는 불에 태우시리라"_마태복음 3:12

"이는 주께서 심판하는 영과 소멸하는 영으로 시온의 딸들의 더러움을 씻기시며 예루살렘 피를 그 중에서 청결하게 하실 때가 됨이라"_이사야 4:4

소멸하는 영은 악을 제거하는 불로서 역할을 하는 성령을 상징한다.

"여호와야훼께서 거하시는 온 시온 산과 모든 집회 위에 낮이면 구름과 연기, 밤이면 화염의 빛을 만드시고 그 모든 영광 위에 덮개를 두시며"
_이사야 4:5

성령님은 죄와 악에 대한 심판의 불로 영광의 화염이 될 수 있게 하신다.[119]

3) 물 water

성령님에 대한 또 하나의 중요한 상징은 물이다. 물은 하나님 말씀을 통한 정화의 기능뿐 아니라 요 3:5; 딤전 4:5, 넘치게 솟아오르는 기능도 갖는다.

"누구든지 목마르거든 내게로 와서 마시라 나를 믿는 자는 성경에 이름

---

119   위의 책, 191-192.

과 같이 그 배에서 생수의 강이 흘러나오리라 하시니 이는 그를 믿는 자
들이 받을 성령을 가리켜 말씀하신 것이라"_요한복음 7:37-39

"내가 주는 물을 마시는 자는 영원히 목마르지 아니하리니 내가 주는
물은 그 속에서 영생하도록 솟아나는 샘물이 되리라"_요한복음 4:14

따라서 예수께서 주시고 영생하도록 솟아나는 생수는 그것이 흘러
나올 때 성령님의 활동이 된다.[120] 흘러넘치고 솟아나는 물은 성령님
에 대한 생생한 묘사이다.

4) 비둘기dove

성령님의 상징 중 하나는 또 비둘기이다. 누가복음에는 "성령이 비
둘기 같은 형체로 그의 위에 강림하시더니"눅 3:22라고 되어 있다. 또
요한복음에도 "성령이 비둘기 같이 하늘로부터 내려와서 그의 위에
머물렀더라"요 1:32고 기록되어 있다. 비둘기 같은 성령은 성령님의 온
유함과 순결함의 특성을 나타낸다.

"예수께서 세례침례를 받으시고 곧 물에서 올라오실새 하늘이 열리고
하나님의 성령이 비둘기 같이 내려 자기 위에 임하심을 보시더니"
_마태복음 3:16

---

120 위의 책. 192.

또한 노아가 물이 지면에서 어느 정도 빠져 나갔는지 알아보기 위해 세 번이나 보낸 것이 비둘기였다. 비둘기는 홍수로 황폐해진 세상에 되돌아온 생명의 상징이다. 그래서 비둘기는 생명의 성령으로서의 성령님도 상징하는 것이다.[121]

"저녁때에 비둘기가 그에게로 돌아왔는데 그 입에 감람나무 새 잎사귀가 있는지라 이에 노아가 땅에 물이 줄어든 줄을 알았으며"_창세기 8:11

5) 인치심seal
성령님은 인치심으로 상징되기도 한다.

"그 안에서 너희도 진리의 말씀 곧 너희의 구원의 복음을 듣고 그 안에서 또한 믿어 약속의 성령으로 인치심을 받았으니 이는 우리 기업의 보증이 되사 그 얻으신 것을 속량하시고 그의 영광을 찬송하게 하려 하심이라"_에베소서 1:13-14

"하나님의 성령을 근심하게 하지 말라 그 안에서 너희가 구원의 날까지 인치심을 받았느니라"_에베소서 4:30

---

121 위의 책, 193.

이 구절들은 성령님을 하나님의 소유권과 보호를 상징하는 인치심으로 묘사한다. 인치심은 소유권의 표시이며 정체성의 증거이다.[122] 성령님이 성도에게 임하실 때 그 사건은 하나님께 속한 자라는 증거이자 인준이 된다. 하나님의 불가침의 소유가 되는 것이다.

인치심은 또한 안전을 보장한다. 어떤 물건이나 사람에 대한 보호의 표시이다.

"우리가 우리 하나님의 종들의 이마에 인치기까지 땅이나 바다나 나무들을 해하지 말라 하더라"_요한계시록 7:3

인치심은 대환란 중에도 성도를 보호한다. 마찬가지로 성령님은 어떤 고난 가운데에도 성도들을 보호해 주신다.

6) 기름에
성령님은 하늘의 기름 부으심, 즉 높은 곳으로부터 내리는 성유인 하나님의 기름으로 묘사되기도 한다.

"너희는 주께 받은 바 기름 부음이 너희 안에 거하나니 아무도 너희를 가르칠 필요가 없고 오직 그의 기름 부음이 모든 것을 너희에게 가르치며"_요한1서 2:27

---

122 위의 책, 194.

성령님은 하늘로부터의 기름 부으심으로 나타나고 성도는 그 기름 부으심으로 모든 진리를 깨닫게 되고 놀라운 권능을 갖게 되는 것이다.

3. 보혜사 성령님의 인격성

1) 인격으로서의 성령 이해

기독교 역사 속에서 성령님은 인격적인 분으로 이해되기보다는 하나님과 인간 사이에서 관계를 만들어주는 힘, 죄를 씻어 주는 물, 생명과 활기를 주는 힘, 죄를 밝혀주고 우리 안에 하나님의 사랑이 불타게 하는 불길, 하늘의 풍요로움을 받을 수 있게 하는 힘, 교회를 살아 있는 것으로 만드는 능력 등으로 이해되어 왔다.[123] 그러나 성령님은 단순히 하나님의 에너지나 상징이 아니다. 성령님은 하나님의 영이요 예수 그리스도의 영으로 하나님의 본질을 가지신 인격이시다.

인격을 가졌다는 것은 인격의 소유자가 다른 어떤 것으로부터 독립되어 있고, 지정의知情意를 가진 주체라는 의미이다.[124]

첫째, 성령님은 지성을 가지고 계신다. 지성을 소유하신 성령님은 하나님의 뜻을 알고 그에 따라서 간구하신다.

---

123 민경배, "조용기 목사의 성령신학과 한국교회: 한 역사적 접근", 『영산신학저널』 Vol. 1 (2004), 46.
124 국제신학연구원, 『순복음 신학 개론』, 32.

"마음을 감찰하시는 이가 성령의 생각을 아시나니 이는 성령이 하나님의 뜻대로 성도를 위하여 간구하심이니라"_로마서 8:27

둘째, 성령님은 의지를 갖고 계신다. 2차 선교여행 중 바울과 디모데는 아시아에 복음 전할 것을 계획하고 있었으나, 성령님은 이를 금하셨다. 성령님은 분명한 자기의 의지를 소유한 분이시다.

"비두니아로 가고자 애쓰되 예수의 영이 허락하지 아니하시는지라"_사도행전 16:7

셋째, 성령님은 감정을 가지고 계신다. 성령님은 우리로 인해 근심하시고, 슬퍼하시며 탄식하시는 분이다.

"그들이 반역하여 주의 성령을 근심하게 하였으므로"_이사야 63:10

"성령을 근심하게 하지 말라"_에베소서 4:30

지정의를 가지신 인격자 성령님은 우리 인간과 교제하길 원하시는 분이다.

조용기 목사는 성령님의 인격성을 강조하고 발전시켰다. 그는 한국 교회에서 이론적이고 사변적 이해에 그친 성령을 목회 현장에 이끌어 내어 모든 자에게 임한 성령, 누구나 체험할 수 있고 교제할 수 있는 성령이 되게 했다.[125] 조용기 목사는 새벽기도 가운데 임한 하나님의 심오한 가르침을 통해 성령은 체험해야 할 사물이 아니라, 장엄한 인격이시며, 예배하고 경외하고 감사하고 교제해야 할 인격체이심을 깨닫게 되었다.[126] 조용기 목사의 인격적 성령 사역은 교회 부흥의 시금석이 되었다. 그래서 조용기 목사의 성령론은 단지 이론적인 신학이 아니라 '목회적이고 실천적인 성령론'이다.[127] 성령님이 인격적이시기에 우리도 성령 하나님과 인격적으로 대화하고 교제하며 예배해야 한다.

2) 절대긍정의 보혜사

인격적인 성령님은 보혜사로 우리 가운데 와 계신다.

"내가 아버지께 구하겠으니 그가 또 다른 보혜사를 너희에게 주사 영원토록 너희와 함께 있게 하리니"_요한복음 14:16

첫 번째 보혜사가 예수님이라면 또 다른 보혜사는 성령님이시다.

---

125 이영훈, "조용기 목사의 성령론이 한국교회에 미친 영향", 영산신학연구소 편, 『영산의 목회와 신학: 영산 조용기 목사 성역 50주년 기념 논총 2권』 (군포: 한세대학교 영산신학연구소, 2008), 156.

126 Yong-gi Cho, "The Holy Spirit: A Key to Church Growth", *Church Growth Manual*, No. 4 (Seoul: CGI, 1992), 54-55.

127 민경배, "조용기 목사의 성령신학과 한국교회: 한 역사적 접근", 『영산신학저널』 Vol. 1 (2004), 48.

보혜사는 헬라어로 '파라클레토스παράκλητος'이다. 이 말은 '파라칼레오 παρακαλέω'에서 유래되었는데, '파라παρα'는 '곁에서'란 의미이고, '칼레 오καλέω'는 '부르다, 간청하다, 권고하다, 훈계하다, 격려하다, 위로하 다' 등의 의미로 사용된다. 즉 파라클레토스는 성도들의 곁에서 함께 하시는 위로자, 대언자, 돕는 자의 역할을 하는 분이란 뜻이다.

성령님은 우리와 친밀한 교제를 나누시는 보혜사이시다. 보혜사 성령님은 늘 우리 곁에 계셔서, 우리 마음을 위로해 주시고 상담해 주시고 대변해 주시고 도와주셔서 우리가 처해 있는 모든 어려움을 감당케 하시고 승리하게 해 주신다.[128]

성령으로 충만하다는 것은 예수님으로 충만한 것이다. 어떤 상황 속에도 예수님처럼 생각하고 예수님을 닮아가고 예수님처럼 절대긍정의 사명을 감당하는 것이다. 예수님의 영이신 보혜사 성령으로 충만하게 되면 고난의 환경을 이유로 일희일비하지 않고 언제나 하나님을 향한 절대긍정의 믿음을 갖게 된다. 그러므로 보혜사 성령님과 매순간 동행하는 것은 매우 중요하다.

"만일 우리가 성령으로 살면 또한 성령으로 행할지니"_갈라디아서 5:25

---

128 이영훈, 『오직 성령으로』, 38.

Chapter
19

절대긍정과
성령 하나님의 사역

성령님은 절대긍정의 하나님의 영이자 부활하신 예수님의 영으로서 이 땅에서 사역하신다. 성령님은 절대긍정의 구원의 은혜를 깨닫게 하시고, 예수님의 성품을 닮게 하시며, 은사와 능력을 통해 교회를 세우고 섬기며 선교의 사명을 감당하게 하신다.

1. 성령과 중생

예수님은 죄로 말미암아 사망의 권세 아래에 있는 인간을 구원하시기 위해 이 땅에 오셨다. 하나님이 육신의 몸을 입은 사람이 되어 오신 것이다. 구원자 예수님에 대한 비밀은 인간의 이성이나 힘으로 이해할 수 없다. 예수님의 성육신의 신비, 고난의 신비, 그리고 부활의 신비를 깨달을 때 구원의 역사가 나타나게 된다. 성령님은 우리에게 오셔서 이러한 신적인 지식과 믿음을 선물로 주신다. 그래서 죄인들을 부르시고 거듭나게 하셔서 새로운 피조물이 되게 하신다. 이와 같은 영적인 '거듭남'을 '중생'이라고 한다.

"우리를 구원하시되 우리가 행한 바 의로운 행위로 말미암지 아니하고 오직 그의 긍휼하심을 따라 중생의 씻음과 성령의 새롭게 하심으로 하셨나니"_디도서 3:5

중생을 통해 인간의 영과 마음이 변화되어 예수님의 동정녀 탄생, 십자가의 고난과 죽음, 부활과 같이 인간의 이성으로 믿을 수 없는 일들을 믿게 되고 예수님을 주님이라고 고백하게 된다고전 12:3. 이 모든 일의 주체는 성령님이시다. 성령님은 우리에게 이성의 한계를 넘어서는 신적 믿음, 곧 구원의 믿음을 심어주신다.[129] 또 그리스도와 연합하게 하시고 교회의 일원이 되게 하신다.[130] 중생은 죽은 영혼이 살아나는 것으로 기적 중의 최고의 기적이다. 우리가 예수님을 믿는 순간부터 성령님이 내주하시는 성령의 전이 되고고전 6:19, 구원의 확신을 갖게 된다.[131] 중생의 기적을 진정으로 체험한 자는 그 지정의가

---

129 조용기, 『성령론』 (서울: 서울말씀사, 1998), 88.

130 위의 책, 212-215.

131 이영훈, 『오직 성령으로』, 78.

성령님의 터치를 받아 변화되고, 절대부정과 절대절망의 생각이 절대긍정과 절대희망의 생각으로 새롭게 된다. 천지창조 전에 캄캄한 수면 위를 운행하시며 우주 만물에 생명을 가져오신 성령님은 죄와 어둠 가운데 살던 우리에게 새 생명을 가져다주시고 절대긍정의 빛을 비춰 주시는 것이다.

2. 성령과 성화성령의 열매

1) 거룩의 명령

중생한 이후 성도들은 끊임없이 하나님을 따르는 삶, 곧 거룩을 추구하는 삶을 살아야 한다. 이것을 '성화sanctification'라고 한다. 성화는 하나님의 거룩하심과 관계가 있다. 하나님은 출애굽 한 이스라엘 백성에게 "내가 거룩하니 너희도 거룩할지어다"레 11:45라고 명령하셨다. 특히 레위기 20장 26절에서도 "너희는 나에게 거룩할지어다 이는 나 여호와야훼가 거룩하고 내가 또 너희를 나의 소유로 삼으려고 너희를 만민 중에서 구별하였음이니라"고 말씀하셨다. 거룩함은 '구별됨', '분리' 또는 '따로 떨어져 있음'을 의미한다.[132] 거룩하신 하나님은 죄로 물든 인간과 구별되신다. 예수님을 통해 죄 사함을 받고 하나님의

---

132 로드만 윌리암스, 『오순절 조직신학 제2권』, 박정렬·이영훈 편역 (군포: 순신대학교출판부, 1993), 108.

자녀가 된 사람들 역시 세상과 구별된 삶을 살아야 한다. 이것이 하나님이 우리에게 요구하시는 거룩하고 성결한 삶, 즉 성화이다.

2) 성도의 성화

성령님은 성도의 성화를 이끄신다_{고전 6:9-11}. 성령님은 죄를 깨닫게 하시고 회개하게 하신 후에_{요 16:7-8}, 더 깊은 성결의 은혜를 부어 주신다_{벧전 1:15}. 성경의 진리를 알게 하시고 말씀의 의미를 깨닫게 하신다_{요 16:13}. 자기 힘을 의지하지 않고 오직 그리스도의 능력을 깊이 의지하게 하신다_{빌 4:13}. 성도들이 세상 사람과는 구별된 생각을 하고, 구별된 행동을 하게 한다_{롬 12:2}. 자기 자신을 기쁘게 하는 삶이 아니라 주님이 주신 능력으로 하나님을 기쁘게 하는 삶을 살게 한다_{엡 5:10}. 성령님은 또 우리가 당하는 고난을 통해 하나님의 영광이 드러나게 하신다_{벧전 4:14; 요 16:14}. 세상 사람들은 삶의 문제와 고통 앞에서 좌절하고 절망하지만, 절대긍정의 영이신 성령님을 의지하는 성도는 그 문제와 고통을 이겨내고 그들과는 구별된 삶을 살게 된다.

3) 성령님의 성화와 열매

성령님의 성화는 열매와 깊은 관련이 있다. 하나님께서 우리를 성도로 택하시고 부르신 것은 열매를 맺기 위함이다.

"너희가 나를 택한 것이 아니요 내가 너희를 택하여 세웠나니 이는 너희로 가서 열매를 맺게 하고 또 너희 열매가 항상 있게 하여 내 이름으

로 아버지께 무엇을 구하든지 다 받게 하려 함이라"_요한복음 15:16

성령님이 우리 안에 내주하시면 우리를 거룩하게 하시고 하나님의 사랑으로 충만하게 하신다. 그래서 예수님의 인격을 닮아가고 그분의 성품에 참여하도록 도와주신다.[133] 절대긍정의 영이신 성령님을 따라 성화의 삶을 살아가는 성도들의 삶에는 성령의 열매가 맺히게 된다. 성령의 열매는 우리가 성령님을 따라 살아갈 때 인격 가운데 맺어지는 결과물이다.[134]

성령의 열매는 사랑, 희락, 화평, 오래 참음, 자비, 양선, 충성, 온유, 절제이다갈 5:22-23. 여기에서 성령의 열매는 아홉 가지가 나오지만 '열매'로 번역된 헬라어 원문의 '카르포스καρπὸς'라는 단어는 복수가 아니라 단수이다. 이것은 아홉 가지 열매들이 모두 한 가지 열매를 지향하는 것임을 알 수 있다. 즉 이 한 가지 열매 속에 아홉 가지의 열매의 특성이 나타나는 것이다. 이 한 가지 열매는 바로 하나의 인격을 지향하고 있는데 그것은 바로 예수님의 사랑의 인격이다.

성령님은 이기적인 성품이 예수님의 사랑으로 가득한 성품으로 변화하게 하신다. 하나님께서 원하시는 것은 어떤 상황에서든지 예수님의 성품, 즉 성령의 열매를 재생산하셔서 다른 사람들에게 하나님

---

133 홍영기, 『성령 사역 Class』 (서울: 교회성장연구소, 2008), 140.
134 이영훈, 『말씀과 진리2: 성령과 인간』 (서울: 교회성장연구소, 2014), 116.

자신의 모습을 계시하게 하는 것이다. 그래서 힘들게 하는 사람도 사랑하고 괴로운 상황에서도 기뻐할 수 있고, 슬픈 경우에도 화평을 유지하고 고난 가운데에도 참고, 사람들에게 자비와 양선을 베풀고 내 감정이나 환경에 관계없이 충성하고, 사람들을 한결같이 부드럽게 대하고 자기 자신의 탐욕을 절제하게 하신다.

성령님은 모든 일을 하나님의 영광을 위해 행하게 하신다고전 10:31. 성령의 열매는 금이나 정금보다 낫다잠 8:19. 성령의 열매를 맺기 위해서는 절대긍정의 영이신 성령으로 충만한 삶을 살아야 한다엡 5:18. 성령님은 열매가 없는 어두움의 일을 책망하게 하신다엡 5:11. 성령의 열매는 예수 그리스도로 충만한 사람에게 드러나는 삶의 모습이다.[135]

3. 성령과 권능성령의 은사

1) 은사의 의미와 목적

성령님은 또 우리에게 영적 은사를 주시는 분이시다. 은사란 성령님이 주시는 영적 능력의 선물이다고전 12:11. '은사'를 영어로 'gift'라고 하는데 이는 선물이라는 뜻이다. 은사에 해당하는 헬라어는 '카리스마χαρίσμα'이다. 이 '카리스마'는 '카리스χαρίσ'라는 말에서 파생되었는데

---

135 이영훈, 『이영훈 목사 목회의 길 40년 기념 총서: 성령과 한국교회』 (서울: 대한기독교서회, 2018), 128.

'카리스'의 의미는 '은혜'이다. 그러므로 은사는 '하나님의 은혜로 주어진 것'이라는 뜻을 담고 있다. 카리스마, 즉 성령의 은사는 카리스, 즉 예수 그리스도의 은혜에 기초한 것이다. 그리고 이 은혜는 아가페, 즉 하나님의 사랑에 기반을 두고 있다. 그러므로 하나님의 사랑은 예수 그리스도의 은혜로 표현되고 예수 그리스도의 은혜는 그 분량에 따라 성령의 은사로 주어진다. 그래서 은사카리스마와 은혜카리스와 사랑아가페은 하나님의 존재 양식인 삼위일체처럼 교회 안에서 기능한다고 볼 수 있다고후 13:13.[136]

은혜와 사랑이 우리의 구원과 삶을 위한 것이라면 성령의 은사는 우리의 사역을 위한 것이다. 은사가 하나님의 은혜에 따라 주어진 것이라는 사실은 은사의 주도권이 내가 아니라 바로 하나님께 있다는 것을 시사해 준다. 내가 아무리 어떤 은사를 갖고 싶다 하더라도 하나님께서 믿음의 분량에 따라 주시지 않으면 자신의 것이 될 수 없다는 것이다엡 4:7-8. 은사의 목적은 하나님의 영광을 위해서, 교회를 섬기기 위해서, 이웃에게 유익을 끼치기 위해서 주어진 것이다.[137] 그러므로 은사를 잘 활용하면 자신에게 유익이 되고, 교회의 덕도 세우게 된다.

---

136 홍영기, 『은사 코드』(서울: 교회성장연구소, 2006), 21.

137 이영훈, 『오직 성령으로』, 140.

성령의 열매와 성령의 은사는 다르다. 성령의 은사가 성도의 겉으로 드러나는 외적인 것이라면 성령의 열매는 성도의 내부에서 나타나는 그리스도의 성품이다. 또한 성령의 은사는 그 은사를 받은 당사자에게만 나타나는 것이지만 성령의 열매는 모든 그리스도인에게 맺혀지는 것이다. 어떤 은사를 받고 사용하든지 모든 은사는 성령의 열매를 맺어야 한다.

2) 은사의 종류와 특징

성령의 은사를 발견하려면 절대긍정의 믿음이 필요하다. 먼저 그리스도인이 되어야 하고, 성령의 인격성과 권능을 긍정해야 하며, 교회와 주님의 사역에 대한 긍정과 열정이 있어야 한다. 또 성령의 은사를 사모하며 기도해야 한다고전 12:1. 성경은 은사의 종류를 다음과 같이 분류한다.[138]

은사	성경 구절	은사의 종류
사역적 은사	에베소서 4:11-12	사도, 선지자, 복음 전하는 자, 목사, 교사
직임 수행의 은사	로마서 12:7-9	섬김, 가르침, 구제, 긍휼, 다스림
초자연적 은사	고린도전서 12:8-10	지혜의 말씀, 지식의 말씀, 영분별, 믿음, 신유, 능력 행함, 방언, 방언 통역, 예언

성령의 은사는 인간의 힘과 지혜를 초월한다. 성령님은 절대긍정

---

138 이영훈, 『말씀과 진리2: 성령과 인간』, 98-104.

의 믿음을 가지고 하나님의 비전을 이루도록 우리에게 성령의 은사를 주신다. 사도, 선지자, 복음전도자, 목사, 교사는 성령의 사역적 은사로써 교회를 섬기는 직임으로 주어진 것이다. 이러한 직임과 은사의 목적은 그리스도의 몸 된 교회를 세우고 성장하기 위함이다엡 4:11-12. 섬김, 가르침, 구제, 긍휼, 다스림 등의 은사는 성령의 인격적 은사로써 교회의 지체들을 섬기기 위해 주어진 것이다.

지혜의 말씀, 지식의 말씀, 영분별, 믿음, 신유, 능력 행함, 방언, 방언 통역, 예언 등의 은사는 성령 하나님의 권능을 드러내는 초자연적 은사이다. 지혜의 말씀, 지식의 말씀, 영분별의 은사는 성령의 계시적 은사이다. 믿음과 신유와 능력 행함은 성령의 능력의 은사이다. 믿음의 은사는 인간적인 믿음을 초월해 하나님이 주시는 절대긍정, 절대희망의 믿음을 갖게 한다.[139] 이것은 인간의 힘으로 할 수 없는 하나님의 기적을 믿고 기적을 창조하는 믿음이다.[140] 신유의 은사는 다양한 질병 및 인간의 의술로 고칠 수 없는 절대절망의 병도 치유하는 역사를 일으킨다. 축사는 눈에 보이지 않는 악한 영을 대적하는 힘이 되며 사탄의 부정적인 영향력 아래 살아가는 사람들에게 절대희망과 자유를 가져오는 능력이다. 능력 행함의 은사는 인간의 지식과 힘으로 할 수 없는 초자연적인 기적을 일으킨다.

---

139 홍영기, 『은사 코드』, 40.
140 이영훈, 『오직 성령으로』, 159.

방언, 방언 통역, 예언의 은사는 성령의 발성적 은사이다. 방언은 영으로 비밀을 말하는 기도이다고전 14:2. 이 책의 파트 5에서 다룬 것처럼, 방언은 성령충만의 가장 중요한 표적 중 하나이며, 성령의 모든 은사를 활성화시키는 역할도 한다. 방언은 장시간 깊이 기도할 수 있는 하늘의 기도의 은사이므로 개인의 신앙 성장에 아주 큰 유익을 줄 수 있다. 사도 바울은 "내가 너희 모든 사람보다 방언을 더 말하므로 하나님께 감사하노라"고전 14:18고 말하였다. 바울은 다른 사람들보다 방언기도를 훨씬 더 많이 사용했다고 고백한다. 바울이 지녔던 영적인 권능의 비밀이 바로 방언기도에 있었다.

예언의 은사는 하나님의 말씀을 받아 개인과 교회에 전달하는 능력이다. 바울은 "사랑을 추구하며 신령한 것을 사모하되 특별히 예언을 하려고 하라"고전 14:1고 권면했다. 바울의 예언이야말로 성도들이 특별히 구해야 할 귀중한 은사임을 말하고 있다. 예언의 은사는 덕을 세우고, 권면하고, 안위하는 것이 목적이다고전 14:4. 예언의 주된 기능은 성도 개인의 신앙을 성장시키고 교회 공동체의 덕을 세우는 것이다. 이렇게 성령의 모든 은사들은 자신을 자랑하기 위함이 아니라 성도의 영적 성숙과 교회를 세우는 것, 그리고 복음증거를 위해 주어진 것이다엡 4:11-13; 행 1:8. 은사를 잘 알고 활용하게 되면 불가능한 상황 속에도 절대긍정의 믿음으로 하나님의 기적을 일으키는 사명자가 될 수 있다.

3) 절대긍정 교회론과 성령 은사 공동체

교회의 머리는 예수 그리스도이시다. 교회는 주님의 말씀과 권위에 대한 절대긍정의 공동체이다.[141] 은사는 머리이신 예수님을 섬기고 교회의 유익을 위해 각 지체들에게 주어진다고전 12:11. 모든 성도는 다 한 가지 이상의 은사를 가지고 교회를 섬긴다.

성경은 "각 사람에게 성령을 나타내심은 유익하게 하려 하심이라"고전 12:7고 말하고 있다. 여기에서 '유익하게'라는 말은 헬라어로 '심페로συμφέρω'인데, 이 단어는 '심포니조화, 교향곡'라는 말의 어원이 되었다. 성령님은 여러 악기들이 서로 화음을 이루어 아름다운 연주를 하게 하는 지휘자이시다. 그러므로 우리는 성령의 은사가 교회의 각 지체에게 유익을 주고 조화롭게 하며 교회를 세우기 위해 주어졌다는 사실을 깊이 명심해야 한다고전 12:14-27.

건강하게 성장하는 교회가 되려면 은사를 인정하고 발견하고 활용해야 한다. 교회는 성령의 은사 공동체이다. 은사 공동체가 되려면 두 가지 요건이 중요하다. 먼저 일부 성도가 아니라 모든 성도가 은사를 활용하게 해야 한다. 다음으로 성령의 모든 은사를 인정하고 활용하게 해야 한다. 어떤 은사를 갖고 있든 교회에서는 사랑과 섬김의 자세로 봉사해야 한다고전 12:24-25; 갈 5:13.

미국의 초대형 교회인 윌로우크릭교회Willow Creek Community Church의

---

[141] 절대긍정 교회론은 이 책의 파트 7에서 자세히 서술할 예정이다.

목회철학은 은혜grace, 성장growth, 소그룹group, 은사gift, 나눔giving인데, 은사가 목회철학 가운데 아주 중요한 요소로 포함되어 있음을 볼 수 있다.

절대긍정의 믿음을 가진 성도는 성령의 은사를 사모해야 한다고전 12:1. 성령의 은사를 잘 활용하면 자신의 힘과 지혜로 할 수 없는 일들을 하나님의 능력으로 감당할 수 있다.

"하나님이 나사렛 예수에게 성령과 능력을 기름 붓듯 하셨으매 그가 두루 다니시며 선한 일을 행하시고 마귀에게 눌린 모든 사람을 고치셨으니 이는 하나님이 함께 하셨음이라"_사도행전 10:38

은사를 사랑과 겸손으로 활용하게 되면 자신의 믿음도 더 성장하고 보람과 기쁨을 누리게 된다. 또 교회가 성장하고 성숙하는 데 큰 유익이 된다. 그리고 성령님이 임하시면 새로운 마음, 새로운 영, 새로운 권능, 새로운 꿈이 부어지게 된다겔 36:25-27; 욜 2:28. 그래서 자신과 교회를 향한 하나님의 절대긍정의 마음과 비전을 가지고 사명을 감당하게 된다.

절대긍정의 영이신
성령님과 4차원의 영성

하나님의 영이신 성령님은 절대긍정의 원천이시다. 하나님에 대한 절대긍정의 믿음을 통해 절대긍정의 인생을 살아가게 하신다. 절대 긍정의 영이신 성령님은 4차원의 영성과 어떤 연관이 있을까?

1. 성령님과 4차원의 영성의 배경

4차원의 영성은 조용기 목사가 성령님과의 교제 가운데 깨닫게 된 영적 원리이다.[142] 어느 날 그는 한 성도에게 이런 질문을 받았다.

---

142 조용기, 『3차원의 인생을 지배하는 4차원의 영성』 (서울: 교회성장연구소, 2004).

"불교나 샤머니즘을 믿는 스님이나 무당들도 사람들의 병도 고치고 기적도 행하는 것을 보게 됩니다. 만약 기독교의 하나님이 참된 신이라면 왜 하나님을 믿지 않는 타종교에서도 기적이 일어날까요?"

이것은 즉각적으로 대답하기 쉽지 않은 질문이었다. 그래서 그는 이 질문을 가지고 씨름하면서 기도하기 시작하였다. 그리고 하나님의 계시를 받게 되었는데 그것이 바로 '4차원의 영성'에 대한 것이었다. 그에게 '4차원의 영성'은 능력을 주시는 성령님을 통해 더 깊은 믿음의 기적의 세계로 들어갈 수 있도록 안내하는 길잡이가 되었다.[143] 조용기 목사는 이렇게 말한다.

이 4차원의 영성을 제가 목회의 원동력으로 적용하게 된 것은 저 스스로 연구한 것도 아니고 제가 누구에게서 배운 것도 아닙니다. 성령님께서 오랜 시간 교제하는 가운데 제게 가르쳐주신 비밀입니다. … 저는 기도실에 들어가 앉아서 1시간 이상씩 하나님의 음성을 거듭해서 들었습니다. 굉장히 감격적이고 저의 영혼 속을 뒤흔들어놓는 하나님의 계시였습니다.[144]

조용기 목사가 말하는 4차원은 기하학에서 빌려온 용어이며, 4차원의 원리는 선線의 세계인 1차원을 면面의 세계인 2차원이 지배하고, 면의 세계인 2차원을 시간과 공간과 물질로 구성된 3차원이 지배하

---

143 조용기, 『4차원의 영적 세계』 (서울: 서울말씀사, 1996), 20.
144 조용기, 『3차원의 인생을 지배하는 4차원의 영성』, 24.

며, 3차원의 세계를 영적인 세계, 곧 4차원이 지배한다는 원리이다. 3차원은 입체, 즉 시간과 공간을 포함하고 있으며 시간과 공간이 생기는 동시에, 시간은 영원에 속하면서도 영원을 포함한 시간이 되고 공간은 무한에 속하면서도 무한을 포함한 공간이 되는 것이다. 4차원은 물질과 감각의 세계를 뛰어넘은 영혼의 세계, 즉 영적인 세계이다.

4차원의 영적 세계는 인간, 마귀, 천사, 하나님이 존재하는 세계이다. 이 영원과 무한의 세계의 주인은 하나님이시다. 같은 4차원이라고 해도 인간은 가장 낮은 4차원에, 마귀나 천사는 중간 수준의 4차원에 속하고 하나님은 가장 높은 수준의 4차원에 속하신다. 마귀 역시 4차원에 속해 있기에 자기보다 낮은 차원에 있는 인간과 3차원의 세계를 지배하려고 한다. 또한 자신이 유혹하고 점령한 사람들을 통해 하나님이 만드신 창조 세계 속에서 악한 일을 행하고 있다. 인간도 영혼육을 가진 영적인 존재이기 때문에 3차원의 세계에 있으면서 4차원에 속하는 존재가 되는 것이다.[145] 인간은 하나님의 형상대로 지음을 받았고, 인간의 영은 그 몸속에 있으면서도 3차원의 지배를 받지 않고 육신을 초월해 있는 것이다. 예수님을 구주로 영접한 사람은 인간적 4차원, 마귀적 4차원에서 구원받아 영원한 하나님의 4차원으로 들어가게 된다. 하나님의 4차원을 통해 영원한 생명과 권세를 얻게 된 것이다.[146]

---

145 조용기, 『4차원의 영적 세계』, 28-29.
146 위의 책, 34.

4차원의 변화는 하나님의 생각, 하나님의 믿음, 하나님의 꿈, 하나님의 언어를 통해 일어난다.[147] 여의도순복음교회의 부흥도 4차원의 영성이 현실화된 결과물이다. 4차원의 영적 원리를 깨달은 조용기 목사가 성령님의 인도하심을 따라 기도하며 복음을 전하는 가운데 얻어진 것이다.[148] 그는 하나님 말씀에 입각해 성도들에게 적극적인 생각을 가지라고 설교했고, 믿음에 기초한 치유 사역을 행했으며, 성령의 역사를 강조하면서 성령충만과 방언의 중요성을 역설했다.[149] 조용기 목사는 4차원의 영성을 교회성장에 적용시켜 세계적인 교회성장의 모델을 보여 주었고 그의 교회성장의 영적 원리는 국내외 수많은 지도자에게 영향을 미쳐 교회성장의 효력을 나타내었다."[150]

2. 절대긍정과 4차원의 영성

4차원의 영성은 하나님에 대한 절대긍정의 믿음을 가지고 4차원의 영적인 능력으로 3차원 세계의 삶을 변화시키는 긍정의 영성이다. 조용기 목사는 4차원의 믿음의 법칙이 성경 말씀에서 발견된 것이며, 성령님과 함께 동행하며 하나님에 대한 전적인 신뢰와 순종을 통해

---

147 위의 책, 39-47.
148 조귀삼, "영산의 4차원의 영적 세계와 교회 성장", 『영산신학저널』 Vol. 12 (2008), 98.
149 남준희, "영산의 4차원의 영성과 한국교회의 부흥", 『영산신학저널』 Vol. 18 (2010), 192.
150 홍영기, "조용기 목사의 4차원의 영성과 교회성장", 홍영기 편, 『조용기 목사의 교회성장 리더십』 (서울: 교회성장연구소, 2005), 76.

이루어진다고 말한다.[151]

1) 성령님과 절대긍정의 생각

하나님은 인간이 4차원을 변화시킬 수 있도록 생각을 주셨다. 생각은 4차원의 세계에 속해 있기에 시간과 공간의 지배를 받지 않는다. 이 생각은 인간의 모든 삶에 영향을 끼친다. 4차원의 부정적인 생각은 3차원의 몸과 생활과 환경 가운데 나타나는 반면에 4차원의 생각을 긍정적으로 갖게 되면 3차원의 삶에도 긍정적인 일들이 일어나게 된다.[152] 절대긍정의 삶을 위해서는 우리의 생각이 하나님의 생각으로 변화되어야 한다. 성경은 "육신의 생각은 사망이요 영의 생각은 생명과 평안이니라"롬 8:6고 말씀한다.

조용기 목사는 우리의 생각이 하나님이 기뻐하지 않는 것이라면 신약과 구약의 말씀의 약을 먹고 치료받아야 한다고 말한다.[153] 하나님의 말씀이 사람들의 생각을 고치는 능력이 있기 때문이다. 그래서 4차원의 영적 생각으로 무장하려면 하나님 말씀을 읽고 묵상하고 내면화해야 한다. 조용기 목사의 목회 신학이나 4차원의 영성은 인본주의적인 것이 아니라 철저히 예수 그리스도의 십자가의 은혜와 복음, 그리고 하나님의 성경 말씀에 뿌리를 두고 있다.[154] 조용기 목사의 오

---

151 조용기, 『4차원의 영적 세계』, 저자의 글.
152 위의 책, 62-63.
153 조용기, 『3차원의 인생을 지배하는 4차원의 영성』, 39.
154 이영훈, 『십자가 순복음신앙의 뿌리』, 53-59.

중복음의 신학도 예수 그리스도의 십자가를 통해 나타난 하나님의 생각이 담겨 있는 것이고 인간의 구원, 성령충만, 치유, 축복, 영생, 이것을 복음의 메시지로 받아들여 설교하고 선포한 것이다.

절대긍정의 영이신 성령으로 충만하면 모든 부정적인 생각이 제거되고 긍정적이고 창조적인 생각을 하게 된다. 절대긍정의 생각을 통해 중독의 자화상, 불행의 자화상, 병약의 자화상, 실패의 자화상을 버리고 하나님이 선물하신 새사람으로의 자화상, 웰빙의 자화상, 긍정의 자화상, 거룩의 자화상으로 무장하게 된다.[155]

2) 성령님과 절대긍정의 믿음

4차원 영성의 두 번째 요소는 믿음이다. 이것은 자연적인 믿음이 아니라 하나님이 주시는 영적인 믿음이다. 자연적인 믿음이란 버스 운행 기사에 대한 믿음을 가지고 버스를 타는 것, 약국에서 약사를 믿고 약을 사는 것 같은 믿음이다. 그러나 믿음은 '보이지 않는 것들의 증거'히 11:1이므로, 하나님의 믿음이란 눈에 보이지 않는 하나님과 그분의 말씀을 믿는 것이다. 믿음은 하나님의 선물이기도 하지만, 또 '우리의 선택'이기도 하다.[156] 그래서 믿음은 하나님 말씀에 모험을 거는 것이며 올인하는 것이다.[157] 믿음은 기록된 '말씀로고스, λόγος'을 내게 선포된 '말씀레마, ῥῆμα'으로 듣는 데에서 생겨난다.[158]

---

155 조용기, 『행복을 주는 생각』 (서울: 교회성장연구소, 2007), 28-48.

156 조용기, 『행복을 주는 믿음』 (서울: 교회성장연구소, 2007), 47-51.

157 위의 책, 68.

158 이영훈, 『영산 조용기 목사 평전: 희망의 목회자』 (서울: 서울말씀사, 2022), 432.

믿음의 또 다른 이름은 '말씀에 대한 순종'이다.[159] 4차원의 믿음을 개발하고 업그레이드 시키려면 고난과 시험이라는 광야학교를 통과할 수 있다. 믿음은 "바라는 것들의 실상이요"[히 11:1]라고 말할 때, 실상은 헬라어로 '휘포스타시스ὑπόστασις'로 '아래'라는 의미로 사용된 '휘포ὑπό'와 '받치다'라는 뜻을 담고 있는 '히스테미ἵστημι'의 합성어로 '받침대'란 뜻이다. 만일 받침대가 허술하면 그 위의 물건이 떨어지게 된다는 것이다. 그래서 그 받침대가 견고한지 아닌지 알아보기 위해 흔들어보고 눌러보고 여러 가지 시험을 하게 된다. 하나님은 성도의 믿음의 받침대가 견고한지 아닌지를 테스트하신다.[160] 성령님은 우리에게 절대긍정의 믿음을 부어 주신다. 그래서 절대절망의 상황에서도 절대긍정의 믿음의 법칙을 사용하게 하신다. 보이지 않는 것도 믿음의 눈을 통해 바라보고 목표를 세우고, 그 목표가 이미 이루어진 현실이라고 믿으며 기도하는 것이다. 그래서 성령님이 주시는 4차원의 믿음을 계속 테스트 받고 학습하고 실천하게 되면 하나님의 기적을 경험하게 된다.[161]

3) 성령님과 절대긍정의 꿈

4차원 영성의 세 번째 요소는 바로 꿈이다. 조용기 목사는 꿈과 환상이야말로 4차원의 영적 세계에서 성령께서 사용하시는 언어라고

---

159 조용기, 『행복을 주는 믿음』, 74-82.
160 위의 책, 116.
161 조용기, 『3차원의 인생을 지배하는 4차원의 영성』, 113.

믿는다. 시간과 공간의 제약을 받는 인간이 4차원의 영의 세계에 연결되는 통로가 성령의 꿈이라는 것이다. 인간의 꿈도 인간 세계에 영향을 미치고, 사탄의 꿈도 강력하지만, 하나님의 성령의 꿈은 이보다도 훨씬 강력하여 가장 큰 영향을 미친다. 이 세상은 절망으로 가득 차 있다. 그러기에 하나님이 주시는 꿈을 가져야만 그 절망을 뛰어넘을 수 있다.

하나님은 절대로 절망적인 사람이나 부정적인 사람과 함께 일하시지 않는다. 하나님의 꿈을 가진 긍정적인 사람을 통해 일하신다.[162] 그러나 하나님의 꿈을 가진 자에게 친구처럼 따라오는 것이 있는데 그것은 바로 고난이다. 성경에 나오는 아브라함이나 요셉 같은 믿음의 인물을 보면 다 고난을 통해 인내하며 겸손해짐으로 하나님의 꿈을 이루어 갈 수 있었다. 조용기 목사는 다음과 같이 말한다.

하나님께서 우리에게 꿈을 허락하실 때 덤으로 하나 더 주시는 것이 있습니다. 그것은 바로 고난이라는 꼬리표입니다. 성경에 등장하는 꿈 꾸는 자들에게는 반드시 고난의 여정이 있었습니다. 고난이라는 터널의 길이와 굴곡이 어느 정도냐에 따라 꿈의 사이즈가 결정되는 것을 볼 수 있습니다.[163]

---

162   조용기, 『행복을 주는 꿈』 (서울: 교회성장연구소, 2007), 24-49.
163   위의 책, 120.

하나님의 꿈은 고난과 함께 오기에 믿음과 기도로 인내하며 나아가야 한다. 예수님께서 하나님의 꿈이셨던 것처럼, 우리 각자도 하나님의 꿈이다. 성령님이 임하시면 우리 마음을 새롭게 하시고겔 11:19, 미래에 대해 기대감을 갖게 하시고사 43:19, 거룩한 소원을 주시고빌 2:13, 하나님의 꿈에 감동된 자가 되게 하신다창 41:38. 절대긍정의 비전과 소망 가운데 하나님의 사명을 이루는 인생을 살게 하신다.

4) 성령님과 절대긍정의 말

4차원 영성의 네 번째 요소이자 가장 중요한 절정culmination을 이루는 것이 바로 4차원의 언어이다. 하나님은 우주 만물을 그분의 말씀으로 창조하셨다. 인간도 하나님의 형상대로 지음을 받았는데, 그 주요 특성 중 하나가 바로 말의 권세이다. 성경은 인간의 구원도 마음으로 믿을 뿐 아니라 입술의 고백이 있어야 한다고 말한다롬 10:10. 또 인간의 혀에 죽고 사는 권세가 달려있다고 한다잠 18:21. 가나안 땅을 탐지하고 돌아온 열 명의 정탐꾼의 부정적인 보고로 온 이스라엘 백성들이 울며 원망하자 하나님은 "너희 말이 내 귀에 들린 대로 내가 너희에게 행하리니"민 14:28라고 말씀하셨다.

뇌신경학의 발견에 의하면. 뇌의 언어중추 신경이 다른 모든 신경에 영향을 미치고 통제할 수 있다고 한다.[164] 그래서 부정적으로 생각

---

164 조용기, 『4차원의 영적 세계』, 76.

하고 말하면 부정적인 결과가 오고, 긍정적으로 생각하고 말하면 긍정적인 결과가 오게 된다. 성령님이 임하시면 절망의 말, 낙심의 말, 비판의 말과 같은 부정적인 언어가 치료되고 찬송의 말, 긍정의 말, 소망의 말이 나오게 된다. 절대긍정의 영이신 성령님은 우리의 입술을 다스리시고 어떤 상황에서도 긍정의 말을 하도록 역사하신다. 우리 인생은 말한 대로 이루어진다.

하나님의 생각은 긍정적인 생각이고 하나님의 믿음은 긍정적인 믿음이며 하나님의 꿈은 긍정적인 꿈이고 하나님의 말씀은 긍정의 언어이다. 오직 성령님만이 4차원의 영성을 가능하게 하신다. 긍정을 우리의 마음에 적용하면 '하나님의 생각'이 되고 우리의 신앙생활에 적용하면 '하나님의 믿음'이란 말이 되고, 우리의 인생이나 미래에 적용하면 '하나님의 꿈'이 되고, 우리의 문제나 환경에 적용하면 '하나님의 언어'로 사용될 수 있다.[165] 절대긍정의 영이신 성령님이 임하시게 되면 절대긍정의 영성으로 충만하게 된다. 그래서 자기 자신에 대하여, 타인에 대하여, 일과 사명에 대하여, 환경에 대하여, 그리고 미래에 대하여 긍정적인 사람이 된다.[166] 또 하나님을 경배하고 찬양하는 말, 절대감사의 말로 충만하게 된다.

---

165 이영훈, "절대긍정의 신학", 한국교회 미래리더 네트워크 3차 모임 세미나, 여의도순복음분당교회(2023. 10. 24.).

166 이영훈, 『절대긍정의 기적』, 59-171.

3. 절대긍정의 영이신 성령의 충만

1) 성령충만과 인격적 친교

절대긍정의 영이신 성령님과 함께할 때 우리의 생각, 믿음, 꿈, 말이 4차원의 능력으로 바뀌게 된다. 그래서 성령충만을 받는 것이 중요하다.

"술 취하지 말라 이는 방탕한 것이니 오직 성령으로 충만함을 받으라"
_에베소서 5:18

성령의 충만은 모든 그리스도인의 지속적인 의무이다. 성령님의 임재와 충만을 위해 중요한 것은 성령님과의 친교이다. 성령님은 바로 '지금, 여기에서here and now' 계시고 일하시기에 늘 그분과 교제하는 것을 쉬지 않아야 한다.

1964년 여의도순복음교회가 성장의 정체기를 맞았을 때 조용기 목사는 교회 부흥을 위해 간절히 기도하고 있었다. 그때 하나님은 그에게 성령님과 인격적으로 교제할 것을 말씀하셨다. 그 이후로 조용기 목사는 '지금, 여기에서' 일하시는 성령님을 환영하고 모셔 들이고 의지하고 예배하며 늘 성령님과 동행하였다.[167] 이를 통해 교회는 침체

---

167 조용기, 『성령론』, 7-10.

를 극복하고 아주 놀라운 부흥을 경험하게 되었다. 조용기 목사의 성령 운동이 한국과 세계 교회에 기여한 가장 긍정적인 영향이 바로 인격적이신 성령님, 그리고 그분과의 교제를 강조한 것이었다.[168] 조용기 목사는 성령 하나님과의 교제가 전인격적이어야 한다고 본다. 즉 지적인 교제말씀 묵상을 통한 성령과의 만남, 정적인 교제성령님에 대한 환영과 인정과 감사, 그리고 의지적인 교제성령님의 뜻에 대한 순종의 결단가 동시에 이루어져야 한다는 것이다.

성령님과의 친교와 충만을 위해서는 기도가 중요하다. 예수님은 성령을 받기 위해 제자들에게 다음과 같이 명하셨다.

"예루살렘을 떠나지 말고 내게서 들은 바 아버지께서 약속하신 것을 기다리라"_사도행전 1:4

예루살렘은 하나님의 성소가 있는 예배의 중심지였다. 성도는 어떠한 경우에도 하나님의 집인 교회와 예배를 떠나서는 안 된다. 예배를 위해 자주 모여야 한다행 1:4. 모여서 하나님의 약속의 말씀을 붙잡고 기도해야 한다. 합심으로 뜨겁게 기도해야 한다행 1:14. 절대긍정의 영이신 성령은 기도하는 가운데 체험되기 때문이다. 성령 운동은 기

---

168 이영훈, "한국의 성령운동에 있어서 조용기 목사와 여의도순복음교회의 공헌", 교회성장연구소 편, 『세계가 주목한 조용기 목사의 교회성장』 (서울: 교회성장연구소, 2008), 62-65.

도 운동이며 기도하지 않는 성령 운동은 있을 수 없다.[169] 4차원의 영성의 기본적 훈련도 기도 훈련에서 시작되는 것이다. 성령 안에서 기도할 때 절대긍정의 4차원의 영성을 배워갈 수 있다.

2) 성령충만과 선교적 비전

절대긍정의 성령님을 체험하게 되면 권능을 받고 예수님의 증인이 되는 비전을 갖게 된다.

> "오직 성령이 너희에게 임하시면 너희가 권능을 받고 예루살렘과 온 유대와 사마리아와 땅 끝까지 이르러 내 증인이 되리라 하시니라"_사도행전 1:8

여기에서 권능은 성령의 은사와 능력도 포함되지만, 복음을 전하여 새 사람이 되도록 만드는 권능이기도 하다. 죽은 영혼이 살아나고 사람이 변화되는 것만큼 위대한 능력은 세상에 없다.

성령을 받기 전에는 개인적 꿈과 자신의 야망을 위해 인생을 산다. 예수님 제자들도 성령을 받기 전에는 이스라엘 나라가 회복될 때 자기들이 개국 공신이 되어 높은 자리를 하나씩 차지하는 꿈을 꾸었다

---

169 홍영기, "영성 운동은 기도 운동입니다"(조용기 목사와의 인터뷰), 『월간 교회성장』, 2003년 5월호, 14.

마 20:20 이하. 그러나 오순절 날 성령을 체험한 제자들은 완전히 변화되었다. 그들을 사로잡고 있던 절대불안과 절대절망의 생각이 절대긍정과 절대희망의 생각으로 변했고, 그들의 믿음이 완전히 변화되었다. 또 그들은 하나님이 주시는 새로운 비전과 꿈을 가지고, 담대하게 입을 열어 복음의 메시지를 전하기 시작했다. 불안과 두려움에 사로잡혀 있던 그들이 죽음도 두려워하지 않고 하나님의 나라를 증거하는 사명자가 된 것이다.

예수님은 성령을 받게 되면 "예루살렘과 온 유대와 사마리아와 땅끝까지 이르러 내 증인이 되리라"행 1:8고 말씀하셨다. 전도는 가장 가까운 곳에서부터 이루어져야 한다. 내 가정에서, 회사나 사업장에서, 동네에서 친지들을 전도해야 한다. 또한 우리가 사는 마을과 도시와 국가를 축복하며 전도해야 한다. 나아가 우리가 가기를 꺼려하거나 우리를 싫어하는 곳에서도 전도해야 한다. 열방을 가슴에 품고 기도하며 전도해야 한다. "증인이 되리라"고 말할 때 증인은 헬라어로 '마르투스μάρτυς'이다. 이 말은 '증인'과 '순교자'라는 이중 의미가 있다. 성령으로 변화된 사람들은 죽음을 각오한 순교자의 정신으로 복음을 전하는 증인이 되는 것이다.

절대긍정의 영이신 성령님으로 충만한 사람은 자신이 속한 사회에도 깊은 관심을 갖는다. 성령님은 이 세상의 아픔을 보시며 탄식하시는 영이시다롬 8:26-28. 그래서 성령충만한 사람들은 이 사회의 죄와 고통을 외면하지 않는다. 한국 사회도 현재 많은 사회적 문제를 안고 있다. 통일 문제, 다문화가족, 노사 갈등, 이념 갈등, 세대간 갈등, 소년소녀 가장 문제, 노숙자, 이혼, 낙태와 미혼모, 저출산 문제 등 해결해야 할 문제가 산적해 있다. 이런 사회적 위기들은 문화를 변혁시키고 사회를 복음으로 이끄는 교회의 사명을 잘 감당할 수 있는 좋은 기회가 될 수도 있다.[170] 사랑 실천과 사회 갱신은 성령님의 권능과 역사가 없이는 이루어질 수 없다. 절대긍정의 생각, 절대긍정의 믿음, 절대긍정의 꿈, 절대긍정의 언어로 무장한 성령충만한 사람들은 개인적 성화뿐 아니라 사회적 성화를 위해서도 헌신하게 된다.[171]

성령님은 예수 그리스도의 영이시다. 예수님은 우리에게 절대긍정의 믿음과 순종의 본을 보여 주셨다. 성령충만은 예수충만이다. 그러므로 성령님이 임하시면 예수님을 알게 되고, 예수님을 닮게 되고, 예수님을 섬기게 되고, 예수님을 증거하는 삶을 살게 된다. 성령의 충만을 사모하고 기도하며 헌신하면 절대긍정의 믿음을 갖게 되고 성령의 열매를 맺게 될 것이다. 또 사랑을 실천하며 담대히 복음을 전하는 하나님의 사명자가 될 것이다. 지금, 이곳에 임하셔서 일하시는 성령님은 하나님의 절대긍정의 사랑을 깨닫게 하시고 우리 삶에 절대긍정의 기적을 일으키시는 능력의 영이시다.

---

170   이영훈, 『이영훈 목사 목회의 길 40년 기념 총서: 성령과 한국교회』, 137-189.

171   이영훈, 『절대긍정의 신학적 실제』(서울: 교회성장연구소, 2024), 파트 7 참조.

너희도 성령 안에서
하나님이 거하실 처소가 되기 위하여
그리스도 예수 안에서 함께 지어져 가느니라

에베소서 2장 22절

Part

7

절대긍정과
교회론

Intro

건축할 때 기초가 잘못 놓이면 그 위에 세워지는 건물 전체는 기울게 되며, 최악의 경우 무너질 수도 있다. 그러므로 기초를 바로 세우는 일은 대단히 중요하다. 교회도 마찬가지다. 기초가 잘못 놓인 교회는 바로 설 수 없으며, 교회를 세운 이의 본래 목적과 다른 방향으로 가게 된다.

교회의 머리는 오직 한 분 예수 그리스도이다골 1:18. 그러므로 참된 교회는 머리이신 주님으로부터 충만한 생명력을 공급받으며, 그의 뜻에 절대적으로 순종함으로 존재하게 된다. 몸과 머리가 서로 분리되어 기능할 수 없듯이 십자가의 피로 구원받은 교회는 예수님과 결코 분리될 수 없는 한 몸을 이루게 되는 것이다.

절대긍정의 교회는 이렇게 생명의 근원이신 예수님에 대한 절대믿음과 절대순종 안에서 성장하는 교회이다. 이번 파트에서는 절대긍정 교회론의 신학적 기초와 더불어 절대긍정 교회의 4대 사명, 그리고 교회를 섬기는 절대긍정 제직의 사명에 대해 살펴보려고 한다.

Chapter
21

절대긍정 교회의
신학적 기초

1. 성경의 교회 개념

1) 구약의 교회

구약에서는 교회를 표현하기 위해 두 단어를 사용하고 있다. 먼저 '부르다'를 의미하는 어근 '칼קל'에서 비롯된 '카할קָהָל'과 '지정된 장소에 모이거나 만나다'를 의미하는 '야아드יָעַד'에서 비롯된 '에다עֵדָה'를 사용하였다.[172] 모세가 시내산에서 하나님의 율법을 전할 때 그 율법을 듣기 위해 모인 모임이 바로 '카할'이었다. 이들은 하나님의 율법을 듣고 그를 예배하기 위해 모였으며, 거기에서 그들은 여호와야훼가

---

172 루이스 뻘콥, 『뻘콥 조직신학 제6권: 교회론』, 고영민 역 (서울: 기독교문사, 1978), 13.

그들의 하나님이요 자기들은 그 하나님의 백성이라는 계약관계에 있음을 알게 되었다.[173] 구약에서의 교회의 개념은 '하나님의 부르심에 응답하여 모인 백성'이라는 의미를 갖고 있다.

2) 신약의 교회

신약에서는 교회의 개념은 세 가지 단어로 사용되고 있다. 먼저 '불러내다'를 뜻하는 '에클레시아ἐκκλησία'와 '함께 모으다'라는 뜻을 지닌 '쉬나고게συναγωγή'이다.[174] '쉬나고게'는 유대인의 종교적 모임 혹은 공적 예배를 위해 모였던 건물들을 나타내는데도 사용된다행 13:43; 계 2:9, 3:9. 또한 '에클레시아'의 전치사 '에크'는 '밖으로'라는 의미를 담고 있다. 다시 말해 교회는 '세상으로부터 불러낸 사람들의 모임'이라는 뜻을 갖고 있다. 또 교회의 개념은 '주님께 속함'을 의미하는 '퀴리아케 κυριακή'에서도 유래되었다.[175] 이는 교회가 하나님의 소유임을 강조하는 단어이다. 어떤 장소나 건물의 개념보다도 교회의 영적 소속감에 더 큰 무게를 두는 개념이다.

3) 거룩한 신부로서의 교회

'신부'의 이미지는 구약에서 유래한다사 54:5-8; 렘 2:2. 신부에게 요구되는 것은 영적 정결함이다. 그러나 역사상 이스라엘은 늘 남편인 하

---

173 이종성, 『춘계 이종성 저작전집 8: 교회론(1)』 (서울: 한국기독교학술원, 2001), 24-28.
174 위의 책, 14.
175 위의 책, 17.

나님과의 언약을 깨뜨리고, 하나님을 떠나 말씀에 불순종하는 음란한 신부로 그려진다호 11:8. 신약에서 예수님도 자신을 신랑으로, 교회를 혼인 예식에 참석하는 신부로 비유하신다막 2:18-20. 주님께서 이 땅에 재림하실 때, 주님의 신부된 교회에게는 정결함과 거룩함이 요구된다롬 12:1-2; 고후 5:17; 벧전 2:9-10. 교회는 세상의 부정과 죄를 탐하지 않고, 예수 그리스도로 옷을 입고 언제나 빛 가운데 행해야 한다롬 13:11-14. 이외에도 성경은 교회의 영적인 개념을 '하나님의 전, 하늘의 문'창 28:17, '진리의 기둥과 터'딤전 3:15, '만민의 기도하는 집'막 11:17 등으로 묘사하고 있다.

2. 절대긍정 교회론의 본질

절대긍정 교회론의 본질을 가장 잘 드러내는 것은 사도 바울의 교회론이다. 바울은 교회의 본질에 대해 이렇게 말하고 있다.

"또 만물을 그의 발 아래에 복종하게 하시고 그를 만물 위에 교회의 머리로 삼으셨느니라 교회는 그의 몸이니 만물 안에서 만물을 충만하게 하시는 이의 충만함이니라"_에베소서 1:22-23

1) 교회의 머리: 예수 그리스도
교회의 본질은 교회의 머리가 바로 예수 그리스도라는 것이다.

"그를 만물 위에 교회의 머리로 삼으셨느니라"_에베소서 1:22

"그는 몸인 교회의 머리시라"_골로새서 1:18

몸이 기형으로 태어나는 사람은 있어도 머리가 없이 태어나는 사람은 없다. 머리가 없으면 죽기 때문이다. 마찬가지로 예수님이 없는 교회는 생각할 수 없고 예수님을 머리로 모시지 않는 사람은 참된 교회의 멤버라고 볼 수 없다. 교회에서는 담임목사, 장로, 개척 멤버 등이 주인 노릇을 해서는 안 되고 오직 예수님만이 주인이 되셔야 한다.

예수 그리스도의 권위와 그분의 말씀이 교회를 지배해야 한다. 죽은 몸인 시체에는 악취가 난다. 교회가 예수님을 주인으로 모시지 않고 사람이 주인 노릇을 하면 죽어가게 되고 험담과 분란과 싸움의 악취가 난다. 믿음 대신 의심만 남고 소망 대신 절망만 남게 된다. 기독교 역사에서도 교회가 예수님을 머리로 하지 않고 오히려 예수 그리스도의 이름을 이용하여 자신의 권력과 이익을 취하는 일들이 많이 있었다. 예수님을 머리로 하지 않으면 수많은 종교 활동이 벌어진다 해도 이익 집단, 사교 집단이 되거나 죽은 조직이 되고 마는 것이다.

진짜 교회의 멤버가 되려면 예수님을 구원자요 인생의 주인으로 확실하게 믿어야 하고, 천국의 생명책에 등록되어야 한다요 10:9, 요 14:6; 계 20:15. 교회에클레시아라는 말이 복음서에서는 마태복음 16장에 처음 등장한다. 예수님은 십자가 구속 사역을 앞두고 제자들과 함께 가이사랴 빌립보에 가셨다. 이곳에서 제자들에게 "너희는 나를 누구라 하느냐?"라는 질문을 하셨는데, 베드로가 "주는 그리스도시요 살아계신 하나님의 아들이시니이다"마 16:16라고 대답하였다. 이때 주님은 이렇게 말씀하셨다. "내가 네게 이르노니 너는 베드로라 내가 이 반석위에 내 교회를 세우리니 음부의 권세가 이기지 못하리라"마 16:18 반석인 베드로의 신앙 고백 위에 자신의 교회를 든든하게 세우겠다고 선포하신 것이다. 이렇게 참된 교회는 예수님에 대한 신앙 고백이 분명하고 머리이신 예수님의 말씀의 통치를 받는 교회이다.

에베소서 1장 22절은 "만물을 그의 발 아래 복종하게 하시고"라고 말하고 있다. 여기서 만물이란 눈에 보이는 우주와 현실 세계, 그리고 눈에 보이지 아니하는 천국 세계를 다 포함하는 것이다. 예수 그리스도는 온 만물과 세계를 하나로 통합시키시는데, 그 만물을 하나 되게 하는 중심에 바로 교회가 있다. 예수님은 그분의 진리의 말씀으로 교회를 통치하시며, 교회를 통하여 온 세상과 만물을 회복시키신다.

2) 교회: 예수 그리스도의 몸

교회의 본질은 교회가 바로 예수님의 몸이라는 것이다.

"교회는 그의 몸이니 만물 안에서 만물을 충만하게 하시는 이의 충만함이니라"_에베소서 1:23

"나는 이제 너희를 위하여 받는 괴로움을 기뻐하고 그리스도의 남은 고난을 그의 몸된 교회를 위하여 내 육체에 채우노라"_골로새서 1:24

머리가 없으면 죽지만, 몸이 아프게 되면 머리도 아프고 몸 없이 머리만 존재할 수도 없다. 마찬가지로 교회는 예수님이 피 값을 주고 사신 생명체이므로 예수님께 지극히 중요한 존재이다. 교회는 예수님이 부활 승천하신 후에 오순절 성령강림 사건으로 탄생하였다. 죽으시고 부활승천하신 예수님은 이 땅에 더 이상 육체로 계시지 않지만, 지금은 교회로 이 세상에 존재하신다.

교회는 천국의 지점이요 대사관이다. 미국 워싱턴의 한국대사관은 미국 땅에 건물이 있기는 하지만 실제로는 한국령에 속해 있고 한국법의 지배를 받는다. 마찬가지로 교회는 이 땅에 존재하는 천국의 대사관인 것이다. 예수님은 교회를 통해 하나님의 진리의 말씀을 선포하시고, 사람들의 영혼을 치료하고 살리신다. 교회를 통하여 하늘과 땅의 복을 풍성하게 부어 주신다. 몸은 머리의 지시를 따를 때 비로소 건강하게 자라날 수 있다.

"오직 사랑 안에서 참된 것을 하여 범사에 그에게까지 자랄지라 그는 머리니 곧 그리스도라 그에게서 온 몸이 각 마디를 통하여 도움을 받음으로 연결되고 결합되어 각 지체의 분량대로 역사하여 그 몸을 자라게 하며 사랑 안에서 스스로 세우느니라"_에베소서 4:15-16

"몸은 하나인데 많은 지체가 있고 몸의 지체가 많으나 한 몸임과 같이 그리스도도 그러하니라"_고린도전서 12:12

사도 바울은 고린도전서 12장 12절에서 교회의 본질에 대해 설명하면서 몸과 지체의 관계에 대하여 말한다. 몸의 모든 지체는 하나의 생명체로 다 연결이 되어 있다. 그래서 몸이 하나인 것처럼 교회 안의 모든 성도들, 즉 각 지체는 다 예수님의 생명으로 하나로 연결되어 있다는 것이다. 몸으로 연결되어 있으면 서로 운명 공동체이기 때문에 사랑 공동체를 만들어야만 살 수 있다.

"만일 한 지체가 고통을 받으면 모든 지체가 함께 고통을 받고 한 지체가 영광을 얻으면 모든 지체가 함께 즐거워하느니라 너희는 그리스도의 몸이요 지체의 각 부분이라"_고린도전서 12:26-27

지체들이 주님 안에서 모두 사랑으로 하나가 되면 몸 가운데 분쟁이 없게 된다고전 12:25. 이 세상을 변화시키려면 하나님의 사람들이 서로 사랑해야 한다.

"너희가 서로 사랑하면 이로써 모든 사람이 너희가 내 제자인 줄 알리라"_요한복음 13:35

교회는 예수님이 지극히 사랑하시는 그분의 몸이다. 그러므로 진정 주님을 사랑한다면 교회를 사랑해야 하며 성도 간에도 서로 사랑하도록 힘써야 한다.

3) 교회의 목표: 예수 그리스도로 충만

교회의 본질은 교회의 목표가 바로 예수님의 충만이라는 것이다.

"교회는 그의 몸이니 만물 안에서 만물을 충만하게 하시는 이의 충만함이니라"_에베소서 1:23

만물 안에서 만물을 충만케 하시는 자는 바로 교회의 머리이신 예수님이시다. 충만은 헬라어로 '플레로마πλήρωμα'인데 영어로는 '충만fullness', '완전completeness'으로 번역되는 단어이다. 이 구절은 교회의 본질에 대한 위대한 진리를 담고 있다. 십자가에 달려 돌아가셨다가 사흘 만에 부활하시고 승천하셔서 하나님의 보좌 우편에 앉아 성부 하나님과 함께 온 세상을 다스리시는 예수 그리스도, 그분이 바로 교회 안에 거하시고 활동하시며 그분의 뜻을 이루어 가신다는 것이다. 그러므로 이 구절의 의미는 두 가지이다. 하나는 예수 그리스도가 만물을 완성하신다는 것이고, 또 다른 하나는 예수 그리스도가 교회를 통하여 만물의 완성을 이루어 가신다는 것이다.

교회는 예수님으로 충만해야 한다. 또 교회는 온 세계에 충만해야 한다. 구약 시대에는 성막이나 돌과 나무로 지은 성전을 하나님이 처소로 삼으셨다. 그러나 이제는 주님이 각 성도 안에 성전을 삼으셔서 교회를 이루신다고전 3:16. 그리고 이 교회를 통하여 세상을 예수님으로 충만하게 하시는 것이다. 그러므로 교회는 더 많이 세워지고 더 많이 부흥해야 한다. 교회는 예수님으로 충만하여 예수님의 인격과 말씀과 권능으로 지배를 받아야 한다. 교회의 중요한 목표 중 하나는 성도 한 사람 한 사람을 주님 안에서 구원하고 완전한 자로 세워가는 것이 되어야 한다. 교회는 머리 되신 예수님의 말씀과 성령으로 계속 갱신되어야 한다.

> "우리가 그를 전파하여 각 사람을 권하고 모든 지혜로 각 사람을 가르침은 각 사람을 그리스도 안에서 완전한 자로 세우려 함이니"_골로새서 1:28

3. 예수님으로 충만한 절대긍정의 교회

예수님의 권위와 말씀에 절대긍정의 믿음을 가지고 절대순종하는 교회는 절대긍정의 교회이다. 절대긍정의 교회는 예수님의 충만을 지향한다. 그럼 교회가 어떻게 예수님으로 충만할 수 있을까? 사도 바울은 에베소서 말씀에서 이에 대한 귀한 통찰력을 제공하고 있다.

> "내리셨던 그가 곧 모든 하늘 위에 오르신 자니 이는 만물을 충만하게 하려 하심이라 그가 어떤 사람은 사도로, 어떤 사람은 선지자로, 어떤

사람은 복음 전하는 자로, 어떤 사람은 목사와 교사로 삼으셨으니 이는 성도를 온전하게 하여 봉사의 일을 하게 하며 그리스도의 몸을 세우려 하심이라 우리가 다 하나님의 아들을 믿는 것과 아는 일에 하나가 되어 온전한 사람을 이루어 그리스도의 장성한 분량이 충만한 데까지 이르리니"_에베소서 4:10-13

바울은 그리스도의 장성한 분량이 충만한 데까지 이르는 방법을 제시하고 있는데, 이는 건강한 교회의 모습과 특징을 보여 준다. 예수님으로 충만한 건강한 교회는 어떤 모습을 보일까?

1) 리더십이 건강한 교회

첫째, 리더십이 건강한 교회이다. 하나님은 교회에 사도, 선지자, 복음 전하는 자, 목사, 교사를 세우셨다엡 4:11. 교회 지도자들은 먼저 교회의 머리이신 주님, 자신을 지도자로 세우신 주님을 절대적으로 믿고 순종해야 한다. 그들은 교회를 개척하고 하나님 말씀을 대언하고, 하나님의 복음을 전하고 하나님의 말씀으로 성도들을 가르치고 돌보며 양육하는 사명을 가지고 있다. 교회 지도자의 역할은 주님의 사랑과 말씀으로 성도를 온전하게 하고 훈련시키는 것이다.

2) 성도들이 사역하는 교회

둘째, 성도들이 온전하게 되어 봉사의 일을 하는 교회이다엡 4:12. 이 말은 주님의 사역을 위해 성도들을 준비시키는 것preparing for works of service을 의미한다. 즉 성도들이 교육과 훈련을 받고 사역자로 세워지는 것이다. 성도들이 지속적으로 말씀으로 양육 받고 성장하는 교회가 되어야 한다. 성도들은 각자 은혜를 받은 만큼, 또 각자 은사대로 그리스도의 몸 된 교회를 섬기며 세워가야 한다.

> "각각 은사를 받은 대로 하나님의 여러 가지 은혜를 맡은 선한 청지기 같이 서로 봉사하라"_베드로전서 4:10

성도들이 교회에서 맡은 직분과 은사와 사명은 크고 작은 것이 없다. 쓸모없는 자도, 더 잘난 자도 없다. 각자 하나님의 사명을 잘 감당할 때 교회가 균형을 잡고 건강하게 성장하게 된다.

> "이제 하나님이 그 원하시는 대로 지체를 각각 몸에 두셨으니 만일 다 한 지체뿐이면 몸은 어디냐 이제 지체는 많으나 몸은 하나라 눈이 손더러 내가 너를 쓸 데가 없다 하거나 또한 머리가 발더러 내가 너를 쓸 데가 없다 하지 못하리라"_고린도전서 12:18-21

사도 바울도 하나님이 자신에게 직분을 주셨고 이것을 통해 하나님의 사명을 이룬다고 고백하고 있다.

> "내가 교회의 일꾼 된 것은 하나님이 너희를 위하여 내게 주신 직분을 따라 하나님의 말씀을 이루려 함이니라"_골로새서 1:25

교회 내 어떤 직분이나 직임을 받았든지 간에, 맡은 자들에게 구할 것은 충성이다고전 4:2.

3) 지속적으로 성장하는 교회

셋째, 지속적으로 성장하는 교회이다. 리더십이 건강하고 성도들이 온전하게 되고 봉사의 일을 하게 되면 그 결과 그리스도의 몸이 세워지게 된다엡 4:12.

교회가 세워지고 성장하는 것은 하나님의 뜻이다. 교회는 질적으로 또 양적으로 성장해야 한다. 이렇게 하려면 하나님의 아들을 믿는 것과 아는 일에 하나가 되어 온전한 사람을 이루어 가야 한다.

"우리가 다 하나님의 아들을 믿는 것과 아는 일에 하나가 되어 온전한 사람을 이루어 그리스도의 장성한 분량이 충만한 데까지 이르리니"
_에베소서 4:13

Chapter
22

절대긍정 교회의
4대 사명

1. 예배: 라트레이아 λατρεία

1) 성령으로 충만한 예배를 드리는 교회

절대긍정 교회의 첫 번째 사명은 예배이다. 예배는 헬라어로 '라트레이아λατρεία'인데, 이는 오직 하나님만을 향한 예배를 의미한다. 성장하는 교회는 성령으로 충만한 예배 공동체이다. 예배의 대상은 세상에 예수 그리스도를 보내서서 교회를 구원하신 좋으신 하나님이다. 예배는 교회만이 드릴 수 있는 거룩한 책무이며, 하나님의 임재가운데 하나님과 교제할 수 있는 무한한 영광이다. 사도행전의 증언에 따르면, 초대교회는 기도와 성령의 충만한 임재 가운데 하나님을 찬송하였음을 알 수 있다행 2:1-4, 8:14-17, 10:44-48, 19:1-7.

절대긍정 교회에는 말씀 지식과 교리에 의존하여 습관적으로 드리는 예배가 아닌, 영과 진리로 드리는 참된 예배가 나타난다요 4:23. 이러한 예배는 오순절 신앙의 특징인 체험적 신앙과 분리될 수 없다.[176] 성도 개개인의 삶 속에서 먼저 성령의 실제적인 역사를 경험한 만큼 더 깊이 하나님을 예배할 수 있기 때문이다. 그러므로 성장하는 교회는 성령님을 예배의 중심에 모신다. 성령을 향해 닫힌 예배 가운데서는 성도들의 심령이 살아날 수 없으며, 화해와 일치를 기대할 수도 없고, 분열과 갈등만이 야기될 뿐이다.[177] 그러나 성령으로 충만한 교회는 어떠한 절망적인 상황 속에서도 하나님을 예배한다.

2) 하나님의 뜻대로 예배를 드리는 교회

교회는 여러 가지 사역을 많이 하지만 그 중에 가장 중요한 사역이 예배이다. 하나님은 모세를 통하여 이스라엘 백성을 출애굽 시키는 목적을 하나님께 대한 제사라고 말씀하셨다출 5:1-3. 애굽의 바로는 모세가 출애굽을 요구하자, 그렇게 멀리 가서 제사를 드릴 필요가 없다고 하면서 애굽 땅에서 제사를 드리라고 했다.

"바로가 모세와 아론을 불러 이르되 너희는 가서 이 땅에서 너희 하나님께 제사를 드리라"_출애굽기 8:25

---

176 이영훈, 『성령과 교회』, 252.
177 성종현, "신약성서에 나타난 교회: 교회의 본질과 사명에 대한 신약성서 신학적 고찰", 『교회와 신학』 Vol. 30 (1997), 83.

노예도 잃지 않고 재앙도 면해보려는 의도에서 타협을 시도한 것이다. 그러나 모세는 바로의 현혹에 넘어가지 않고 하나님의 말씀을 고수하였다.

하나님은 더러운 땅에서 드리는 제사를 기뻐하시지 않는다웹 14:4; 스 9:11. 하나님이 기뻐하시는 곳은 하나님의 임재가 있는 곳이며 거룩한 곳이다. 주님이 사랑하셔서 핏값으로 사신 몸 된 교회에 와서 예배를 드리는 것이 중요하다. 공예배는 교회에 와서 드리는 것이 바람직하다. 요새 인터넷을 통해서도 예배를 드릴 수 있고 좋은 설교를 들을 수 있지만, 진정한 예배를 위해서는 자신의 희생이 필요하다. 집에서 적당히 예배하는 것이 아니라 좀 멀어도 좀 힘들어도 시간과 몸과 물질의 희생이 있어야 한다. 이스라엘 백성들은 시간이 걸려도 예루살렘에서의 제사를 기뻐하였다.

"사람이 내게 말하기를 여호와야훼의 집에 올라가자 할 때에 내가 기뻐하였도다"_시편 122:1

모세는 애굽의 바로에게 사흘 길쯤 가서 제사를 드리려 한다고 말한다. "우리가 사흘 길쯤 광야로 들어가서 우리 하나님 여호와야훼께 제사를 드리되 우리에게 명령하시는 대로 하려 하나이다"출 8:27 하나님의 명령을 따라 순종하겠다는 것이 모세의 생각인데, 사흘 길은 고센에서 시내산까지 가는 거리이다. 그 시내산에서 하나님의 계명을 받게 되기 때문이다. 하나님은 모세를 통해 성막을 계시하시고 하나님의 계명과 피의 제사법을 알려주심으로 구원으로의 여정을 보여주신 것이다. 예배드릴 때 가장 중요한 것은 자신의 방식이나 환경에 따라 드리는 것이 아니라 하나님의 말씀과 뜻에 따라 드리는 것이다.

3) 기도에 힘쓰는 교회

오순절 날 마가의 다락방에서 제자들이 기도할 때, 예수님께서 약속하신 성령이 임하심으로 최초의 교회인 예루살렘 교회가 세워졌다행 2:1-4. 이후로도 교회는 함께 모여 기도하기에 힘썼다.

> "그들이 사도의 가르침을 받아 서로 교제하고 떡을 떼며 오로지 기도하기를 힘쓰니라"_사도행전 2:42

교회의 탄생과 성장 동력은 다름 아닌 '기도'였다. 성장하는 교회는 절망적인 상황 가운데서도 기도함으로 위기의 상황을 극복한다. 베드로가 복음을 전하다 옥에 갇히던 시간, 교회는 그를 위하여 간절히 하나님께 기도하였다행 12:5. 그 결과 쇠사슬이 풀리고, 베드로는 천사의 인도를 받아 한밤중에 옥문을 열고 나올 수 있었다.

성장하는 절대긍정의 교회는 하나님의 선하심을 신뢰함으로 함께 모여 기도한다. 단순히 자신의 문제를 위해 기도하는 차원을 넘어, 교회와 전도의 사명을 위해 중보기도 한다. 교회성장 학자들에 따르면, 건강한 교회성장은 회심성장conversion growth을 통해 이루어진다고 한다.[178] 다시 말해 참된 부흥은 예수 그리스도를 몰랐던 사람이 복음을 듣고 주님의 제자가 되는 것을 의미한다. 사도행전은 바로 이러한 '회심성장'의 역사를 증언한다. 지역교회 안에서의 수평이동을 말하고 있지 않고, 불신자가 어떻게 회심을 하였는지를 그려내고 있다. 교회의 성장 동력이 바로 절대긍정의 믿음의 기도였다.[179] 하나님은 이러한 기도를 통해 구원의 역사와 기적을 일으키신다.

2. 교육: 디다케 διδαχή

1) 말씀으로 양육하는 교회

절대긍정 교회의 두 번째 사명은 교육이다. 최초의 교회였던 예루살렘 교회는 사도들의 가르침 즉, 하나님의 말씀을 받는 성도들의 모임이었다^{행 2:42}. 여기서 '가르침'으로 번역된 단어는 '디다케^{διδαχή}'이다. 사도들은 모일 때마다 교회에 하나님 말씀을 가르쳤으며, 성도들

---

178 도날드 맥가브란 박사는 교회성장 유형을 크게 네 가지로 구분하는데, 내적 성장(international growth), 팽창성장(expansion growth), 확장성장(extension growth), 가교성장(bridging growth) 등이 있다. 팽창성장은 예수님을 몰랐던 새로운 교인들이 유입되는 것을 의미하는데, 생물학적 성장, 회심성장 등이 이에 해당한다. Donald A. McGavran, *Understanding Church Growth*, (Grand Rapids: Wm. B. Eerdmans Publishing Company, 1990), 160.

179 우리가 기도해야 하는 이유는 사도행전이 증언하는 교회 부흥의 역사가 실제로 많은 경우 기도와 연관되어 있기 때문이다. 교회의 탄생은 기도와 관련이 있다(행 2:1-4). 사마리아 교회가 세워진 일도(행 8:15), 이방인이었던 백부장 고넬료 가정에 구원이 임한 사건도 모두 기도와 관련이 있다(행 10:2, 4). 기도는 교회가 세워지고, 성장하고, 회심의 역사가 일어나는 데 필수적인 역할을 한다.

은 사도들의 가르침을 믿음으로 받았던 것이다. 이를 통해 성장하는 교회는 기도와 더불어 하나님의 말씀을 가르치는 공동체이며, 성도들을 교육하는 일이 교회의 중대한 사명임을 알 수 있다.

예수님은 하늘로 올라가시기 전 "내가 너희에게 분부한 모든 것을 가르쳐 지키게 하라"마 28:20고 당부하셨다. 여기서 주님께서 강조하신 말씀은 하나님의 말씀을 가르치고 지키라는 것이었다. 그러므로 말씀을 단순히 가르치는 것만으로는 부족하다. 교회는 말씀을 지키는 단계까지 나아가야 한다. 교회의 중직들과 성도들이 말씀의 권위에 순종하며, 말씀의 가르침으로 양육 받을 때 비로소 교회는 건강하게 성장한다. 말씀 교육은 장년세대뿐 아니라, 다음세대에 이르기까지 전 세대에 걸쳐 이뤄져야 하는 교회의 사명이다.[180]

2) 말씀으로 충만한 교회

절대긍정 교회는 성령으로 충만하여 말씀의 인도를 받는 교회이다. 교회의 방향과 크고 작은 결정을 내릴 때도, 늘 하나님의 말씀이 중심이 되어야 한다.

---

[180] 칼빈은 교회의 역할을 어머니에 비유하였다. "하나님께서는 그의 자녀들을 교회의 품속으로 모으셔서 유아와 어린아이의 상태에 있는 동안 교회의 도움과 사역을 통하여 그들을 가르치실 뿐 아니라, 또한 그들이 장성하여 마침내 믿음의 목표에 도달하기까지 어머니와 같은 보살핌을 통하여 인도하시기를 기뻐하시는 것이다." 존 칼빈, 『기독교 강요(下)』, 원광연 역 (서울: 크리스천다이제스트, 2003), 10.

"주의 말씀은 내 발에 등이요 내 길에 빛이니이다"_시편 119:105

성령님의 중요한 사역은 좋으신 예수님을 증언하는 것이며, 진리
이신 그리스도의 말씀을 깨닫게 하는 것이다요 15:26, 16:13. 하나님의 말
씀으로 충만한 교회는 성령의 인도함을 받아 그리스도 안에서 자라
날 수밖에 없다엡 4:13.

도널드 맥가브란Donald A. McGavran은 복음의 수용성receptivity에 대해 말
한 바 있다.[181] 복음의 수용성은 말씀을 듣는 이들의 수용적인 태도
와 깊은 연관이 있다. 하나님의 말씀에 대해 열린 태도를 가진 교회
는 성장할 수밖에 없다살전 2:13. 성장하는 교회는 하나님께서 사도들을
통해 계시하신 성경의 진리 위에 바로 서 있다. 목회자가 말씀을 올
바로 전하고, 성도들은 성경의 진리를 귀하게 여길 때 비로소 교회는
말씀 위에 자라나는 것이다. 절대긍정의 교회는 하나님의 말씀을 귀
하게 여기며, 말씀을 늘 주야로 묵상하며, 말씀 안에서 답을 얻으며,
말씀을 통해 성장한다시 1:1-2, 119:105.

3. 친교: 코이노니아 κοινωνία

절대긍정 교회의 세 번째 사명은 친교이다. 친교는 헬라어로 '코이

---

[181]   Donald A. McGavran, *Understanding Church Growth*, 179–192.

노니아ΚΟΙνωνία'인데, 이는 단순한 회합會合이 아닌 주 안에서의 사귐을 의미한다. 초대교회는 함께 모여 친교와 교제를 나누던 공동체였다. 이들은 모일 때마다 성찬의 떡을 떼며 교제하였다행 2:46; 고전 11:24. 이들은 성찬을 통해 그리스도의 고난을 기억하며, 공동체가 주 안에서 한 몸임을 확인하는 영적 친교를 나누었던 것이다. 이러한 성도의 교제의 중심에 언제나 그리스도가 있다. 세상의 모임은 자신들의 이익과 분리되어 존재하지 않지만, 절대긍정의 교회는 주 안에서 서로 섬기기 위해 존재하는 이타적 공동체이다. 그러므로 절대긍정의 교회는 늘 주 안에서 모이기에 힘쓴다. 함께 모여 삶 속에서 자신들에게 베푸신 하나님의 은혜를 나누는 것이다.

1) 사랑으로 충만한 교회

성장하는 교회는 주님의 사랑으로 충만한 교회이다. 초대교회는 믿는 사람이 다 함께 있어 모든 물건을 서로 통용하고, 재산과 소유를 팔아 각 사람의 필요를 따라 나눠 주었다행 2:44-45. 이를 통해 우리는 교회성장의 원리가 '사랑'임을 알 수 있다. 예루살렘 교회는 성도들과 이웃을 향해 자신의 소유를 나누어 주고 베푸는 실천적 섬김이 있었다. 참된 사랑은 말에만 있지 않고 분명한 행동으로 드러나게 된다.

"자녀들아 우리가 말과 혀로만 사랑하지 말고 행함과 진실함으로 하자"_요한1서 3:18

한 교회가 양적 성장뿐 아니라, 질적으로도 성장하였는지 알 수 있는 대목은 그 교회가 서로 얼마나 사랑하는지를 보면 된다. 내면이 건강하게 성장하는 교회는 말로만 사랑을 외치는 교회가 아닌, 행함과 진실함으로 서로 사랑하는 교회이다.

2) 감사로 충만한 교회

절대긍정의 영성으로 충만한 공동체는 예수 그리스도를 중심으로 함께 모여 주께서 행하신 일들로 인해 감사한다. 이러한 감사는 상황과 조건을 뛰어넘는 감사이다. 예루살렘 교회는 성령의 역사 가운데 폭발적으로 성장해 나갔지만행 2:41-47, 4:4, 동시에 유대인들의 질투와 미움으로 늘 위협을 받았으며 로마제국의 압제 가운데 큰 고난을 겪었다. 항상 기뻐할 수 없는 현실 가운데, 교회는 '마음을 같이하여' 하나님의 은혜에 감사하였다행 2:46. '예수 그리스도의 은혜와 하나님의 사랑과 성령의 교통하심 속에서'고후 13:13 이들은 절대감사의 마음으로 하나님을 경배하였다.

> "너희가 짐을 서로 지라 그리하여 그리스도의 법을 성취하라"
> _갈라디아서 6:2

절대긍정의 교회는 주님 안에서 서로의 짐을 함께 진다. 주님 안에서 모든 것을 함께 나누면 아픔은 줄어들고, 기쁨은 배가 된다. 예수님을 믿는다고 하지만 교회 공동체에 속하지 않는 사람들이 있다. 코로나19 이후에 이런 현상이 더 증가하고 있다. 우리가 예수님을 진정 믿고 사랑한다면 그분의 몸 된 교회도 사랑해야 한다. 교회는 믿음의 공동체이기에 더욱 모이기에 힘써야 한다히 10:25. 더 자주 모여 예배하고 말씀 가운데 친교해야 한다.

4. 전도: 케뤼그마 κήρυγμα

1) 교회의 절대적 사명인 복음전도

절대긍정 교회의 네 번째 사명은 전도이다. '케뤼그마κήρυγμα'는 '선포'라는 뜻으로 복음을 전한다는 의미를 담고 있다. 성장하는 교회는 모이는 교회인 동시에 흩어지는 교회이다. 세상 속으로 나가 자신을 '어둠을 밝히는 빛'이요, '세상의 빛과 소금'으로 부르신 주님의 소명에 응답하는 것이다마 5:13. 선교하는 교회는 성장할 수밖에 없다.

> "하나님을 찬미하며 또 온 백성에게 칭송을 받으니 주께서 구원 받는 사람을 날마다 더하게 하시니라"_사도행전 2:47

이 구절을 통해 우리는 예루살렘 교회의 성장이 멈추지 않고 있다는 사실을 알 수 있다. 여기서 "더하게 하시니라"로 번역된 헬라어는 '프로세티데이προσετίθει'인데 미완료 시제로 사용되었다. 다시 말해, 성경은 초대교회의 성장이 한 번에 끝나지 않았으며 계속 진행되었음을 증언하고 있는 것이다. 살아있는 교회에는 새로운 성도들이 지속적으로 유입된다. 그런데 복음전도는 단순히 사람의 말로 이뤄지는 것이 아니라 성령의 권능으로 이루어진다.

> "오직 성령이 너희에게 임하시면 너희가 권능을 받고 예루살렘과 온 유대와 사마리아와 땅 끝까지 이르러 내 증인이 되리라"_사도행전 1:8

'복음전도'라는 궁극적 사명을 이루기 위해 교회는 성령의 능력을 간구해야 한다. 조용기 목사는 다음과 같이 말한다.

> 선교의 열정과 능력은 어디서 나오는 것일까요? … 선교의 능력은 성령 충만에 있습니다. 성령이 우리에게 임하시면 앉으나 서나 선교할 수밖에 없습니다. 주님은 우리에게 증인이 되라고 하셨습니다. 그러므로 우리가 성공적인 선교를 하고 성공적인 교회가 되기 위해서는 우리 자신이 먼저 그리스도의 영에 확실히 붙잡히는 체험을 하여야 할 것입니다.[182]

절대긍정의 교회는 성령의 충만한 능력을 받아 땅끝까지 좋으신 하나님의 사랑과 그분의 외아들 독생자 예수 그리스도의 복음을 전하는 선교적 교회이다.

---

[182] 조용기, 『순복음의 진리(下)』 (서울: 서울서적, 1988), 413-414.

2) 지역사회로부터 칭찬받는 교회

예루살렘 교회는 지역사회에 긍정적 영향을 미치는 공동체였다.

"하나님을 찬미하며 또 온 백성에게 칭송을 받으니 주께서 구원 받는
사람을 날마다 더하게 하시니라"_사도행전 2:47

개역개정 성경에서 '칭송'으로 번역된 '카리스χάρις'는 기본적으로
'은혜'라는 뜻이 있지만, 특정 대상에 대한 '호감'이라는 의미가 있다.
다시 말해 예루살렘 교회는 지역사회에 호감을 주는 공동체였던 것
이다.[183]

오늘날 우리는 전도가 힘들다고 하는 시대를 살아가고 있다. 주님
의 지상명령은 온 교회가 예수 그리스도의 증인이 되는 데 있지만, 세
상은 우리가 전하는 복음에 좀처럼 마음을 열지 않는다. 교회에 대해
호감을 느끼지 못하기 때문이다. 그러나 절대긍정의 교회는 빛과 소
금의 역할을 감당함으로 세상으로부터 호감을 느끼게 만든다. 예루살
렘 교회가 현실 속에서 보여 주었던 칭찬의 모습은 이미 지역사회를
향한 절대긍정의 메시지였고 이는 복음전도에 핵심 요소가 되었다.

---

183 새번역 성경은 이와 같은 번역을 지지한다. "그래서 그들은 모든 사람에게서 호감을 샀다"(행
2:47)

교회를 섬기는
절대긍정 제직론

절대긍정 교회론에서 중요한 것이 제직의 역할이다. 제직은 성령님이 교회 가운데 세우신다. 교회 내에서 질서와 조직을 만드신 분이 바로 성령 하나님이시기 때문이다.

"여러분은 자기를 위하여 또는 온 양 떼를 위하여 삼가라 성령이 그들 가운데 여러분을 감독자로 삼고 하나님이 자기 피로 사신 교회를 보살피게 하셨느니라"_사도행전 20:28

절대긍정의 교회에서 절대긍정의 제직은 어떤 의미와 특징을 가지고 있을까?

1. 제직과 섬김의 직분

제직은 예수 그리스도의 몸 된 교회를 섬기기 위해 주어진 직분이다. 어떤 직분이든지 간에 하나님의 집인 교회에서 맡은 직분은 거룩한 것이다.

"나를 능하게 하신 그리스도 예수 우리 주께 내가 감사함은 나를 충성되이 여겨 내게 직분을 맡기심이니"_디모데전서 1:12

어떤 직분으로 어떤 봉사를 하게 되든 하나님을 섬기는 일은 결코 작은 일이 아니라 너무나도 귀한 일임을 기억해야 한다.

"이스라엘의 하나님이 이스라엘 회중에서 너희를 구별하여 자기에게 가까이 하게 하사 여호와야훼의 성막에서 봉사하게 하시며 회중 앞에 서서 그들을 대신하여 섬기게 하심이 너희에게 작은 일이겠느냐"_민수기 16:9

사도 바울은 디모데전서에서 감독의 직분과 집사의 직분에 대해 언급하고 있다딤전 3:1-15. 여기서 집사라는 말은 영어로는 'deacon'이라고 하는데 이 말은 섬김이란 헬라어 단어 '디아코노스διάκονος'에서 유래한 말이다. '디아코노스'라는 말의 문자적인 의미는 '먼지를 일으키며 간다'는 뜻이다. 이 말은 하인이 자기 주인의 모든 필요를 채우기

위해 먼지를 일으키면서 분주하게 움직이며 일하는 모습을 나타낸
다. 그러므로 집사들은 교회 내에서 먼지를 일으키며 최선을 다하여
주님 일을 섬겨야 한다.

봉사를 할 때 섬김의 자세가 매우 중요하다. 교회에서는 제일 많이
섬기는 자가 직분을 맡아야 하며 더 큰 직분을 맡은 자가 더 많이 섬
겨야 한다. 제직과 성도들이 교회에서 어떤 직분을 맡았든지 간에 그
것은 섬겨야 하는 직분이며 동시에 영광의 직분이다.

"하물며 영의 직분은 더욱 영광이 있지 아니하겠느냐 정죄의 직분도 영
광이 있은즉 의의 직분은 영광이 더욱 넘치리라"_고린도후서 3:8-9

바울은 선교하면서 고생도 많이 했지만 자신에게 맡겨진 직분을
아주 영광스럽게 여겼다.

"내가 이방인인 너희에게 말하노라 내가 이방인의 사도인 만큼 내 직분
을 영광스럽게 여기노니"_로마서 11:13

그렇다면 건강한 교회의 제직은 어떠한 자질을 갖추어야 하며, 또
그 역할은 무엇일까?

2. 제직의 종류와 자질

제직의 종류는 일반적으로 집사, 안수집사, 권사, 장로 등이 있다. 교회에서 집사 직분을 맡은 자들은 말씀 사역을 제외하고 교회에서 필요한 모든 봉사를 감당해야 한다. 집사는 교회의 동맥이나 정맥과 같아서 피를 순환하게 하고 신경 조직과 같아서 몸 전체를 연결해 준다. 한국의 개신교 교회에서는 일반적으로 집사직을 둘로 나누어 1년 직인 서리집사와 평생직인 안수집사로 구분한다. 보통 처음에는 서리 집사로 1년 임기로 임명된다. 안수집사가 된다는 것은 서리직에서 영구직으로 그 집사의 직분이 전환되었음을 의미한다. 안수집사는 교회 내의 모든 봉사를 책임지고 서리집사를 지도하며 교회를 섬기는 역할을 한다.

"이와 같이 집사들도 정중하고 일구이언을 하지 아니하고 술에 인박히지 아니하고 더러운 이를 탐하지 아니하고 깨끗한 양심에 믿음의 비밀을 가진 자라야 할지니"_디모데전서 3:8-9

사도 바울은 디모데전서 3장에서 집사의 자질에 대해 언급하고 있다. 여기에서 집사의 자격은 현대 교회에서 모든 제직의 자질에 대해 적용될 수 있다. 특히 안수집사나 장로의 경우에도 해당된다. 집사는 외모와 영혼이 단정해야 하고 일구이언을 해선 안 되고 아첨, 비방, 농담, 음담패설을 해서도 안 된다. 또 술은 사람으로 하여금 취하게 하며 헛소리를 하게 하고 죄를 짓도록 충동질하기 때문에 집사는 술을 끊어야 한다. 집사는 빚을 갚지 않거나 더러운 수입을 가져서는 안 되고 돈 문제에 있어서 깨끗해야 한다. 깨끗한 양심에 믿음의 비밀을 가져야 한다.

교회 내에는 항존직이 있는데 그것은 목사, 장로, 안수집사, 권사이다. 항존직은 교회라는 조직의 틀을 유지하기 위해 교회 안에 항상 존재하여야 할 일꾼을 의미한다. 교회는 이 외에 사역의 필요에 따라 부교역자나 서리집사 등을 임명한다. 항존직 직분자가 된다는 것은 그 교회를 사랑하고 헌신하고 책임을 지는 것을 전제로 하는 것이다.

권사라는 직분은 교회에 충성하고 헌신하는 여성 집사 가운데에서 더 나이가 들고 본이 되는 자들을 항존직 일꾼으로 교회에 세우는 것이다. 권사는 여자 집사 중에서도 지도급 인물 중에서 선출되므로 목회자를 잘 협력하며 도와야 한다. 또 연약한 성도, 어려움을 당한 성도, 기도가 필요한 성도를 위로하고 심방하는 역할을 감당해 주어야 한다. 무엇보다 기도의 어머니로서 열심히 중보하며 기도해야 한다.

장로 직분은 목사가 목회에 전념할 수 있도록 목사를 보좌하고 교회의 재정적 운영과 성도들의 관리를 맡아서 보는 중요한 직책이다. 교회 내의 모든 성도들을 대표하여 교회를 운영하고 담임목사의 목회가 꽃이 필 수 있도록 섬기는 것이다. 평신도의 대표자로서 교회를 하나님 말씀대로 치리하고 모든 성도를 섬기는 역할을 한다. 그러므로 장로는 담임목사와 교회 모든 성도의 신임을 얻고 믿음과 덕망이 있는 사람 중에 임명이 되어야 한다.

초대교회에는 여성들의 역할도 아주 중요하였다. 자칫 잘못하면 여성들의 시기나 미움으로 교회 내에 분쟁이 일어나는 경우도 있기에 바울은 여성 집사의 자격도 이야기했다.

"여자들도 이와 같이 단정하고 참소하지 말며 절제하며 모든 일에 충성된 자라야 할찌니라"_디모데전서 3:11, 개역한글

여성 집사는 세상적인 사치나 사고방식이 다 씻겨져야 하고 무엇보다 참소해서는 안 된다. 참소라는 말은 남의 좋지 않은 점들을 들추어내어 지적하고 말하는 것이다. 늙은 여자 집사, 즉 오늘날 권사에 해당 되는 경우도 바울은 디도서 2장 3절개역한글에서도 참소하지 말라고 교훈을 준다. 권사는 사람들에게 말을 많이 하지 말고 하나님께 말을 많이 하여야 한다. 기도의 어머니요 기도의 용사가 되어야 하는 것이다. 그러므로 기도하지 않는 권사는 권사의 자격이 부족한 것이다.

하나님의 집에서 하나님의 직분을 맡은 자들은 구별되고 거룩한 삶을 살아야 한다. 민수기 6장에 보면 하나님께 구별된 나실인의 서원 세 가지가 있는데 그것은 술을 마시지 않는 것, 머리를 자르지 않

는 것, 그리고 마지막이 시체를 가까이하지 않는 것이다민 6:6-7. 이 모든 것은 '구별된 거룩함'을 보여 준다. 시체는 쉽게 부패한다. 아무리 좋은 음식도 부패하면 썩은 냄새가 나고, 물건도 부패하면 그 효용 가치가 사라지듯 교회에서 하나님의 종들과 직분자들이 조심해야 하는 것이 바로 부패decay인 것이다. 그러므로 교회를 섬기는 직분자는 끊임없이 자신을 살피며, 하나님 말씀과 기도로 거룩함을 향해 나아가야 한다딤전 4:5.

3. 제직의 교회 사랑

1) 교회 사랑의 당위성

시편 137편에는 이스라엘 백성들이 바벨론 포로생활 가운데 있을 때에 예루살렘 성전을 간절히 그리워하는 모습이 나온다. 이들이 예루살렘에 있을 때는 성전이 그렇게 좋은 줄 모르고 오히려 하나님을 외면하고 불순종하고 헛된 우상숭배에 빠져 있었다. 그러다가 결국 하나님의 징계로 바벨론에 끌려가고 그때서야 예루살렘 성전이 얼마나 귀한 곳인지 그리고 그들이 얼마나 큰 축복을 누리고 있었는지를 깨닫고 예루살렘을 기억하며 울었던 것이다.

"예루살렘아 내가 너를 잊을진대 내 오른손이 그의 재주를 잊을지로다
내가 예루살렘을 기억하지 아니하거나 내가 가장 즐거워하는 것보다 더

즐거워하지 아니할진대 내 혀가 내 입천장에 붙을지로다"_시편 137:5-6

이 말씀은 이스라엘 백성들이 고통을 당하면서 과거 성전 중심으로 살았던 때가 가장 행복한 삶이었다는 것을 깨닫고 고백한 것이다.

모세에게는 '시내산'이라는 말씀을 받고 은혜 받는 자리가 있었고, 엘리야에게는 '갈멜산'이라는 영적 승리의 자리가 있었다. 성도들에게 가장 중요한 자리는 '은혜 받는 자리'이며 그곳은 바로 주님의 말씀과 약속이 있는 교회이다. 사람들이 밤에 자는 집은 육신의 보금자리가 되지만, 교회는 영혼의 보금자리가 된다시 84:3. 예수님을 진정 사랑하면, 주께서 피 흘려 사신 그의 몸인 교회도 당연히 사랑하게 된다. 주님과 교회는 분명 분리될 수 없는 한 몸이기 때문이다고전 12:12. 제직은 교회를 위해 눈물과 기도로 봉사하며 각자의 직분과 사명을 잘 감당해야 한다.

2) 교회 사랑의 방법

(1) 예배와 모임

교회를 사랑한다면 먼저 모이기에 힘써야 한다. "모이기를 폐하는 어떤 사람들의 습관과 같이 하지 말고 오직 권하여 그날이 가까움을 볼수록 더욱 그리하자"히 10:25 성경은 교회에 오는 자가 복이 있다고 말한다. "주의 집에 사는 자들은 복이 있나니 그들이 항상 주를 찬송하리이다"시 84:4 교회를 사랑한다면 예배에 더 열심을 내야 하고 성전에 있는 것을 좋아해야 한다. "주의 궁정에서의 한 날이 다른 곳에서의 천 날보다 나은즉 악인의 장막에 사는 것보다 내 하나님의 성전 문지기로 있는 것이 좋사오니"시 84:10

(2) 섬김과 봉사

섬김과 봉사는 교회 사랑의 방법이다. 제직은 무엇보다도 기도로 교회를 섬겨야 한다. 매일 교회를 위해 기도해야 한다. 또 물질로도 교회를 섬길 수 있다. 초대교회 때 바나바는 교회를 너무나 사랑하여 자신의 밭을 팔아서 그 재산을 교회에 다 바쳤다행 4:36-37. 아나니아와 삽비라처럼 자신을 돋보이게 하기 위한 공명심으로 한 것이 아니라 주님과 교회를 사랑해서 한 것이다. 또 자신의 은사나 몸으로도 교회를 섬길 수 있다. 교회 일이나 행사에도 적극 참여해야 한다. 교회 사역을 하면서 억울한 말이나 심지어 비판의 말을 들어도 교회를 위해 섬기는 열정을 멈추어서는 안 된다. 성도들은 교회에서 사람을 섬기는 것이 아니라 바로 주 예수 그리스도를 섬기는 것이기 때문이다골 3:23-24.

(3) 전도

마지막으로 전도에 앞장서는 것이 교회를 사랑하는 방법이다. 전도는 바로 예수님이 오신 목적이고, 또 예수님이 제자들을 세우신 목적이기 때문이다.

"이에 열둘을 세우셨으니 이는 자기와 함께 있게 하시고 또 보내사 전도도 하며 귀신을 내쫓는 권능도 가지게 하려 하심이러라"_마가복음 3:14-15

교회성장과 전도의 사명은 목회자에게만 주어진 것이 아니라 모든 성도의 사명이다. 예수님은 한 생명이 온 천하보다 귀하다고 하였다. 예수님이 거라사 지방에 가셨을 때 귀신 들린 광인을 보았는데, 그 영혼을 살리기 위하여 돼지 떼 2천 마리를 죽게 하셨다막 5:1-15. 이처럼 한 영혼의 가치는 천하보다 귀하다눅 15:4, 8, 32.

4. 제직의 봉사 자세

교회 제직의 봉사의 자세는 무엇일까? 이에 대해 베드로전서에서는 우리에게 귀한 교훈을 제시한다.

"만일 누가 말하려면 하나님의 말씀을 하는 것 같이 하고 누가 봉사하려면 하나님이 공급하시는 힘으로 하는 것 같이 하라 이는 범사에 예수 그리스도로 말미암아 하나님이 영광을 받으시게 하려 함이니 그에게 영광과 권능이 세세에 무궁하도록 있느니라 아멘"_베드로전서 4:11

제직은 하나님이 말씀하시는 것처럼 말해야 하고벧전 4:11, 하나님이 공급하시는 힘으로 봉사해야 하며빌 3:3, 모든 영광을 하나님께 돌려야 한다고전 10:31.

1) 하나님이 말씀하시는 것처럼 봉사하라

교회 제직은 하나님의 마음을 가지고 긍정의 말로 섬겨야 한다. 베드로전서 4장 11절은 "만일 누가 말하려면 하나님의 말씀을 하는 것 같이 하라"고 말한다. 봉사자는 늘 '예수님이라면 어떻게 말씀하실까?'를 생각해야 한다.

> "여자들도 이와 같이 단정하고 참소하지 말며 절제하며 모든 일에 충성 된 자라야 할찌니라"_디모데전서 3:11, 개역한글

여기서 '참소하다'로 번역된 헬라어는 '디아볼로스διάβολος'인데, 이는 비방하거나 중상모략하는 것을 의미한다. 이는 성도들의 죄와 허물을 들추어 고발하는 사탄의 속성이다계 12:9-12. 이러한 말 때문에 교회가 사탄의 시험에 빠지게 되는 것이다.

가나안 땅 입성을 앞두고, 부정적인 보고를 하였던 열 명의 정탐꾼과 그 말을 듣고 하나님께 반역하였던 백성들은 40년의 시간 동안 모두 광야에서 죽고 말았다. 약속의 땅에 들어갈 수 있었던 사람은 결국 하나님의 말씀을 절대신뢰함으로 긍정적 보고를 하였던 여호수아와 갈렙 뿐이었다. 제직일수록 특별히 말에 있어 조심하여야 한다.

부정적인 말은 덕을 세우지 못하며 하나님께서 기뻐하지 않으신다. 험담과 비판은 교회를 병들게 한다. 특별히 목회자에 대한 험담을 조심해야 한다. 하나님께서는 성도의 영혼을 책임지도록 그들에게 영적 권세를 주셨기 때문이다히 13:17. 목회자가 기쁨으로 목회할 수 있도록 도와주는 제직에게 하나님께서는 은혜를 더하여 주신다. 사람들의 기쁨이 아니라 하나님의 기쁨을 구하는 일꾼이 되어야 한다갈 1:10. 교회를 섬기는 제직일수록 절대긍정의 믿음을 가지고 긍정의 언어로 봉사하며 하나님을 기쁘시게 해야 한다.

2) 하나님의 능력으로 봉사하라

제직은 하나님이 주시는 힘으로 봉사해야 한다. 베드로전서 4장 11절은 "누가 봉사하려면 하나님이 공급하시는 힘으로 하는 것 같이 하라"고 말한다. 하나님은 봉사의 직분에 합당한 능력을 부어 주신다.

> "하나님의 성령으로 봉사하며 그리스도 예수로 자랑하고 육체를 신뢰하지 아니하는 우리가 곧 할례파라"_빌립보서 3:3

성령으로 봉사하라는 이유는 온전한 봉사는 성령의 능력으로만 가능하기 때문이다.

> "각각 은사를 받은 대로 하나님의 여러 가지 은혜를 맡은 선한 청지기 같이 서로 봉사하라"_베드로전서 4:10

성도는 은사대로 봉사해야 하며, 은사가 없으면 은사를 구하며 봉사해야 한다는 뜻이다.

그렇다면, 어떻게 하나님의 능력으로 봉사할 수 있는가? 모든 일에 기도로 간구해야 한다빌 4:6. 어떠한 영역에서 봉사하든지 기도로 성령의 능력을 간구하며 봉사해야 한다. 기도하지 않고 일만 하면 쉽게 지친다. 나무를 도끼로 벨 때 쉬지 않고 벤다면 반드시 날은 무디어지게 된다. 날을 갈아가면서 나무를 베어야, 오랫동안 나무를 벨수 있는 것이다. 마찬가지로 기도는 영적인 날을 가는 행위이다. 기도해야 봉사할 수 있는 힘을 얻게 된다.

3) 하나님의 영광을 위해 봉사하라
마지막으로 제직은 하나님의 영광을 위해 봉사해야 한다.

"이는 범사에 예수 그리스도로 말미암아 하나님이 영광을 받으시게 하려 함이니 그에게 영광과 권능이 세세에 무궁하도록 있느니라"_베드로전서 4:11

나의 봉사가 하나님의 영광을 위한 것인지, 나 자신의 영광을 위한 것인지 어떻게 알 수 있을까? 겸손과 감사의 자세로 알 수 있다. 봉사하면서 자신을 드러내거나 사람의 인정만 구한다면, 반드시 하나님의 영광을 가리게 된다. 또 마음속에 원망 불평이 자꾸 생긴다면 자신의 믿음과 봉사의 자세를 점검해 봐야 한다.

교회 제직에게 중요한 것은 교회의 화평을 추구하는 것이다롬 12:13. 교회 안에서는 분쟁을 조심해야 한다. 서로 싸우게 되면 교회의 본질적 사명과 기능을 수행할 수 없게 되기 때문이다. 교회는 그리스도의 몸이기 때문에 싸우는 것은 그리스도의 몸을 찢고 피 흘리게 하는 것과 같다. 그리스도의 몸을 찢는 경우를 보면 새가족이기보다는 주로 중직자들인 경우가 많다. 교회 안의 권력 다툼, 주도권 다툼으로 교회를 찢어놓는 것이다. 교회를 화평하게 하는 방법은 바로 겸손이다. 겸손은 나보다 남을 낮게 여기는 것이다빌 2:3. 겸손으로 허리를 동일 때 사탄이 틈을 타지 못하게 된다벧전 5:5.

영국 격언에 "한 사람이 못을 박으면 다른 사람은 모자를 건다"라는 말이 있다. 다시 말해 누군가가 봉사를 해야 어느 공동체든 움직일 수 있다. 요새 많은 성도가 주일 예배에 참석하여 그저 좋은 말씀을 듣고, 은혜만 받으려고 하며, 주님과 몸 된 교회를 위해 희생하려고 하지 않는다. 그러나 분명한 사실은 봉사를 통해 우리는 그리스도의 남은 고난을 우리 육체에 채움으로 하나님의 귀한 역사에 동참하게 된다는 것이다골 1:24. 또 봉사를 통해 하늘의 상급을 쌓아두며 하나님의 영광을 드러내는 것이다. 교회 제직은 절대긍정의 믿음과 절대긍정의 겸손의 마음으로 섬겨야 할 것이다.

지금까지 우리는 절대긍정의 교회의 신학적 기초와 교회의 사명을 성경의 증언을 중심으로 살펴보았다. 절대긍정의 영성의 원리로 무장된 교회는 반드시 성장할 수밖에 없다. 교회의 머리는 예수 그리스도이시며, 그리스도의 권위와 말씀을 절대적으로 긍정하며 순종할 때 교회는 건강하게 성장할 수 있다. 그러나 교회성장은 목회자 한 명의 소명과 은사로 되는 것은 아니다. 교회 내의 모든 지체가 성령의 은사에 따라 기도하며 겸손하게 주님을 섬겨야 한다. 특히 제직들이 절대긍정의 믿음으로 무장하여 사랑 가운데 연합하여 헌신하는 것이 중요하다. 그럴 때 성령의 능력으로 예배, 교육, 교제, 선교의 사명을 온전히 감당하며 세상 나라가 그리스도의 나라가 될 것이다계 11:15.

부록

—

Theology Quotient
절대긍정
신학지수
체크 리스트

—

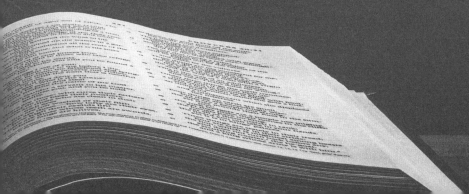

Theology Quotient Check List

절대긍정 신학지수 체크 리스트 ☑

당신의 절대긍정 신학지수(TQ)는?

각 문항을 읽고 해당하는 칸에 체크해 봅니다.

측정 문항	전혀 아니다 1점	아니다 2점	보통 이다 3점	그렇다 4점	매우 그렇다 5점
1. 하나님께서 만물의 유일한 창조주이시며 주인이심을 믿는다.					
2. 사랑의 하나님께서 나를 하나님의 형상대로 창조하셨음을 믿는다.					
3. 하나님이 나의 영적인 아버지가 되셔서 모든 것을 돌보신다.					
4. 어떠한 상황 속에서도 하나님의 신실하심을 의심하지 않는다.					
5. 내 삶 속에서 하나님의 긍휼과 자비하심을 느끼고 있다.					
6. 하나님이 예수님을 통해서 나를 구원하신 은혜를 믿는다.					
7. 성령님과 동행하면서 하나님의 사랑을 항상 체험하고 있다.					
8. 성경 말씀을 통해 좋으신 하나님의 은혜와 속성을 배워가고 있다.					
9. 매일 하루를 시작하며 하나님의 사명에 대한 기대감이 있다.					
10. 내 삶 가운데 하나님의 선하심을 맛보고 있다.					

각 문항마다 체크한 점수를 합산합니다.
좋으신 하나님 지수 합계 (   )점

Theology Quotient Check List

절대긍정 신학지수 체크 리스트 ☑

당신의 절대긍정 신학지수(TQ)는?

각 문항을 읽고 해당하는 칸에 체크해 봅니다.

측정 문항	전혀 아니다	아니다	보통 이다	그렇다	매우 그렇다
	1점	2점	3점	4점	5점
1. 하나님이 우주와 만물을 창조하신 주권자이심을 믿는다.					
2. 선한 일이나 악한 일이나 기쁘나 슬프나 모든 것이 하나님의 주권 안에 있다.					
3. 하나님의 절대주권에 대한 절대순종이 중요하다.					
4. 상황이 어렵고 힘들어도 모든 상황 가운데 일하시는 하나님을 신뢰한다.					
5. 일이 의도대로 풀리지 않아도 긍정적으로 해석하고 생각하는 편이다.					
6. 어떤 상황 속에서도 하나님을 인정하고 예배한다.					
7. 하나님의 주권을 다 이해할 수 없어도 하나님을 의지하고 있다.					
8. 모든 것을 합력하여 선을 이루시는 하나님을 믿는다.					
9. 나의 꿈과 비전이 꺾이는 경험을 해도 하나님의 인도하심을 구하고 있다.					
10. 모든 상황 속에서 하나님을 의식하며 나의 생각과 말과 행동을 절제하려고 노력한다.					

각 문항마다 체크한 점수를 합산합니다.

하나님 주권 지수 합계 (   )점

Theology Quotient Check List

절대긍정 신학지수 체크 리스트 ☑

당신의 절대긍정 신학지수(TQ)는?

각 문항을 읽고 해당하는 칸에 체크해 봅니다.

측정 문항	전혀 아니다	아니다	보통 이다	그렇다	매우 그렇다
	1점	2점	3점	4점	5점
1. 성경은 믿음의 사람들이 기록한 하나님의 말씀이다.					
2. 성경은 어떤 절망 가운데에도 절대희망을 주는 하나님의 메시지이다.					
3. 성경은 무오한 표준이자 절대적 권위를 갖는다.					
4. 신·구약성경의 주인공은 예수 그리스도이시다.					
5. 성경의 기록 목적은 예수님이 하나님의 아들이시고 구원자이심을 믿고 영생을 얻는 것이다.					
6. 성경에는 죄와 허물이 많은 인간을 택하시고 은혜를 주신 절대긍정의 하나님을 보여 주고 있다.					
7. 성경에 나타난 하나님은 나를 사랑하시고 나에게 복과 희망을 주기 원하시는 분이시다.					
8. 예수 그리스도를 통해 성취하신 하나님의 구원을 신뢰한다.					
9. 매일 하나님의 말씀을 읽고 묵상한다.					
10. 하나님께서 내게 주신 약속의 말씀을 의지하며 항상 용기와 희망을 얻는다.					

각 문항마다 체크한 점수를 합산합니다.

하나님 말씀 지수 합계 (   )점

Theology **Q**uotient Check List
절대긍정 신학지수 체크 리스트 ☑

당신의 절대긍정 신학지수(TQ)는?
각 문항을 읽고 해당하는 칸에 체크해 봅니다.

측정 문항	전혀 아니다	아니다	보통 이다	그렇다	매우 그렇다
	1점	2점	3점	4점	5점
1. 아담의 불순종으로 인간의 영혼육에 삼중저주가 임하였다.					
2. 예수님의 십자가 죽음으로 아담의 불순종의 죄로 인한 절대절망의 문제가 다 해결되었음을 믿는다.					
3. 예수님의 십자가 죽음으로 하나님과 인간의 막힌 장벽이 철폐되었다.					
4. 예수님의 십자가 보혈만이 인간의 죄를 사한다.					
5. 예수님의 십자가 보혈에 모든 질병의 치유의 권세가 있다.					
6. 예수님의 십자가 보혈만이 인간의 모든 저주를 청산하고 복을 주신다.					
7. 예수님의 십자가 죽음으로 영원한 사망을 이기고 영생의 복이 주어졌다.					
8. 예수 그리스도가 나의 구주이심을 믿고 고백한다.					
9. 절대긍정의 인생의 기적은 예수님의 십자가에서 완성되었다.					
10. 절대절망에 처한 인간에게 예수님의 십자가는 절대희망의 능력이 된다.					

각 문항마다 체크한 점수를 합산합니다.
예수님 십자가 지수 합계 (   )점

Theology Quotient Check List
절대긍정 신학지수 체크 리스트 ☑

당신의 절대긍정 신학지수(TQ)는?
각 문항을 읽고 해당하는 칸에 체크해 봅니다.

측정 문항	전혀 아니다	아니다	보통 이다	그렇다	매우 그렇다
	1점	2점	3점	4점	5점
1. 예수님의 십자가 죽음을 통해 새로운 피조물이 된 것을 믿는다.					
2. 나는 하나님의 자녀답게 생각하고 행동하고 말하고 있다.					
3. 예수님의 이름으로 매일 성령의 충만함을 구하고 있다.					
4. 예수님의 성품을 본받아 성령의 열매를 맺기에 힘쓴다.					
5. 예수님의 십자가 보혈로 질병이 치유되고 건강이 주어졌음을 믿는다.					
6. 인생의 어떤 고통이나 질고도 예수님 보혈의 능력으로 이길 수 있다.					
7. 예수님의 이름으로 내 환경의 저주가 끊어진 것을 믿고 선포한다.					
8. 예수님의 십자가로 범사에 형통의 복이 주어진 것을 믿는다.					
9. 예수님이 나를 위해 영원한 처소를 예비하셨음을 믿는다.					
10. 예수님의 재림과 부활에 대한 소망으로 살아가고 있다.					

각 문항마다 체크한 점수를 합산합니다.
오중복음 지수 합계 (   )점

Theology Quotient Check List
절대긍정 신학지수 체크 리스트 ☑

당신의 절대긍정 신학지수(TQ)는?
각 문항을 읽고 해당하는 칸에 체크해 봅니다.

측정 문항	전혀 아니다 1점	아니다 2점	보통 이다 3점	그렇다 4점	매우 그렇다 5점
1. 성령님은 성부 하나님과 성자 예수님과 동일한 본질의 하나님이시다.					
2. 성령님은 단순한 힘이나 에너지가 아니라 인격적인 분이시다.					
3. 예수님은 우리의 믿음 생활을 돕고 위로하기 위해 보혜사 성령님을 보내신다.					
4. 성령님은 사람들 가운데 중생의 역사를 일으키신다.					
5. 예수님을 믿는 성도 안에 성령님께서 내주하고 계시다.					
6. 성령님의 주요 사역 중 하나는 성도를 거룩하게 하시는 일이다.					
7. 성령님의 은사는 교회와 하나님 나라를 세우기 위해 주어진 영적 능력이다.					
8. 성령님이 나의 생각과 마음과 행동과 언어를 주관하시도록 맡기고 있다.					
9. 언제 어디서나 성령님을 인격적으로 환영하고 의지한다.					
10. 성령의 충만을 위해 매일 기도하고 있다.					

각 문항마다 체크한 점수를 합산합니다.
성령론 지수 합계 (   )점

Theology Quotient Check List
절대긍정 신학지수 체크 리스트 ☑

당신의 절대긍정 신학지수(TQ)는?
각 문항을 읽고 해당하는 칸에 체크해 봅니다.

측정 문항	전혀 아니다	아니다	보통 이다	그렇다	매우 그렇다
	1점	2점	3점	4점	5점
1. 교회의 머리는 예수님이시고 교회는 그분의 몸이다.					
2. 교회는 유기체이므로 몸 가운데 분쟁이 있어서는 안 된다.					
3. 교회의 궁극적 목표는 예수님으로 충만해지는 것이다.					
4. 교회가 성장하려면 리더십이 건강하고 성도들이 훈련받고 은사를 따라 봉사해야 한다.					
5. 교회의 가장 중요한 사명은 하나님께 대한 신령한 예배이다.					
6. 교회는 예수님의 말씀을 가르치고 지키게 해야 한다.					
7. 교회 안에서는 나보다 남을 낫게 여기고 먼저 존경해야 한다.					
8. 교회는 주님 오실 때까지 전도하고 선교해야 한다.					
9. 제직은 교회를 섬기기 위해 주어진 직분이다.					
10. 제직은 하나님의 능력으로 하나님 영광을 위해 봉사해야 한다.					

각 문항마다 체크한 점수를 합산합니다.
교회론 지수 합계 (   )점

Theology Quotient Check List
절대긍정 신학지수 체크 리스트 ☑

당신의 절대긍정 신학지수(TQ)는?
각 문항을 읽고 해당하는 칸에 체크해 봅니다.

측정 문항	전혀 아니다	아니다	보통 이다	그렇다	매우 그렇다
	1점	2점	3점	4점	5점
1. 믿음은 어떤 상황 속에서도 하나님의 말씀과 인격을 전적으로 신뢰하는 것이다.					
2. 예수님은 절대긍정의 믿음의 완벽한 본이 되신다.					
3. 절대긍정의 믿음을 가지려면 하나님 말씀을 사랑해야 한다.					
4. 나는 하나님 말씀을 매일 읽거나 듣고 있다.					
5. 계속해서 하나님 말씀을 연구하고 배우는 편이다.					
6. 예배는 내 삶의 최우선순위이다.					
7. 예수님의 십자가 은혜를 생각하면 항상 찬송할 수 있다.					
8. 찬양과 감사는 성령충만의 증거가 된다.					
9. 절대긍정의 믿음을 가진 자는 어떤 환경 가운데에도 절대감사 한다.					
10. 절대긍정의 믿음은 매일 평생 훈련해야 하는 것이다.					

각 문항마다 체크한 점수를 합산합니다.
절대긍정 믿음 지수 합계 (   )점

Theology Quotient Check List

절대긍정 신학지수 체크 리스트 ☑

당신의 절대긍정 신학지수(TQ)는?
각 문항을 읽고 해당하는 칸에 체크해 봅니다.

측정 문항	전혀 아니다	아니다	보통 이다	그렇다	매우 그렇다
	1점	2점	3점	4점	5점
1. 하루를 기도로 시작하고 기도로 마무리 한다.					
2. 기도하면서 절대 부정적인 생각을 하지 않는 편이다.					
3. 묵상한 말씀이나 암송한 말씀으로 종종 기도 한다.					
4. 하나님의 인도하심을 구하며 항상 약속의 말씀을 붙잡고 기도한다.					
5. 예수님 보혈로 기도할 때 치유와 축사의 능력이 나타난다.					
6. 예수님 보혈로 기도할 때 저주가 끊어지는 역사를 믿는다.					
7. 예수님 보혈로 무장하는 기도를 자주 한다.					
8. 기도를 시작할 때에도 성령님을 의지하며 시작하는 편이다.					
9. 방언으로 자주 기도하는 편이다.					
10. 불안하거나 예기치 못한 상황에서도 방언기도를 한다.					

각 문항마다 체크한 점수를 합산합니다.
삼위일체형 기도 지수 합계 (   )점

Theology Quotient Check List

절대긍정 신학지수 체크 리스트 ☑

당신의 절대긍정 신학지수(TQ)는?

각 문항을 읽고 해당하는 칸에 체크해 봅니다.

측정 문항	전혀 아니다	아니다	보통 이다	그렇다	매우 그렇다
	1점	2점	3점	4점	5점
1. 내가 창조된 목적은 하나님을 찬송하기 위함 이라고 믿는다.					
2. 하나님의 성품을 묵상할 때마다 감격과 찬송 이 나온다.					
3. 고난 중에 있더라도 하나님 안에서 잘될 것을 믿으며 감사한다.					
4. 함께 기도하는 기도 동역 팀이 있다.					
5. 예수님 보혈로 기도할 때 치유와 축사의 능력 이 나타난다.					
6. 불신자(태신자) 전도를 위해서도 함께 기도하 고 있다.					
7. 하나님의 약속의 말씀을 바라보며 기도하고 있다.					
8. 믿음으로 그림을 그리며 기도하고 있다.					
9. 기도할 때마다 예수님을 생각하며 기도한다.					
10. 기도하고 나면 절대 부정적으로 생각하지 않 는다.					

각 문항마다 체크한 점수를 합산합니다.
4차원 영성형 기도 지수 합계 (   )점

Theology Quotient Check List
절대긍정 신학지수 체크 리스트 ☑

당신의 절대긍정 신학지수(TQ)는?
각 문항을 읽고 해당하는 칸에 체크해 봅니다.

측정 문항	전혀 아니다	아니다	보통 이다	그렇다	매우 그렇다
	1점	2점	3점	4점	5점
1. 스스로 가치가 있고 매력이 있다고 생각한다.					
2. 다른 사람과 비교하며 열등감을 느끼지 않는 편이다.					
3. 사람들을 대할 때 친절과 존중의 마음으로 대한다.					
4. 다른 사람의 장점은 칭찬하고 허물은 덮는 편이다.					
5. 내가 하고 있는 일(직업)을 즐기고 있는 편이다.					
6. 맡겨진 일에 대해 최선과 열정을 다하고 있다.					
7. 어려운 상황을 만나도 좌절하거나 불평하지 않는다.					
8. 내가 속한 공동체에 대해 긍정적으로 생각하는 편이다.					
9. 하나님이 내 삶에 기적을 베푸실 것을 기대하고 있다.					
10. 하나님의 꿈의 성취를 위해 항상 공부하며 배우고 있다.					

각 문항마다 체크한 점수를 합산합니다.
오중긍정 지수 합계 (   )점

Theology Quotient Check List

절대긍정 신학지수 체크 리스트 ☑

당신의 절대긍정 신학지수(TQ)는?

각 문항을 읽고 해당하는 칸에 체크해 봅니다.

측정 문항	전혀 아니다	아니다	보통 이다	그렇다	매우 그렇다
	1점	2점	3점	4점	5점
1. 부정적인 말은 절대 내 입에서 나오지 않는다.					
2. 나 자신을 긍정적으로 생각하고 축복하며 선 포한다.					
3. 하나님 말씀을 늘 읽고 묵상하고 있다.					
4. 아침과 저녁, 감사의 기도로 시작하고 마무리 한다.					
5. 주위 사람들에게 자주 감사를 표현하는 편이다.					
6. 나쁜 일은 좋은 일로, 좋은 일은 더 좋게 행하 실 하나님을 신뢰한다.					
7. 고난 중에도 불평 대신 감사의 고백을 드린다.					
8. 하나님이 주신 은사와 재능으로 교회나 이웃 을 섬긴다.					
9. 주위 사람들의 필요를 살피며 돕거나 사랑을 실천하고 있다.					
10. 복음을 알지 못하는 사람에게 예수님의 복음 을 전하고 있다.					

각 문항마다 체크한 점수를 합산합니다.

삼중훈련 지수 합계 (   )점

Theology Quotient Check List
절대긍정 신학지수 체크 리스트 ☑

당신의 절대긍정 신학지수(TQ)는?
각 문항을 읽고 해당하는 칸에 체크해 봅니다.

측정 문항	전혀 아니다 1점	아니다 2점	보통 이다 3점	그렇다 4점	매우 그렇다 5점
1. 하나님의 나라는 예수님을 통해 도래하였다.					
2. 하나님의 나라는 예수님의 재림 때 완성될 것이다.					
3. 전도는 예수님의 지상명령이라고 생각한다.					
4. 전도의 열매를 위해 효과적인 전략을 연구하는 편이다.					
5. 하나님의 말씀을 늘 배우고 있다.					
6. 예수님과 복음을 위해서라면 고난도 기꺼이 받을 수 있다.					
7. 복음이 선포되는 곳에 치유의 역사도 나타남을 믿는다.					
8. 주위 아픈 사람들의 치유를 위해 기도하고 있다.					
9. 국내외 선교 사역에 물질이나 시간을 구별하여 섬긴다.					
10. 내가 처한 일터(현장)에서 선교적 비전과 마인드를 가지고 있다.					

각 문항마다 체크한 점수를 합산합니다.
영적 부흥 지수 합계 (   )점

Theology Quotient Check List

절대긍정 신학지수 체크 리스트 ☑

당신의 절대긍정 신학지수(TQ)는?

각 문항을 읽고 해당하는 칸에 체크해 봅니다.

측정 문항	전혀 아니다 1점	아니다 2점	보통 이다 3점	그렇다 4점	매우 그렇다 5점
1. 성도 개인의 성화뿐 아니라 공동체의 성화도 중요하다고 생각한다.					
2. 기독교의 사회적 책임이나 나라를 위한 기도 가 중요하다고 생각한다.					
3. 불의한 상황에 직면했을 때 성경적 가치관에 근거하여 대처한다.					
4. 교회가 가난하고 소외된 자들의 목소리를 내 야 한다고 생각한다.					
5. 매사에 다툼이나 분쟁보다는 화합과 평화를 추구하는 편이다.					
6. 항상 기도하며 내 마음에 주님의 평안을 가지 려고 노력한다.					
7. 물질만능주의 시대이지만 자족의 가치관을 갖고 있는 편이다.					
8. 자연보호나 친환경적인 생활방식(캠페인)에 관심이 많다.					
9. 내가 가진 물질의 일부를 가난한 자를 위한 구제에 사용하고 있다.					
10. 교회는 전도뿐 아니라 사랑실천을 통해서도 복음을 전해야 한다.					

각 문항마다 체크한 점수를 합산합니다.

사회적 성화 지수 합계 (   )점

절대긍정 신학지수(TQ)
측정 및 평가

『절대긍정의 신학적 기초』와 『절대긍정의 신학적 실제』를 읽고 TQ 체크 리스트 평가에 도달하신 여러분을 환영합니다. 여기서는 각 챕터의 주제에 따라 제시된 절대긍정 신학 지수를 자가 진단해 보는 시간입니다. 다음 순서에 따라 진행해 봅시다.

1. 각 영역의 신학지수 점수를 적고 합산해 보세요.

* 각 영역마다 50점 만점, 14가지 항목 총점 만점은 700점 입니다.

no	영역		합계
1	좋으신 하나님 지수		점
2	하나님 주권 지수		점
3	하나님 말씀 지수		점
4	예수님 십자가 지수		점
5	오중복음 지수		점
6	성령론 지수		점
7	교회론 지수		점
8	절대긍정 믿음 지수		점
9	삼위일체형 기도 지수		점
10	4차원 영성형 기도 지수		점
11	오중긍정 지수		점
12	삼중훈련 지수		점
13	영적 부흥 지수		점
14	사회적 성화 지수		점
총점			**점**

2. 총점을 7로 나누어 보세요. (100점 기준으로 환산)

*예 | 총점이 560점이면 당신의 점수는 80점이 나옵니다(560÷7=80).

자신의 점수를 기록해 보십시오. (   ) 점

---

3. 당신의 TQ(100점 환산 기준)는 어디에 속하는지 알아보세요.

90~100점	**당신의 TQ는 탁월합니다.** **굉장히 탁월한 절대긍정의 신학적 사고를 가지고 있습니다.**

탁월한 절대긍정의 신학적 사고와 에너지를 소유한 당신은 모든 일에 긍정적이고 감사하는 사람입니다. 당신의 삶을 통해 나타날 놀라운 기적을 기대합니다.

80~89점	**당신의 TQ는 아주 높은 편입니다.** **상당한 수준의 절대긍정의 신학적 사고를 가지고 있습니다.**

높은 수준의 절대긍정의 신학적 사고와 에너지를 소유한 당신은 어떤 사역을 하든지 큰 성공을 거둘 수 있습니다. 조금 부족한 부분은 보완하여 탁월성을 향해 나아가십시오.

60~79점	**당신의 TQ는 괜찮은 편입니다.** **절대긍정의 신학적 마인드를 가지려고 노력하고 있네요.**

당신 안에 절대긍정의 신학적 사고와 자산이 많습니다. 14가지 영역 중 가장 취약한 부분을 성령님의 인도에 따라 보완한다면, 탁월한 절대긍정의 신학적 사고와 에너지를 소유할 수 있습니다.

40~59점	**당신의 TQ는 낮은 편입니다.** **당신 안에 긍정과 부정의 신학적 에너지의 싸움이 벌어지고 있군요.**

좋으신 하나님을 기억하며 성령님을 의지하여 성경 말씀을 더 많이 묵상해 봅니다. 절대긍정의 신학적 사고를 가진 사람들과 자주 교제하며 긍정의 에너지를 채워갑시다. 교재에 나오는 절대긍정 선포문을 선포하며 기도한다면, 새로운 변화가 일어날 것입니다.

39점 이하	**당신의 TQ는 아주 낮은 편입니다.** **아쉽게도 신학 부정지수가 더 높게 나타나네요.**

절대긍정의 신학지수를 높이기 위해 더 많은 노력이 필요합니다. 하지만 실망하지 마세요. 절대긍정의 하나님이 당신과 함께하십니다. 집중적인 상담과 훈련을 받는다면, 당신도 절대긍정의 신학적 에너지를 소유한 절대긍정의 사역자가 될 것입니다.

| 상담 및 교육 문의 |
절대긍정 코칭센터 TEL. 02-2036-7913 Absolute Positivity Coaching Center

참고문헌

- 고든 맥도날드, 『하나님이 축복하시는 삶』, 윤종석 역, 서울: IVP, 1996.
- 국제신학연구원, 『순복음 신학 개론』, 서울: 서울말씀사, 2002.
- 김균진, 『기독교신학1』, 서울: 새물결플러스, 2014.
- 김균진, 『기독교신학2』, 서울: 새물결플러스, 2014.
- 김도훈, "긍정심리학과 신학의 대화에 기초한 긍정신학의 시론적 연구", 『한국조직신학논총』 Vol. 49, 2017.
- 김영선, 『존 웨슬리와 감리교신학』, 서울: 대한기독교서회, 2002.
- 나용화, 『성경적 조직신학』, 서울: 기독교문서선교회, 2020.
- 남준희, "영산의 4차원의 영성과 한국교회의 부흥", 『영산신학저널』 Vol. 18, 2010.
- 다니엘 L. 밀리오리, 『기독교 조직신학 개론』, 나용화·황규일 역, 서울: 새물결플러스, 2012.
- 도널드 W. 데이튼, "사중복음의 전망과 과제", 『성결교회와 신학』 제30호, 부천: 현대기독교역사연구소, 2013.
- 도널드 W. 데이튼, 『오순절운동의 신학적 뿌리』, 조종남 역, 서울: 대한기독교서회, 2013.
- 로드만 윌리엄스, 『오순절 조직신학 제2권』, 박정렬·이영훈 편역, 군포: 순신대학교출판부, 1993.
- 로드만 윌리엄스, 『오순절 조직신학 제3권』, 박정렬·이영훈 편역, 군포: 순신대학교출판부, 1995.
- 로버트 리탐, 『그리스도의 사역』, 황영철 역, 서울: IVP, 1987.
- 루이스 벌코프, 『벌코프 조직신학』, 이상원·권수경 역, 서울: 크리스천다이제스트, 2017.
- 루이스 뻘콥, 『뻘콥 조직신학 제6권: 교회론』, 고영민 역, 서울:기독교문사, 1978.
- 마이클 호튼, 『개혁주의 조직신학』, 이용중 역, 서울: 부흥과개혁사, 2014.
- 마틴 로이드 존스, 『내가 자랑하는 복음』, 강봉재 역, 서울: 복있는사람, 2008.
- 마틴 로이드 존스, 『하나님 나라』, 전의우 역, 서울: 복있는사람, 2010.

- 민경배, "조용기 목사의 성령신학과 한국교회: 한 역사적 접근", 『영산신학저널』 Vol. 1, 2004.
- 베른하르트 로제, 『마틴 루터의 신학』, 정병식 역, 서울: 한국신학연구소, 2009.
- 성종현, "신약성서에 나타난 교회: 교회의 본질과 사명에 대한 신약성서 신학적 고찰", 『교회와 신학』 Vol. 30, 1997.
- 손석태, "창 1~3장: 창조와 타락 그리고 구원의 시작", 목회와신학 편집부 편, 『창세기 어떻게 설교할 것인가』, How 주석 시리즈 1, 서울: 두란노아카데미, 2008.
- 아더 핑크, 『하나님의 주권』, 전의우 역, 서울: 요단, 2008.
- 에드윈 A. 블룸, 『요한복음』, 임성빈 역, 서울: 두란노, 1992.
- 윌리엄 오즈번, 『하나님의 복 성경신학』, 강대훈 역, 서울: 부흥과개혁사, 2022.
- 이신열, "고전적 오순절 운동에서의 기독론과 성령론과의 관계", 『학교법인 백석대학교 설립 제30주년 기념 논문집』, 천안: 백석출판사, 2006.
- 이영훈, 『그리스도를 본받는 교회』, 서울: 교회성장연구소, 2016.
- 이영훈, 『내가 믿나이다』, 서울: 교회성장연구소, 2015.
- 이영훈, 『말씀과 진리1: 하나님과 예수 그리스도』, 서울: 교회성장연구소, 2014.
- 이영훈, 『말씀과 진리2: 성령과 인간』, 서울: 교회성장연구소, 2014.
- 이영훈, 『말씀과 진리3: 교회와 세계』, 서울: 교회성장연구소, 2014.
- 이영훈, 『변화된 신분 변화된 삶』, 서울: 교회성장연구소, 2017.
- 이영훈, "삼중축복 신앙의 오순절 신학적 이해", 국제신학연구원 편, 『조용기 목사의 삼중축복에 대한 신학적 이해』, 서울: 서울말씀사, 2000.
- 이영훈, 『성공에 이르는 12가지 지혜』, 서울: 교회성장연구소, 2023.
- 이영훈, 『성령과 교회』, 서울: 교회성장연구소, 2013.
- 이영훈, 『신앙을 이해하다』, 서울: 교회성장연구소, 2022.
- 이영훈, 『십자가 순복음 신앙의 뿌리』, 서울: 교회성장연구소, 2011.
- 이영훈, 『십자가의 기적』, 서울: 두란노, 2014.
- 이영훈, 『영산 조용기 목사 평전: 희망의 목회자』, 서울: 서울말씀사, 2022.

- 이영훈, "영산 조용기 목사의 '좋으신 하나님 신앙'이 한국 교회에 미친 영향", 『영산신학저널』 Vol. 7, 2006.
- 이영훈, 『오직 성령으로』, 서울: 교회성장연구소, 2022.
- 이영훈, 『이영훈 목사 목회의 길 40년 기념 총서: 성령과 한국교회』, 서울: 대한기독교서회, 2018.
- 이영훈, 『작은 예수의 영성 1』, 서울: 넥서스CROSS, 2014.
- 이영훈, 『작은 예수의 영성 2』, 서울: 넥서스CROSS, 2014.
- 이영훈, 『절대긍정의 기적』, 서울: 교회성장연구소, 2023.
- 이영훈, 『절대긍정의 신학적 실제』, 서울: 교회성장연구소, 2024.
- 이영훈, "조용기 목사의 성령론이 한국교회에 미친 영향", 영산신학연구소 편, 『영산의 목회와 신학: 영산 조용기 목사 성역 50주년 기념 논총 2권』, 군포: 한세대학교 영산신학연구소, 2008.
- 이영훈, "한국의 성령운동에 있어서 조용기 목사와 여의도순복음교회의 공헌", 교회성장연구소 편, 『세계가 주목한 조용기 목사의 교회성장』, 서울: 교회성장연구소, 2008.
- 이종성, 『춘계 이종성 저작전집 8: 교회론(1)』, 서울: 한국기독교학술원, 2001.
- 조귀삼, "영산의 4차원의 영적 세계와 교회 성장", 『영산신학저널』 Vol. 12, 2008.
- 조용기, 『3차원의 인생을 지배하는 4차원의 영성』, 서울: 교회성장연구소, 2004.
- 조용기, 『4차원의 영적 세계』, 서울: 서울말씀사, 1996.
- 조용기, 『고난을 딛고 일어서라』, 서울: 서울말씀사, 1998.
- 조용기, 『삼박자구원』, 서울: 서울말씀사, 1977.
- 조용기, 『성령론』, 서울: 서울말씀사, 1998.
- 조용기, 『순복음의 진리(上)』, 서울: 서울서적, 1979.
- 조용기, 『순복음의 진리(下)』, 서울: 서울서적, 1988.
- 조용기, 『오중복음과 삼박자축복』, 서울: 서울서적, 1990.
- 조용기, 『오중복음과 삼중축복』, 서울: 서울말씀사, 2020.
- 조용기, 『행복을 주는 꿈』, 서울: 교회성장연구소, 2007.

• 조용기,『행복을 주는 믿음』, 서울: 교회성장연구소, 2007.
• 조용기,『행복을 주는 생각』, 서울: 교회성장연구소, 2007.
• 조용기,『희망목회 45년』, 서울: 교회성장연구소, 2004.
• 조용기,『QT와 함께 하는 설교: 제3의 눈, 영의 눈』, 서울: 서울말씀사, 2007.
• 존 브라이트,『이스라엘의 역사』, 엄성옥 역, 서울: 은성, 2015.
• 존 칼빈,『기독교 강요(下)』, 원광연 역, 서울: 크리스천다이제스트, 2003.
• 찰스 해돈 스펄전,『찰스 해돈 스펄전의 십자가 메시지』, 왕인성 역, 서울: 기독교문서
  선교회, 2017.
• 팀 켈러,『팀 켈러, 고통에 답하다』, 최종훈 역, 서울: 두란노, 2018.
• 파울 알트하우스,『루터의 신학』, 이형기 역, 경기: 크리스천다이제스트, 2008.
• 필립 휴즈, "성경의 영감", 칼 헨리 편,『신앙의 기초를 세우는 기독교 기본 교리』, 노진
  준 역, 서울: 죠이북스, 2020.
• 하워드 A. 스나이더, 조엘 스캔드랫,『피조물의 치유인 구원』, 권오훈·권지혜 역, 서울:
  대한기독교서회, 2015.
• 헤르만 바빙크,『개혁파 교의학』, 김찬영·장호준 역, 서울: 새물결플러스, 2015.
• 홍영기,『성령 사역 Class』, 서울: 교회성장연구소, 2006.
• 홍영기,『은사 코드』, 서울: 교회성장연구소, 2008.
• 홍영기, "조용기 목사의 4차원의 영성과 교회성장", 홍영기 편,『조용기 목사의 교회성
  장 리더십』, 서울: 교회성장연구소, 2005.
• J. Moltmann, "The Blessing of Hope: The Theology of Hope and the Full Gospel of
  Life",『영산신학저널』Vol. 4, 2005.

• Augustine, *Epistle 82. 1, in Letter of Augustine*, trans. Wilfrid Parsons, Washington,
  DC: Catholic University of America Press, 1951.
• Donald A. McGavran, *Understanding Church Growth*, Grand Rapids: Wm. B.
  Eerdmans Publishing Company, 1990.

- Yong-gi Cho, "The Holy Spirit: A Key to Church Growth", *Church Growth Manual*, No. 4, Seoul: CGI, 1992.

- "성경 정경", https://ko.wikipedia.org/wiki/성경_정경, 2023. 11. 9 검색.
- "아직 끝나지 않은 희귀 유전질환 발굴사", https://www.koreahealthlog.com/news/articleView.html?idxno=32413, 2022. 11. 9 검색.
- "코로나19 실시간 상황판", https://coronaboard.kr, 2023. 11. 9 검색.
- "한국, 우울증 OECD 1위, 우울증 치료율은 최저", https://www.medigatenews.com, 2023. 11. 9 검색.

- 이영훈, "우리의 자랑 예수님의 십자가", 여의도순복음교회 주일예배설교, 2012. 7. 1.
- 조용기, "왜 삼중축복인가?", 여의도순복음교회 주일예배설교, 2006. 5. 14.
- 조용기, "천국을 가지신 분 예수", 여의도순복음교회 주일예배설교, 1995. 10. 1.
- 조용기, "플러스 인생", 여의도순복음교회 주일예배설교, 2013. 11. 10.

- 이영훈, "절대긍정의 신학", 한국교회 미래리더 네트워크 3차 모임 세미나, 여의도순복음분당교회, 2023. 10. 24.
- 홍영기, "영성 운동은 기도 운동입니다", 조용기 목사와의 인터뷰, 『월간 교회성장』, 2003년 5월호.

The Theological
Foundation of
Absolute Positivity

절대긍정의 신학적 기초

초판 1쇄 발행 | 2024년 5월 31일

지 은 이 | 이영훈
편 집 인 | 홍영기
발 행 인 | 교회성장연구소

등록번호 | 제 12-177호
주   소 | 서울시 영등포구 은행로 59, 4층
전   화 | 02-2036-7936
팩   스 | 02-2036-7910
홈페이지 | www.pastor21.net

I S B N | 978-89-8304-361-0 03230

"무슨 일을 하든지 마음을 다하여 주께 하듯 하라" 골 3:23
교회성장연구소는 한국 모든 교회가 건강한 교회성장을 이루어 하나님 나라에 영광을 돌리는 일꾼으로 성장하는 것을 목표로, 목회자의 사역은 물론 성도들의 영적 성장을 도울 수 있는 필독서를 출간하고 있다. 주를 섬기는 사명감을 바탕으로 모든 사역의 시작과 끝을 기도로 임하며 사람 중심이 아닌 하나님 중심으로 경영한다. "무슨 일을 하든지 마음을 다하여 주께 하듯 하라"는 말씀을 늘 마음에 새겨 하나님께서 주신 사명을 기쁨으로 감당한다.